陈抟
及其
后学
研究

栗艳 著

社会科学文献出版社
SOCIAL SCIENCES ACADEMIC PRESS (CHINA)

目　录

导　言……………………………………………………………………… 001

上篇　陈抟

第一章　生平事迹…………………………………………………………… 015

　第一节　生平……………………………………………………………… 015

　第二节　著述……………………………………………………………… 024

　小　结…………………………………………………………………… 027

第二章　陈抟的道士身份及师友考述……………………………………… 029

　第一节　陈抟的道士身份特色…………………………………………… 029

　第二节　陈抟的师友……………………………………………………… 035

　小　结…………………………………………………………………… 058

第三章　陈抟与政教关系…………………………………………………… 062

　第一节　北宋政教关系特点……………………………………………… 062

　第二节　陈抟被三代帝王诏见…………………………………………… 067

　第三节　宋初政权的神学化……………………………………………… 072

　第四节　陈抟与宋初政权神学化………………………………………… 076

　第五节　陈抟的道家隐者归属及不干政立场…………………………… 083

　第六节　陈抟的治国之道………………………………………………… 095

　小　结…………………………………………………………………… 100

第四章　陈抟与道教 …………………………………………… 103

　　第一节　"陈抟老祖"：陈抟的道教形象 ……………………… 103

　　第二节　陈抟丹道与钟吕丹道 ………………………………… 106

　　第三节　陈抟的丹道功夫 ……………………………………… 113

　　小　结 …………………………………………………………… 119

第五章　陈抟的易学思想及易学后学 …………………………… 122

　　第一节　陈抟的图书易学及传承 ……………………………… 122

　　第二节　陈抟与宋代形成的图书学派 ………………………… 131

　　第三节　陈抟与宋代理学的初步建立 ………………………… 133

　　第四节　陈抟的易学思想 ……………………………………… 137

　　小　结 …………………………………………………………… 147

下篇　陈抟后学

第六章　陈抟后学的界定 ………………………………………… 151

　　第一节　陈抟后学的界定问题 ………………………………… 151

　　第二节　陈抟后学的版本 ……………………………………… 153

　　第三节　本书所研究的后学 …………………………………… 158

　　小　结 …………………………………………………………… 160

第七章　陈抟与士大夫的交往 …………………………………… 162

　　第一节　北宋举隐逸贤良政策 ………………………………… 162

　　第二节　北宋士大夫的命运观与陈抟的"善人伦风鉴" ……… 163

　　小　结 …………………………………………………………… 169

第八章　陈抟的儒家后学 ………………………………………… 172

　　第一节　种放的仕与隐 ………………………………………… 172

　　第二节　钱若水的进与退 ……………………………………… 181

　　第三节　张咏的躁与静 ……………………………………… 189
　　小　结 ……………………………………………………… 198

第九章　陈抟的道教后学 …………………………………… 200
　　第一节　刘海蟾 …………………………………………… 200
　　第二节　张无梦 …………………………………………… 208
　　第三节　陈景元 …………………………………………… 211
　　第四节　贾德升、杨戾、张四郎、涂定辞 ………………… 213
　　第五节　后学张三丰 ……………………………………… 219
　　小　结 ……………………………………………………… 224

第十章　陈抟的易学后学 …………………………………… 227
　　第一节　穆修 ……………………………………………… 227
　　第二节　邵雍学术与陈抟之关系 ………………………… 234
　　第三节　周敦颐学术与陈抟之关系 ……………………… 238
　　小　结 ……………………………………………………… 246

全书总结 ……………………………………………………… 248

附　录 ………………………………………………………… 259

参考文献 ……………………………………………………… 265

后　记 ………………………………………………………… 279

导　言

　　道教"杂而多端"，本身是一个复杂的整合体。学术界把道教主要分为两大类。一类为符箓派，也称"符水道教"，统称以符咒驱鬼治病为主的各派。东汉时的太平道、五斗米道及以后的灵宝派、上清派、茅山派、龙虎宗、阁皂宗等属于符箓派，此派自汉魏以来一直是道教主流。一类为丹鼎派，统称道教中通过炼丹服食以求长生的各派。此派从古代神仙家、方仙道演化而来，南北朝和隋唐时以炼外丹为主要特征，唐五代至宋元后，由外丹转向内丹，全真道南北宗均属修炼内丹的道派。[①] 道教全真派兴起于金元时期，当代以"全真"统称内丹各派，以"正一"统称符箓各派。

　　道教是一种指向肉体长生与成仙的宗教，通过对身、心的修炼最终达到与道合一，其修行方式和目的，与其他宗教相比有显著的不同。可是，修道者是否为具有道籍的、官方认可的宗教徒？道教徒是否进行修行实践？这是复杂的问题。对于正一派的道士，有些人修道兼从事符箓斋醮科仪，有些人则不修道仅从事宗教科仪；全真派的道士，一般是修道的。但我们注意到，符箓派一般形成较大的教团组织，全真派在金元时期方兴起，在此之前，没有全真派的教团组织。

一　陈抟是一名修炼丹道的道家隐士

　　陈抟以修道闻名，自称"道门弟子"[②]，但与一般道士不同，他长期隐

---

① 张岱年：《中国哲学大辞典》，上海辞书出版社，2010，第459页。
② （宋）陆游：《老学庵笔记》卷六，有陈抟诗，署名"道门弟子"，明津逮秘书本。

① 张岱年：《中国哲学大辞典》，上海辞书出版社，2010，第459页。
② （宋）陆游：《老学庵笔记》卷六，有陈抟诗，署名"道门弟子"，明津逮秘书本。

居世外，"草服野居"，应该是一名修炼丹道的道家隐士。关于隐士，不同时代的人站在不同的立场就有不同的看法。中国隐逸文化源远流长，自古以来就受到上层统治者的重视。《后汉书》设有《逸民传》，《晋书》《唐书》《宋史》《明史》等设有《隐逸传》，《南齐书》设有《高逸传》，《清史稿》有《遗逸传》。史家承认隐士的存在，重视隐士这个群体，认为隐士群体是一个道德高尚的群体，他们虽然以不参与政治为主旨，但是对政治可产生不可忽视的影响，对社会教化有积极作用。道家与隐士有重要渊源，冯友兰称"这些人远离世俗，遁迹山林，早期道家大概便是从他们中间产生的"①。陈抟活动于唐末五代宋初，既不归属于当时的主流教派——符箓派，也不同于后来的全真派，从其师承、弟子及交游情况来看，他的师友多为隐士，以丹道修炼为主，而鲜有涉及当时主流道教的符箓斋醮科仪活动。

陈抟对宋初的易学、理学和道教产生了深远影响，后人将很多道教之外的人列为陈抟的弟子或学术的传承者，这都不是一般的道士所能为的。

陈抟的隐逸与他所处时代的社会背景有密切关系。陈抟活动于唐末五代宋初，社会动荡不安。据北宋欧阳修之言，唐末五代期间，53 年之内中原出现 5 个朝代，更换了 13 位皇帝，帝王权贵多不得善终。② 权贵如此，普通百姓所遭受的战乱贫困之苦则更为严重，频繁地更朝换代和动荡不安的局势使知识分子对为官出仕失去兴趣，选择避世隐居则不足为怪，正如《宋史·隐逸传序》所说："五季之乱，避世宜多。"陈抟"举进士不第，遂不求禄仕，以山水为乐"，陈抟遇到两位隐逸高士，并在他们的指导下，选择归隐武当山，修炼服气、辟谷等道术二十余年，之后隐居华山。③

二 陈抟对宋朝政治、文化的影响

作为一名修炼丹道的隐士，本应淡出世人的视野，默默无闻而终其一生，然而，陈抟却对宋代的政治与文化产生了重要的影响。951 年，郭威建

---

① 冯友兰：《中国哲学简史》，生活·读书·新知三联书店，2013，第 80 页。
② （北宋）欧阳修：《欧阳文忠公集》外集卷第九，四部丛刊景元本。
③ （元）脱脱：《宋史》卷四百五十七，"列传"第二百一十六，清乾隆武英殿刻本。

立后周，954 年，柴荣即位为帝，世称周世宗。959 年，周世宗去世，其七岁幼子柴宗训继位。第二年，发生重大历史事件"陈桥兵变"，掌握兵权的赵匡胤建立了大宋政权。开宝九年（976 年），农历十月十九日夜，赵匡胤与弟弟赵光义饮酒，共宿宫中，第二天清晨，赵匡胤忽然驾崩。二十一日，赵光义即位，是为宋太宗，史上记载这段历史，以"烛影斧声"暗示宋太宗有杀兄篡位的嫌疑。史籍中存在大量陈抟与赵宋皇室交往的记载，其中陈抟以一个世外高人的形象预言赵宋政权是"天命所在"（见本书第三章）。

文化上，陈抟是宋代易学、理学发展的关键人物。唐王室以老子为祖先，利用老子在宗教、文化上的优势地位为李氏王朝论证其政权的神圣性。道教在教理、教义与宗教组织等方面的建设都趋于完善。佛教在唐代已发展成熟，佛教同道教一样在宫廷与民间盛行。相比之下，自后汉末期，儒家影响减弱，知识分子被道家超脱的精神和佛家的高度思辨性吸引，以唐代韩愈、李翱为代表的古文运动的倡导者，"攘斥佛老"，以儒家正宗道统自居，为复兴儒家而努力，但在唐末五代混乱的政治格局下，儒家已失去它的在政治层面与社会层面的伦理秩序规范作用，长期战乱使得儒家的伦理道德支离破碎，面对社会动荡、战乱频仍的现实，知识分子纷纷隐逸山林。隋唐五代儒者虽有发展儒学的强烈愿望，但理论方面的建树很少，不能与佛、道相抗衡。孔子罕言"性与天道"，知识分子却多出入于佛老。入宋以后，陈抟传出《无极图》《先天图》《河图》《洛书》等图，宋代易学中的图书易学一派与陈抟有极深的渊源关系。理学奠基人周敦颐与邵雍在学术渊源上都可以追溯至陈抟，儒家终于可以与佛、道二教相抗衡，而陈抟学术思想对宋代理学有重要意义。

宗教政策方面，宋代延续唐代支持道教发展的政策。北宋初期，"政府支持道教的活动直接表现在官方修筑宫观并敕赐田地、加封道教诸神封号以及道教典籍的搜集和整理等方面"[1]。同时，宋太祖注意加强对道教的管理和控制。首先，严格规定了道士出家的程序，成为正式的道士须经过童

---

[1] 郭学勤：《北宋宗教政策研究》，河南大学硕士学位论文，2003，第 17 页。

行、度牒、披戴受戒等一系列手续和程序，"须本师与本观知事同诣长吏，陈牒请给公验，方许披度"①。其次，考核道士经业，由左街道录刘若拙主持对道士的考核任务，将经业不合格的道士逐出宫观。同时，加强道观管理，禁止道士的家属居住在宫观之内。另外，政府监督僧人道士的社会和文化活动，禁止僧、道人士涉政。开宝三年（970年），宋太祖下诏，"士庶之家丧葬不得用僧、道威仪前引"②。开宝五年，下诏禁止僧道习天文、地理，③ 太宗时期重申此令，同时禁止僧道之人参加科举考试。而反观陈抟，陈抟没有本师，不居住在官方统辖的道观中（他后期住在华山废弃的云台观，云台观得到修葺是陈抟被宋太宗诏见之后的事情），没有试经和度牒的记载，没有官方承认的、正式的道士身份。

道教方面，陈抟所处的唐末宋初之时，上承符箓道派一统天下局面，下启金元内丹道派的兴起。道教与其他宗教不同，是一种指向肉体长生与成仙的宗教，道教实践对于修道者具有重要意义。以长生与成仙为目的的道术在战国时已经在特定的人群中流传，这些人被称为道家、道人、方士、术士等。道教在学术上被分为丹鼎派和符箓派两大类。两派的区别，一方面道术不同，一方面宗教组织形态不同。丹鼎派的道术以金丹（包括内丹、外丹）、黄白术为主，符箓派道术以斋醮符箓为主。根据刘仲宇的研究，"在金代全真道问世并传播到全国之先，几乎没有一个道派的组织形式不采取授受和采用符箓的"④。无论早期的太平道、正一道，还是后来的上清、灵宝、神霄、清微等，都是符箓派。丹鼎派"基本上是在一个狭小的圈子里师徒秘传，并没有很明确的宗教组织"，"严格地说甚至不能是一个道派"。⑤ 符箓派则有明确宗教组织，是多个道派的总称。陈抟即属于无宗教组织形态的内丹道派。

可见，陈抟在文化上、政治上、道教史上均有重要影响。

---

① （宋）李攸：《宋朝事实》卷七"道释"，清武英殿聚珍版丛书本。
② （宋）王栐：《燕翼贻谋录》卷一，明历代小史本。
③ （元）脱脱：《宋史》卷三，"本纪"第三，清乾隆武英殿刻本。
④ 刘仲宇：《道教授箓制度研究·绪论》，中国社会科学出版社，2014，第1页。
⑤ 刘仲宇：《道教授箓制度研究·绪论》，第1页。

　　陈抟似乎没有通过正式的仪式收人为徒，然受其熏染者很多，后世学者将很多人列入陈抟门下，陈抟的思想正是通过这些人而得以传承，影响了当时的政治、易学、理学与内丹学。

三　对陈抟及后学的研究状况

　　目前关于陈抟后学的研究成果不是很多，一般仅限于对陈抟直传弟子的研究，而对陈抟再传弟子、后传弟子的研究则很少。充分研究陈抟的师承与其学术传承对全面理解陈抟的思想更有裨益，笔者将直接或间接受学于陈抟者统称为陈抟的后学。

　　涉及陈抟的历史文献很多，主要包括薛居正《旧五代史》，陶岳《五代史补》，脱脱《宋史》，司马光《资治通鉴》，李焘《续资治通鉴长编》卷十九，江少虞撰《宋朝事实类苑》，钱若水《太宗皇帝实录》卷三十一，魏泰撰《东轩笔录》，陆游《老学庵笔记》，邵伯温《邵氏闻见录》，张端义《贵耳集》，王称《东都事略》，释文莹《玉壶清话》，刘斧《青琐高议》，张辂《太华希夷志》等为代表的各类史料转载记叙。道教的文献中，王处一《西岳华山志》、赵道一《历世真仙体道通鉴》、庞觉《希夷先生传》、刘道明《武当福地总真记》、《道藏辑要》鬼集五卷《玉诠》（收录到《藏外道书》第7册）等都记载了有关陈抟的事迹。

　　学界对陈抟的研究集中在陈抟的生平、籍贯及其易学思想、道教思想等领域，而关于陈抟后学的研究则较少。

　　关于陈抟后学的研究，蒙文通在其文《附论陈碧虚与陈抟学派》中列出《陈抟学系表》，为笔者提供了重要借鉴。① 蒙先生指出陈景元之学源于陈抟；周敦颐、邵雍与刘牧之学亦出自陈抟而皆以象数为学，又自附于儒家；刘海蟾为南宗之祖，其学出于陈抟；陈抟思想为北宋理学的渊源之一；陈抟将内丹学与隋唐道教诸流派区分开，为唐宋新道教钟吕内丹道之真正前驱；陈抟之学为孔老合一之说，此亦为邵、周入于儒家的缘由。蒙文通先生所作《陈抟学系表》为人数最全的陈抟学术传承表。以笔者所

---

　　① 蒙文通：《蒙文通文集》第六卷，巴蜀书社，2001。

搜集资料显示，此表尚不够完整，蒙先生所列陈抟后学对本书有极大参考价值。

张广保《唐宋内丹道教》梳理了唐宋两朝的修炼组织或个人，其中包括陈抟与其后学、陈抟与北宋士大夫、陈抟师承与著述的研究。他将种放、张无梦、穆修、涂定辞、贾德升、曾孙武等人列为陈抟的弟子。其中提到南宋李简易《混元仙派图》所列的陈抟弟子付林、张四郎、皇甫等人，以失考而未做评论。此文还考证了与陈抟关系密切的钟离权与吕洞宾，认为是钟吕开启了真正的内丹道教。

台湾学者李显光所著的《混元仙派研究》①，与之前学者集中于祖述钟吕的南北宗不同，该文以南宋李简易《混元仙派图》为基础，考证混元仙派的传法派系，描绘了两宋时期近百名高道彼此互动的关系。李显光列陈抟及其 11 位后学为"华山学术圈"，并对陈抟及其弟子逐一进行考证。此书与本书所研究内容有重要关联，提供了大量有价值的资料。

徐兆仁《道教与超越》中列有《穷究天人的陈抟之学》一章，其中简要陈述了陈抟在华山的师友，此文首次将以陈抟为中心的师友弟子称为"华山修道圈"，并分析了陈抟的易学与丹道关系。

学界关于陈抟的生平、籍贯研究成果很多。王家祐《道教论稿》中有《陈抟生平大事考》一文②，对陈抟的籍贯、师友及与宋王室的交往问题有考证。汪毅、周维祥主编《高道陈抟》是一本研究陈抟的论文集，对陈抟的籍贯生平、易理、丹道均有论述，一致认为陈抟为普州崇龛（今四川安岳县）人，其中论文作者全部为四川人士。刘联群《陈抟传奇》（四川人民出版社，2003）、修功军《陈抟》（东方出版社，2007）对陈抟的生平事迹有初步考证，所引史料众多，故事性强，没有考证资料的真伪。此外还有唐代剑《陈抟籍贯及张守真行状的思考》（《宋史研究通讯》1997 年第 2期）、李远国《陈抟籍贯小考》（《中国史研究》1984 年第 2期）、《陈抟落第后的行踪》（《中国史研究》1984 年第 3期）、胡昭曦《陈抟里籍考》

---

① 李显光：《混元仙派研究》，中国社会科学出版社，2007。
② 王家祐：《道教论稿》，巴蜀书社，1987，第 167～185 页。

（《四川文物》1986 年第 3 期）、羊华荣《关于陈抟的籍贯》（《世界宗教研究》1988 年第 2 期）、李远国《陈抟其人其事》（《文史知识》1987 年第 5 期）、张志哲《道士陈抟述略》（《安徽史学》1996 年第 4 期）、陈广忠《再谈陈抟里籍》（《中国道教》1997 年第 4 期）、徐兆仁《〈宋史·陈抟传〉旁考》（《史学月刊》1999 年第 1 期）、胡晓《陈抟生平事迹述论》（《安徽史学》2007 年第 5 期）、〔日〕竺沙雅章著《陈抟与麻衣道者——"若水见僧"传说之辨析》（昆仑人译，《历史文献与传统文化》第 2 集，广东人民出版社，1992）、章冠英《"睡仙"陈抟》（章冠英主编《十大道士》，上海古籍出版社，1992）等。

　　唐明邦《邵雍评传》中附有陈抟评传，为研究邵雍、陈抟思想的综合性著作。值得注意的是，唐明邦认为陈抟之《先天图》是邵雍的《先天八卦图》的底本，认为此图不一定是陈抟首创，其创意根源在《周易参同契》，陈氏只是一位传授者，而且强调此图长期以来秘密传授。陈抟未立文字，而有口头传下的言与意，其后传弟子形之于图与文字，从而开创了易学象数学发展的新时期。① 陈抟先天易学的基本特征：一，以图解《易》，"辞外见意"；二，以"心法"通《易》，意、言、象、数四者贯一；三，将易学道家化；四，传授易图意在阐明丹道，此为陈抟先天易学的终极目的。

　　台湾学者萧天石在其著《道海玄微》②之《陈希夷先生新传及其道法》一文中，引用了大量陈抟所言，涉及书籍包括：苏澄隐著《玄门杂拾》，玄真子著《玄天秘要》，陈抟著《玄门秘要》《钓潭集》，不知著者所做的《武当搜隐记》《青城秘录》《华山搜隐记》《道门杂记》《两同通书》《华山吹笛记》。遗憾的是，以上书籍笔者无法找到。关于《钓潭集》，此书大陆学者均称已佚，然萧天石的言谈中似看到过此书，笔者就此问题请教台湾学者李显光先生。李先生讲，萧天石曾在四川省做灌县县长，来台时也携带大量书籍，其中相当一部分来自青城山，以上书籍，李远国、胡孚琛、

---

① 唐明邦：《邵雍评传》，南京大学出版社，1998，第 324～325 页。
② 萧天石：《道海玄微》，华夏出版社，2007。

李丰楙等人都曾关注过，也问过萧大可（萧天石的儿子），但这些书确实遗失了。

关于陈抟易学方面的研究成果。朱伯昆《易学哲学史》涉及陈抟的《先天图》内容。章伟文《宋元道教易学初探》列有"陈抟与宋元道教图书易学"一章，文中分析了陈抟易龙图与河洛之学，陈抟与《太极图》《先天图》及先天学的关系。① 此文对道教文献涉及的天地之数、八卦、五行、九宫等概念的使用进行了梳理。王铁《宋代易学》第三章有关于陈抟与易学关系的考辨，他认为陈抟确有著过《易龙图》一书，但他认为南宋流传的陈抟《龙图》是伪书。关于陈抟易学的传承系统，他考证认为，只有陈抟—种放—穆修—李之才—邵雍一支没有破绽，而种放传许坚不属实，邵雍传《太极图》给周敦颐也不属实。②

关于陈抟丹道思想的研究成果。台湾赖锡三《丹道与易道——内丹的性命修炼与先天易学》第四章分析陈抟的内丹学与象数学，作者以下观点对本书有重要启示：学界之前的研究把重点放在陈抟对宇宙生成论所进行的天地象数的展示，而作者更强调陈抟的内丹祖师的宗教身份，认为其终极关怀必不离开对先天学的向往与开发。作者指出，陈抟没有将《周易参同契》术数系统的火候表达运用到内丹的修炼中，陈抟不关心炼丹火候中的术数实际操作，其修道路径是"修性以自然成命"和"先性后命"之间。关于钟吕与陈抟，作者认为真正将《周易参同契》的烧炼火候运用到内丹实践中的是钟吕丹法，而非陈抟丹法。

孔又专的《陈抟道教思想研究》主要研究陈抟的易学、内丹学、老学思想，认为陈抟易学"将存在论分为太极先天与天地后天，道教内丹学早有理论，陈抟只是做了总结"，但陈抟"终极目的是希望从象数运用中性命双修，从而达到先天层次"，而宋代新儒学则"形成一套宇宙象数模式和道德修养体系"。③ 此论为研究道教内丹与儒家理学之不同提供了启示。

---

① 章伟文：《宋元道教易学初探》，巴蜀书社，2005，第210页。
② 王铁：《宋代易学》，上海古籍出版社，2005，第26~32页。
③ 孔又专：《陈抟道教思想研究》，巴蜀书社，2009，第36页。

　　萧天石的研究十分重要，因道教丹道派典籍向来为不公开流传的秘典，非道教内人士难得一见。萧天石曾遍参道家名师，1943 年萧天石曾拜访岷山派罗门，师礼罗春浦，罗春浦自称陈抟的嫡传，萧天石"得陈希夷先天道秘诀"。1944 年，萧天石出任四川省灌县县长，而道教圣地青城山即在其辖属之下。萧天石从青城山天师洞之李八百丈人处得其南宗真传，后从著名高道易心莹道长处"尽窥藏经楼之秘籍"，并携出《青城秘录》及其他多种不传之抄本。① 《道藏精华》系列丛书就是萧氏从大陆带到台湾整理出版的部分道书。四川历史上一直为道教圣地，陈抟影响较大，加之萧天石接触陈抟的嫡传弟子，并收集大量道经，因而，萧天石在道门立场上所做的研究具有重要参考价值。他认为陈抟之学脉传承主要有三：无极图学，先天图学，玄门丹学。前两大学脉开两宋理学之先河，玄门丹学出于无极图与先天易，为陈抟别传之学。他认为周敦颐之太极图与陈抟之无极图完全相同，只是在文说上颠倒其序而已，认为陈抟开两宋理学先河。从内容上看，萧天石所用资料具有重要价值。笔者整理了文中陈抟所言，见附录。

　　《华山陈抟丹道修真长寿学》由苏华仁道长主编，由学者唐明邦和陈抟的当代丹道传人边智中（1910～1989）、赵中道（1844～1962）、李静甫（1910～2010）任编著者。② 此书出版于 2012 年，其时三位丹道传人皆已过世，显然此书为大陆丹道修行者与学者共同完成，较为全面地收录了关于陈抟的传记史料、丹诀功法诗文、医术、武术等资料。由此书可观见陈抟思想在当代的影响。

　　关于陈抟道教与易学的期刊论文主要有：李远国《试论陈抟的宇宙生成论》（《世界宗教研究》1985 年第 2 期）、《陈抟〈无极图〉思想探索——兼及其渊源与影响的考察》（《世界宗教研究》1987 年第 2 期）、《试论陈抟的历史地位及其影响》（《社会科学研究》1988 年第 3 期）、《〈正易心法〉考辨》（《社会科学研究》1984 年第 6 期）、卢国龙《陈抟的〈易〉、〈老〉之学及〈无极图〉思想探源》（《江西社会科学》1989 年第 5 期）、王宜峨

---

① 萧天石：《道海玄微》之"出版说明"。
② 根据《华山陈抟丹道修真长寿学》序之《编委会名单》和绪论第 2 页推算出其生卒年。

《略述陈抟道教思想及其影响》（《北京图书馆馆刊》1998 年第 3 期）、汪显超《陈抟〈无极图〉徵义及其内丹原理》（《江西社会科学》2000 年第 5 期）、范立舟《两宋道教内丹学的发展与成熟》（《道教论坛》2004 年第 6 期）、刘固盛《论陈抟学派与重玄余绪》（《宗教学研究》2004 年第 3 期）。

由于陈抟与理学的创建有重要渊源，哲学通史的相关研究亦涉及陈抟。汪毅、周维祥主编《高道陈抟》对陈抟的思想渊源、丹道思想、易理思想、养生功法、诗词等均有涉及，总结陈抟的主要贡献：陈抟对宋代理学具有开源之功，陈抟的图书由周敦颐、邵雍、张载、程颢、程颐等人传承，周敦颐的太极学、邵雍的先天学均渊源于陈抟。陈抟为宋元道教内丹派的形成奠定了初步的理论基础，并认为陈抟传授刘海蟾丹道。[①] 冯友兰《中国哲学史新编》（人民出版社，1999）（下卷）考证朱熹关于道学的创立者观点，朱熹认为宋朝道学的创立者为二程，周敦颐和邵雍是二程的老师，在周、邵之前他又上溯到陈抟，关于"陈抟将数学传给穆修，经李之才传给邵雍"与"陈抟把象学传给种放，可能传给周敦颐"，此两说朱熹认为是可信的。"朱熹隐约地把道学同道教联系起来，这是因为他本人的思想就和道教相接近的。"朱熹不署真名而署名类似道士的名字作《参同契考异》和《周易启蒙》，说明朱熹"隐约地表明他认为'数'是与道教有关系的"。朱熹"隐约推崇陈抟又不明说"，原因为"'象学'和'术数'以及道教所讲的修炼的方法，都和提高人的精神境界没有直接的关系，所以都不是道学真正的内容"，[②] 冯友兰既指出了道学与道教和陈抟的联系，又指出了道学与陈抟致力的道教修炼之区别。

詹石窗《新编中国哲学史》（中国书店，2002）第四编把陈抟列为宋代理学的初步建立的关键，认为陈抟与宋代理学的产生有密切关系。以往所做哲学史，虽承认陈抟之《无极图》与《先天图》与宋代理学有关系，但在哲学史上没有为陈抟立一席之地。詹石窗版哲学史强调，北宋理学的重要特征之一是融儒、释、道于一体，对宋代理学有重要影响的河图、洛书

---

① 汪毅、周维祥：《高道陈抟·序言》，四川大学出版社，1993，第 3 页。
② 冯友兰：《中国哲学史新编》第五册，人民出版社，1988，第 51~52 页。

本自陈抟。

劳思光《新编中国哲学史》(广西师范大学出版社,2005)三卷上认为宋明儒学初期代表人物为周敦颐、邵雍与张载。劳思光列专文分析周敦颐与儒道的关系。他认为"以《太极图》为周氏自作,始于朱熹",但朱熹对此问题的态度前后有改变,前期坚决否认,后期则有所动摇。劳氏一方面认为周氏之图源自道教;一方面也肯定周氏的理论有其自创的成分,他说"其所用之'图',虽原为道教丹诀图,周氏并非提出一丹诀理论,且亦非据丹诀而提出宇宙过程之解释","周氏之《图说》,基本理论立场,与原图之意大异"。劳氏指出周敦颐"其人之生活态度或情调,则近于道家甚至道教人士,而与孔孟生活中之充满庄严感、责任感者不同,亦异于伊川以后一般宋儒之生活情调"。对邵雍的研究认为,邵氏"所致力者乃象数及术数而已,邵氏颇爱道教及道家之影响,故论圣人境界时极近道家,而其宇宙论又充满道教气息"①。周敦颐与邵雍为陈抟再传弟子的学生,劳氏研究其理学思想,亦研究其个人生活态度及情趣,为研究陈抟及其后学提供了新的解读视角。

目前关于陈抟的研究多集中其里籍生平、易学、老学和内丹学思想的研究,较少关注陈抟后学对陈抟学术的传承情况。这些研究成果不能充分解释围绕陈抟的众多矛盾。

陈抟是隐士,却既有被历代帝王不断征诏的事实,亦有陈抟参与政治谋划的传说,那他到底是不是隐士?他确实参与宋初诸多政治事件了吗?他既被道教界称为祖师,又隐居山野,没有正式的道士身份,不进行斋醮活动,道教的教阶制度、法位制度、经戒法箓传授制度与陈抟亦没有关系。金元之前,无宗教组织形式的丹鼎派是如何修道的?陈抟与后来秉承钟、吕的全真道有什么关系?陈抟被南宋李简易归为"混元仙派",被清李西月归为文始派(又名隐仙派)。李西月的归类得到近代道教的广泛认可,隐仙派与全真派同属于丹鼎派,但隐仙派与全真派还是有明显不同。隐仙派始终没有作为一个实体组织存在,全真派则建立了宗教组织。而且,在道教

---

① 劳思光:《新编中国哲学史》卷三上,广西师范大学出版社,2005,第92~127页。

界，道教丹鼎派以文始派为最高、以少阳派（即全真道）为最大的说法是被广泛认可的。[①] 何以陈抟所属隐仙派成员极少，却得到道教的高度赞誉呢？陈抟是如何修道的？他师承何人、如何传承给弟子的？隐逸修道者如何与有组织的道派互动的？

① 萧天石：《道家养生学概要》，华夏出版社，2007，第 94 页；胡孚琛：《道学通论》，社会科学文献出版社，2009，第 376 页。

上 篇

陈 抟

第一章　生平事迹

第一节　生平

1. 生卒年

史籍无陈抟生年的准确记载。北宋魏泰《东轩笔录》称陈抟"生唐末"[①]。北宋刘斧《青琐高议》记载"生于唐德宗时"[②]。北宋阮阅所编《诗话总龟》记载："先生唐德宗时，至僖宗封清虚处士。"[③] 陈抟有诗文："臣明时闲客，唐室书生。"[④] 其中自称唐人。由上可知，陈抟生于唐末基本上能够得到一致认同，但生于唐德宗年间则不太可能。唐德宗于 780 年至 805 年在位，据《太宗实录》《新雕皇朝类苑》等书记载，陈抟于太平兴国九年（公元 984 年）接受召见时，宋太宗曾言："抟独善其身，不干势利，所谓方外之士也。入华山四十年，度其年近百岁。"[⑤]《续资治通鉴长编》（以下简称《续长编》）称"度其年，当百岁"[⑥]，《玉壶清话》称："兴国中，太宗召陈抟赴阙，抟隐华山云台观，年百余岁。"[⑦] 若以陈抟生于唐德宗年间计，陈抟见宋太宗时至少 180 岁，与"年近百岁"差距过大。由上，陈抟

① （宋）魏泰：《东轩笔录》卷一，明刻本。

② （宋）刘斧：《青琐高议》前集卷之八，清红药山房钞本。

③ （宋）阮阅：《诗话总龟》增修诗话总龟卷之四十四，四部丛刊景明嘉靖本。

④ （宋）陈抟：《谢手诏并赐茶药表》，曾枣庄、刘琳主编《全宋文》第 1 册，上海辞书出版社、安徽教育出版社，2006，第 224 页。

⑤ （宋）钱若水：《太宗皇帝实录》卷三十一，四部丛刊三编景宋钞本旧钞本；（宋）江少虞：《新雕皇朝类苑》卷第四十一，日本元和七年活字印本。

⑥ （宋）李焘：《续资治通鉴长编》卷二十五，清文渊阁四库全书本。

⑦ （宋）释文莹：《玉壶清话》卷第八，清知不足斋丛书本。

生于唐末 884 年前后，而非生于唐德宗时。

陈抟生年可由其卒年推断出来。陈抟羽化的时间有明确记载，为端拱二年（989 年）七月二十二日。① 《历世真仙体道通鉴》《太华希夷志》均记载陈抟"享年一百一十八岁"，则推知其生年为公元 871 年。以此推算，陈抟见宋太宗时则有 113 岁，虽然与上文的"年近百岁""当百岁""年百余岁"相比稍有偏高，考虑到上述史料虽比较可信，但使用的都是揣测之语，且是出自宋太宗之口，宋太宗所言有偏差也是可能的，因而陈抟的生年为 871 年较为可信。

2. 籍贯

关于陈抟的生地和故里，研究成果甚丰，现简要归纳。

观点之一，认为陈抟为亳州真源人（具体地点，卿希泰认为即今安徽亳县②，也有观点认为在今河南鹿邑），此说主要依据为《宋史》《五代史》《太宗实录》等；观点之二，认为陈抟是四川普州崇龛人（今四川安岳县），此说主要依据为北宋李宗谔《新修诸道图经》及《宋文鉴》收录陈抟著作《易龙图序》，署名"西蜀崇龛陈抟序"；观点之三，认为陈抟是陕西（华山）人，此说主要源于宋人薛居正《旧五代史》和宋人陶岳《五代史补》；③ 观点之四，认为陈抟是西洛人（今河南洛阳洛水之西），此说主要源于北宋庞觉《希夷先生传》和刘斧《青琐高议》；观点之五，认为陈抟是濮上人，此说源于《汉上易传》。这五种观点，其中影响最大的为前两种。

陈抟为亳州真源人是当前主流观点，所依据的史籍较多，史书类主要为《宋史·陈抟传》④、《资治通鉴·后周纪》⑤。《资治通鉴》作者为北宋司马光，出生于 1019 年，距陈抟辞世仅 30 年。因而此二部书籍史料价值较高，可信度高。此外，北宋邵雍生年距陈抟辞世仅 22 年，他是陈抟弟子的弟子，对师祖应该极为尊敬，对其生平应当有所了解，其子邵伯温在所著

---

① （元）脱脱：《宋史》卷四百五十七，《陈抟传》。
② 卿希泰：《中国道教思想史纲》第二卷，四川人民出版社，1985，第 694 页。
③ （宋）薛居正：《旧五代史》卷一百一十九周书十，百衲本景印吴兴刘氏嘉业堂刻本；
　　（宋）陶岳：《五代史补》卷五周，明虞山毛氏汲古阁刻本。
④ （元）脱脱：《宋史》卷四百五十七，《陈抟传》。
⑤ （宋）司马光：《资治通鉴》卷第二百九十三，《后周纪》，四部丛刊景宋刻本。

《易学辨惑》中云"陈抟亳州真源人"，此言可信度较高。宋代其他重要史料如《续资治通鉴长编》①、《五朝名臣言行录》②、《东都事略》③、《新雕皇朝类苑》④ 均称陈抟为亳州真源人。

道教史籍记载中，金代道士王处一的《西岳华山志》⑤、元代张辂《太华希夷志》、元代刘道明《武当福地总真集》⑥、《历世真仙体道通鉴·陈抟传》等均称陈抟为亳州真源人，表明道教内部一致认定陈抟的籍贯为亳州真源。

北宋张方平《乐全集》收录有《华山重修云台观记》，完成于1067年，是关于陈抟籍贯最早的资料之一。他声称"尝阅国书，见抟本传云：抟字图南，亳州真源人"⑦。"国书"是国家主持编纂的书籍，张方平说"皆旧史之文也"，应该有所依据。文中提到云台观的道士武元亨曾向皇帝献文《希夷先生传》，武元亨也是陈抟的弟子，继贾德升之后主持云台观，当时距陈抟去世不久，陈抟的事迹广为人知，武氏应不敢对自己的师父记录有误，更不敢欺骗皇帝，捏造事实，因而这两篇文章所言陈抟为"亳州真源人"具有较高可信度。

综上，陈抟为"亳州真源人"，这也是当前主流观点。

也有学者主张陈抟为普州崇龛人，即今四川潼南安岳县崇龛镇人。⑧ 北宋李宗谔《新修诸道图经》、南宋祝穆《方舆胜览》、南宋王象之《舆地纪胜》均持此说，北宋李宗谔《新修诸道图经》应为此说的渊源。李宗谔（965～1013年）为宋初宰相李昉之子，陈抟于989年去世时李宗谔二十四岁，其有关陈抟的记述收录于《普州图经》，该书已佚失，现参照南宋王象之《舆地纪胜》所引："陈抟，字希夷，普州崇龛人也……按传记，皆以为

① （宋）李焘：《续资治通鉴长编》卷十九，清文渊阁四库全书本。
② （宋）朱熹：《五朝名臣言行录》卷第十，四部丛刊景宋本。
③ （宋）王称：《东都事略》卷一百十八，清文渊阁四库全书本。
④ （宋）江少虞：《新雕皇朝类苑》卷第四十一，日本元和七年活字印本。
⑤ （金）王处一：《西岳华山志》，《道藏》第5册，第751页中栏。
⑥ （元）刘道明：《武当福地总真集》，《道藏》第19册，第666页上栏。
⑦ （宋）张方平：《乐全集》卷第三十三，宋刻本。
⑧ 主要代表为王家祐《道教论稿》中《陈抟生平大事考》一文，李远国《陈抟籍贯小考》，收录在《高道陈抟》一书。

先生亳郡人，或曰华人，然按《祥符旧图经》谓'陈抟普州崇龛人，既长辞父母去学道，或居亳为亳人，或居洛中为洛中人，或居华山为华州人'。此说最为有理，祥符去国初甚近，李宗谔撰定《图经》，宗谔，博物君子也，必得其实。"① 由此文可知，当时主流观点认为陈抟为亳州人或华山人，王象之、李宗谔所主张的陈抟为崇龛人的观点并没有得到广泛认可。依据《祥符旧图经》，陈抟 "或居亳为亳人，或居洛中为洛中人，或居华山为华州人" 的逻辑，陈抟可能因生于普州崇龛被认为是崇龛人，也可能是仅仅曾居于崇龛而被认为是崇龛人。李宗谔所说居哪里则为哪里人的论说方式，其实反映了修道者一个普遍存在的现象，古代修道者常常游历四方，常以所居地为自己取号，如白玉蟾生于海南而隐居武夷山，其诗文常以武夷散人自称，因其隐居武夷而自称为武夷人。同理，陈抟的情况可能也是这样，现存于各地众多陈抟遗迹，只可能佐证陈抟曾到达的地方，而不能揭示其籍贯，正如元代道士赵道一《历世真仙体道通鉴》所言："陈抟，亳州真源人，以为普州崇龛人，恐是陈抟隐居之所。"

概而论之，亳州真源应为陈抟的出生之地，崇龛应为陈抟居蜀的隐居之地，关于 "西洛""濮上""陕西" 等说，应该是陈抟修道时的短暂居住之地。

3. 生平事迹

宋代关于陈抟的资料很多，但关于陈抟的家世情况记载却几乎没有。陈抟生于唐末五代时期，其时政权更迭频繁，社会动荡不宁。只有一个神话般的故事涉及陈抟的身世，收于《群谈采余》。关于陈抟的出生称 "莫知所出"，又将其身世进行了神秘的解释，称一个渔翁打鱼时得到一个紫色的肉球，渔翁打算煮吃时，天显异象，"俄而雷电绕室大震，渔人惶骇，取出以掷地，衣裂儿生，乃从渔人姓陈。"② 撇开其中的神秘因素，可以推测陈抟可能是一名弃儿，被一陈姓渔民收养，因而随其姓为陈。

陈抟少年时应读过很多书。据《历世真仙体道通鉴·陈抟传》记载，陈抟 "生而不能言"，可能陈抟开口说话较迟。《宋史·陈抟传》记载陈抟在四

---

① （宋）王象之：《舆地纪胜》卷第一百五十八，清影宋钞本。
② 丁传靖辑《宋人轶事汇编》（上），中华书局，2003，第177页。内容转引自《群谈采余》。

五岁时，"戏于涡水岸侧，有青衣媪乳之"，涡水位于河南、安徽一带，这一
点也印证陈抟生于亳州的可能性，被渔人收养的陈抟没有母亲，应该是在街
坊邻居的关照下长大。值得注意的是，史籍多记载陈抟曾广读诗书，史称陈
抟"好读易，手不释卷"。《青琐高议》前集卷之八曰："年十五，诗、礼、
书、数及方药之书，莫不通究。"① 说明少年陈抟的学习领悟力较强，应该接
受了良好的教育，有机会读很多书。陈抟读书兴趣广泛，并不局限于儒家
典籍，经史百家无不涉猎，并对易学产生深厚的兴趣，为他之后的人生之
路奠定了基础。

青壮年的陈抟有济世之志，曾应试科举。多数资料认为陈抟没有考取
进士，如《宋史》记载"唐长兴中，举进士不第"，《五代史补》亦称"数
举不第"②。也有少数资料认为陈抟曾考中过进士，如北宋张舜民《画墁录》
认为"希夷先生陈抟，后唐长兴中进士也，既而弃科举之武当山"③。

陈抟似乎不仅有济世之才，而且有帝王之相。"先生揽镜自照曰：非仙
而即帝。其自任如此。"也就是陈抟如果不归隐，他是可以当帝王的。也有
大量笔记传说记载陈抟曾试图武装夺取政权，得知宋太祖得天下后，认为
天下"自此定矣"④，于是归隐。换言之，陈抟如果想争天下，则宋太祖是
不可能与之相争的，但陈抟认可宋太祖的天下是一个太平的天下，抑或是
一个顺承天命的王朝，陈抟因而拱手相让。笔者不完全认同此观点，陈抟
与政治的关系详见本书第三章。然可以肯定的是，陈抟生于唐末五代乱世，
青壮年时，他原想通过参加科举，发挥其救民济世的才能，然而陈抟最终
选择了归隐修道。

关于陈抟归隐的原因，有四种说法。

第一种，"既长学道"。北宋李宗谔认为陈抟早年就慕道学道，"按《祥
符旧图经》谓陈抟普州崇龛人，既长辞父母去学道"⑤。

---

① （宋）刘斧：《青琐高议》前集卷之八，清红药山房钞本。
② （宋）陶岳：《五代史补》卷五，明虞山毛氏汲古阁刻本。
③ （宋）张舜民：《画墁录》，明稗海本。
④ 见（元）赵道一《历世真仙体道通鉴》卷四十七；张辂《太华希夷志》。
⑤ （宋）王象之：《舆地纪胜》卷第一百五十八，清影宋钞本。

第二种，厌世乱而学道。北宋《东轩笔录》云陈抟"厌五代之乱，入武当山，学神仙导养之术"①。

第三种，"亲丧"后归隐。北宋刘斧《青琐高议》前集卷之八曰："亲丧，先生曰：吾向所学，足以记姓名耳，吾弃此将游太山之巅，长松之下，与安期黄石论出世法，合不死药，安能与世俗辈汩没，出入生死轮回间，乃尽以家资遗人，惟携一石铛而去。"② 或许陈抟亲丧之前就有归隐之意，但他真正离家学道是在双亲亡故、尽完赡养义务之后。陈抟应该长期向往安期生和黄石公这样的道家人物，因为赡养双亲而未能如愿，双亲过世是陈抟归隐的时机。

第四种，"举进士不第"。元张辂《太华希夷志》和《宋史》均记载陈抟"后唐长兴中，试进士不第"，《五代史补》记载稍有不同，《五代史补》成书于 1012 年，只言"能为诗，数举不第"。北宋杨亿《谈苑》说陈抟"尝举进士不第，去隐武当山九室岩，辟谷练气"③。此说陈抟归隐的原因是由于考不中进士，因仕途失意转而学道。

以上最有争议的是第四种说法，其关键是陈抟考进士的年份。笔者对陈抟"后唐长兴中，举进士不第"而归隐之说存有怀疑，由对陈抟生卒年的考证结论得知，陈抟死于 989 年，寿 118 岁，推其生年为 871 年。据《太宗实录》《续资治通鉴长编》《新雕皇朝类苑》等书记载，太平兴国九年（公元 984 年），陈抟见宋太宗时，宋太宗言陈抟"入华山四十年"，则陈抟初入华山时为 944 年。北宋杨亿《谈苑》、道教典籍《历世真仙体道通鉴》等记载陈抟入华山之前曾遇孙君仿和獐皮处士（也作鹿皮居士），受他们的指引到武当山九室岩隐居，"服气辟谷，以恬默自处，凡二十余年"，"年已七十余，俄徙居华山"④。如下所示：

   871 年，出生。

---

① （宋）魏泰：《东轩笔录》卷一，明刻本。
② （宋）刘斧：《青琐高议》前集卷之八，清红药山房钞本。
③ （宋）江少虞：《新雕皇朝类苑》卷第四十一，日本元和七年活字印本。
④ （元）赵道一：《历世真仙体道通鉴》卷四十七，明正统道藏本。

924 年，隐武当山，53 岁。

944 年，隐华山，73 岁。

984 年，见太宗，113 岁。

989 年，去世，118 岁。

陈抟"有大志"、考进士之事应发生在青壮年时期。几乎所有的资料都没有暗示陈抟学道时已年老。如果陈抟于后唐长兴年间（930 年至 933 年）考进士，时年逾六十，不仅与史料记载彼时隐居武当山有矛盾，而且与前面三种观点的史料均矛盾。

陈抟应该没有娶妻生子。无论陈抟中进士与否，后唐长兴年间陈抟已经六十多岁，如果没有隐居修道，应该已娶妻生子。以陈抟在宋代的巨大影响，陈抟如果有妻、子，文献资料应有相关记载。然所有资料没有陈抟娶妻生子的记载。普通人若不修道，至六十岁无妻无子是不寻常的。

另外，陈抟的名、字、号出现的时间不会太晚，表达了陈抟在修道方面的抱负，而非政治上的抱负。陈抟之名、之字，是何时取的，亦应考虑这一因素，因为陈抟的名字即暗示了其道家信仰。陈抟字"图南"，号为"扶摇子"。《庄子》记载有一种大鸟名为鹏，"抟扶摇而上者九万里，绝云气，负青天，然后图南，且适南冥也"①。庄子短短一段话，包含了"抟""扶摇""图南"等陈抟全部的名号，且有深远的道家意义。陈抟之名、字与庄子旨趣相投应该不仅仅是巧合，应该是陈抟接受道家思想之后，为自己起的名字以表明自己的修道志向。虽然，唐明邦《陈抟评传》认为"图南"一语"不止若鹏之徙南冥，直是励志南面而治天下"②。笔者认为，陈抟推崇庄子，取《庄子》中的字为名，是更倾向于庄子提倡的全性葆真，不与政权合作，陈抟的名字的意义不是取"南面而治天下"的政治抱负，而是表明其修道的决心。庄子思想与隐逸思想密切相关，陈抟本人同样以"处士""隐逸"而闻名。

综上，陈抟接受道家思想不会晚于青壮年时期，很可能"既长学道"，

---

① 《庄子·逍遥游》。
② 唐明邦：《邵雍评传》，第 280 页。

因赡养双亲，待双亲过世后方选择归隐。虽然，陈抟也有可能因"举进士不第"而入道，但他考进士年龄不会太大，否则会有其结婚生子和名字变更等方面的记载。

五代末年，众人为避乱而纷纷隐遁于山林，陈抟遇到孙君仿、鹿皮处士，二位隐士"高尚之人也"，应该也是有道术的人，他们建议陈抟"武当山九室岩可以隐居，抟往栖焉，因服气辟谷历二十余年"。①

关于陈抟隐居武当山，史料多有记载。杨亿《谈苑》、《新雕皇朝类苑》卷第四十一、邵伯温《邵氏闻见前录》卷七、魏泰《东轩笔录》卷一等均记载陈抟举进士不第之后，隐武当山。以上史料均较为可信，杨亿十一岁时即以诗闻名，宋太宗诏送阙下，并授官职，陈抟去世时杨亿已十五岁；邵伯温之父邵雍为陈抟的再传弟子。《谈苑》《新雕皇朝类苑》《邵氏闻见前录》所言略同。魏泰为湖北襄阳人，家即在武当山附近，其活动年代在1105 年前后，其所著记载："陈抟，字图南，有经世之才。生唐末，厌五代之乱，入武当山，学神仙导养之术，能辟谷，或一睡三年。"②

陈抟曾隐居武当山修道当无疑问，此处应注意的是陈抟修道的方式。陈抟初修道，没有进行任何入教仪式，没有度牒。依据宋制，出家拜师应跟随本师生活在道观中，陈抟是独自隐居山野，其隐居地点九室岩不在三十六岩中，历代山志也未记其详细方位，说明九室岩为人迹罕至的地方。从修道实践上讲，服气辟谷应该在无人打扰的偏远地方。

陈抟隐居修道，却名声在外。慕名前来拜访的士大夫众多，陈抟却"皆不与之友，谢绝人事，野冠草服"③。为了回避拜访者，陈抟一再搬迁，先后搬到武当山桃源峰东的诵经台、白云峰、五龙宫，"桃源峰……东即诵经台，昔陈希夷遁迹再迁，诵易于此。今台址归然。""白云峰，陈希夷避名，三迁于此，次后五龙，徙之华岳。"④ 由于前来拜访的人太多，陈抟最后迁至华山。

① （元）脱脱：《宋史》卷四百五十七，第216 页，清乾隆武英殿刻本。
② （宋）魏泰：《东轩笔录》卷1，明刻本。
③ （宋）庞觉：《希夷先生传》，《藏外道书》第18 册，第821 页上；另见《青琐高议》前集卷八。
④ （元）刘道明：《武当福地总真集》卷上，《道藏》第19 册，文物出版社、上海书店、天津古籍出版社，第649 页。

陈抟于 944 年到达华山。据《太华希夷志》《历世真仙体道通鉴》记载，陈抟七十多岁时，"俄徙居华山，得古云台观基，辟荆榛而居之"①。他初到华山居住的地方是一个道观古址，是荒芜的、没有人住的，也有材料称陈抟居住在华山云台观少华石室。② 据说陈抟栖止的少华石室，在少华山主峰后悬崖上天然生成的凹陷处，有石墙遮挡，是一处人迹罕至的密室，有两丈长，六尺高，室内有巨石作为天然石床，此处依岩而凿，绝谷峭壁，鲜有人迹，今人称为"陈抟睡洞"。

陈抟以睡功闻名，在华山多不外出，常睡不起。北宋仁宗皇祐三年，云台观道士武元亨向皇帝进《希夷先生传》曰："初先生居下方，茅茨不剪，蒿芜不除，有访先生者，窥其户，阒焉无人，但鸟声兽迹，或樵子山麓荐莽深处，有骸如腊尘盖翳焉，迫而视之，乃先生也，扪其心，独暖。良久气还而兴曰：睡适酣，奚为扰我？"③ 武元亨为陈抟的弟子，当时的云台观住持，依他所言陈抟初到华山，常隐居而睡。《青琐高议》云："睡动经岁月。"④《历世真仙体道通鉴》也说："先生常闭门卧，累月不起。"《宋史》本传记载："每寝处，多百余日不起。"《诗林广记》曰："（陈抟）居华州云台观，多闭户独卧，或累月不起。"⑤

陈抟作为一名修道的隐士，以其高深的修行名动天下，在百余岁时曾几度被皇帝召见，更有传闻陈抟曾参与了宋初的诸多政治活动，其中详情见第三章分析。正史与宋人笔记等史料中大量记载陈抟与宋皇室和士大夫的交往互动（见第七章"陈抟与士大夫的交往"），说明陈抟虽为隐士，却在宋代享有极高的声望，产生了巨大的影响。

像其他得道的高道一样，陈抟具有预知自己死期的能力。他叮嘱随侍弟子贾德升，在华山莲山峰张超谷中打凿一石室，作为安葬之地。端拱二年

① （元）张辂：《太华希夷志》卷上，明正统道藏本；（元）赵道一：《历世真仙体道通鉴》卷四十七，明正统道藏本。
② （宋）黄震：《古今纪要》卷十七，清文渊阁四库全书本，言陈抟"隐武当，后隐少华石室"。
③ （宋）张方平：《华山重修云台观记》，《乐全集》卷第三十三，宋刻本。
④ （宋）刘斧：《青琐高议》前集卷之八，清红药山房钞本。
⑤ （宋）蔡正孙：《诗林广记》后集卷九，清文渊阁四库全书本。

（989 年），陈抟逝世，如今在华山云台北峰北面，有一处打凿的石穴，据说是
"希夷先生蜕骨之穴"①。大中祥符四年（1011 年）二月，宋真宗亲自前往岳
庙，至云台观，免除了云台观道士的地税田租，并指示陈抟弟子贾德升在
观内营造"圣祖并真宗本命星官元辰三殿"，宋仁宗至和元年（1054 年）
又增建集真殿。

从全国各地地方史志的记载看，陈抟似乎去过很多地方。萧天石《道
海玄微》言，陈抟"武当岷山数往还"，岷山在四川松潘县北，陈抟隐居武
当山之时，多次到蜀中访道游学。② 四川有很多陈抟到访的遗迹，《蜀中广
记》记载四川荣县"荣德山为陈抟修真处又名希夷山"③，陈抟曾到四川崇
龛，"旧普慈志云，铁山枣、崇龛梨、天池藕三者，皆希夷所种也"④。"安
岳治西，有破石井，中分出水，世传希夷先生所凿，治北方池有手植莲，
多喜山，有丹炉石枕，皆其遗迹。"⑤ 另外，浙江浦江县有"陈抟洞"⑥，江
苏太仓有陈抟桥，⑦ 安徽宿州有陈抟山，⑧ 陈抟曾在四川多喜山修道，⑨ 他
还到过江西庐山的白鹤观、简寂观，⑩ 山东济南有陈抟书写的福寿宁碑刻。⑪
但地方史志传说色彩太浓，难以取信。

第二节　著述

1. 佚失的著作

据史载，陈抟著述很多。《宋史》云："抟好读《易》，手不释卷。常自
号扶摇子，著《指玄篇》八十一章，言导养及还丹之事，宰相王溥亦著八

① （金）王处一：《西岳华山志》，《道藏》第 5 册，第 749 页上栏。
② 萧天石：《道海玄微》，华夏出版社，2007，第 458 页。
③ （明）曹学佺：《蜀中广记》卷十一，清文渊阁四库全书本。
④ （明）曹学佺：《蜀中广记》卷三十。
⑤ （明）曹学佺：《蜀中广记》卷七十六。
⑥ 《浦江县志》卷之二，民国铅印本，第 17 页。
⑦ 《太仓州志》卷四〔续修〕，民国刻本。
⑧ 《宿州志》卷之一，天一阁藏明嘉靖刻本。
⑨ （明）虞怀忠修、郭棐纂《四川总志》卷之十四，明万历刻本。
⑩ 《南康府志》卷之二十三，成文影同治十一年刻本，第 555 页。
⑪ （明）陆钺：《山东通志》卷二十二，明嘉靖刻本。

十一章以笺其旨。抟又有《三峰寓言》及《高阳集》、《钓潭集》，诗六百余首。"① 据《太华希夷志》载，陈抟逝后，"有弟子曾孙武尊师，因文正范公指教，得《入室还丹诗》于京师凝真院，得《三峰寓言》于太华李宁处士，得《指玄篇》于赤城张无梦，得《钓潭集》于张中庸进士，共三百篇余。乃纂先生传集并养生要旨及李真人服饵法"。《历世真仙体道通鉴》记载，陈抟还有《入室还丹诗》50 首，"又作《钓潭集》万余字，皆罗镂道妙，包括至真"。

《宋史·陈抟传》及《宋史·艺文志》总共记载陈抟撰有《指玄篇》（或言《九室指玄篇》）、《三峰寓言》、《高阳集》、《易龙图》、《人伦风鉴》、《钓潭集》及诗六百余篇。据郑樵《通志·艺文略》记载陈抟还著有《赤松子八诫录》一卷。《历世真仙体道通鉴》和《太华希夷志》均记载陈抟还有《入室还丹诗》。《西岳华山志》尚记载陈抟有《超苦海诗》。②

很可惜的是，以上著作均已遗失。

台湾学者萧天石曾引用陈抟所著《玄门秘要》中的言语，称其完成于武当九室岩。笔者曾向台湾学者求证，此书也已佚失。③

相传陈抟曾传有《无极图》《先天图》④，陈抟将《无极图》刻于华山石壁，此两图都已佚失，有观点认为周敦颐的《太极图》即是由陈抟的《无极图》演变而来。⑤

2. 今存较为可信的陈抟著作

保存至今较为可信的陈抟著作有：四川《安岳县志》存有署名陈抟的《易龙图序》，此文亦见于宋吕祖谦编《宋文鉴》⑥，元代张理《易象图说·内篇》收录《易龙图》之序和数图式。⑦ 朱伯崑等人认为"此序是否为陈抟所作已不可考，但可以肯定其思想出于陈抟"⑧。詹石窗认为，张理所载龙图

---

① （元）脱脱：《宋史》卷四百五十七，清乾隆武英殿刻本。
② （金）王处一：《西岳华山志》，《道藏》第 5 册，第 751 页中栏。
③ 萧天石：《道海玄微》，第 459 页。
④ 见第五章第一节 "陈抟的图书易学及传承"。
⑤ 见第十章第三节之二 "周敦颐《太极图》的渊源争议"。
⑥ （宋）吕祖谦：《宋文鉴》卷第八十五，四部丛刊景宋刊本。
⑦ （元）张理：《易象图说·内篇》卷上，《道藏》第 3 册，第 223 页下栏。
⑧ 朱伯崑：《易学哲学史》卷二，昆仑出版社，2005，第 18 页。

"不一定就是陈抟'龙图'本来面貌……但总的来看，这些图式是符合陈抟的思想脉络的"①。学界普遍认为此序文表达了陈抟对宇宙自然演化的看法。

《道藏》所收录文献包括以下五部。

第一，署名陈抟的《阴真君还丹歌注》，《宋史·艺文志》一著录《阴真君还丹歌》一卷。《道藏提要》认为《还丹歌》是后人依托阴长生之作，涉及外丹、内丹，但以内丹为主，其丹法与后来全真家不尽相同，涉于双修，有正统道藏本。②

第二，《正易心法注》是陈抟的另一部重要易学著作，据《佛祖统纪》记载，陈抟曾得麻衣道者传授《正易心法》，并注解此书。③ 此文始见《宋史·艺文志》，曾刊入元《道藏》，《道藏缺经目录》列其为亡佚。后世出现此书并收入《藏外道书》。《正易心法注》一书，从宋代以来，即有真伪之辩，李潜、志磐、陈显微等十分推重此书，力主其为陈抟所撰。宋人陈振孙、明人胡应麟、清人姚际恒等认为是宋人戴师愈伪作。④ 李远国对该书的渊源传授、语言文字、思想内容及社会影响做了分析，认为当是陈抟的著作。⑤ 当代研究陈抟的修功军、唐明邦等均认为此书为陈抟著作。⑥ 今收入《藏外道书》第5册。

第三，《道藏》本《诸真圣胎神用诀》内收录《陈希夷胎息诀》，此两项为内丹修炼方面的著作。

第四，《道藏》收录曾慥《道枢·观空》篇收录陈抟的论说，可见其"五空"思想。

第五，陈垣《道家金石略》收录有署名陈抟的《京兆府广慈禅院新修瑞像记》，《金石萃编》收录署名陈抟的《太一宫记》。

① 詹石窗：《易学与道教思想关系研究》，厦门大学出版社，2001，第209页。
② 任继愈主编《道藏提要》，中国社会科学出版社，1991，第99~100页。
③ （宋）释志磐撰《佛祖统纪》，《大正藏》第49册，第395页下栏。
④ 邓瑞全、王冠英主编《中国伪书综考》，黄山书社，1998，第43页。
⑤ 李远国：《〈正易心法〉考辨》，《社会科学战线》1984年第6期。
⑥ 修功军：《陈抟老祖：老子、庄子之后的道教至尊》，东方出版社，2007，第202页；孔又专：《陈抟道教思想研究》，第63页；唐明邦：《邵雍评传》中所附《陈抟评传》，南京大学出版社，1998。均认为此文为陈抟的易学著作之一。

3. 疑为伪书的著作

《道藏辑要》鬼集五收录有《玉诠》，其卷 5 有陈抟真人降语，为扶乩降语。明代洪基编辑《摄生总要》收录署名陈抟的《房术玄机中萃纂要》，"显然是元明时人伪托陈抟之作"；明代高濂《遵生八笺》穿插了 24 幅 "陈希夷导引坐功图"；尚有署名陈抟的《河洛真数》《心相编》《神相全编》《紫微斗数全编》等，朱越利认为 "以上盖皆后人托名" ①。

小　结

本章就陈抟的基本情况做了初步考证。

关于陈抟的生年，可以确定陈抟生于唐末。由众多文献记载陈抟在太平兴国九年见宋太宗时 "近百岁" "百余岁" "当百岁" 等判断，陈抟应生于 884 年左右。陈抟羽化时有明确的记载为 "享年一百一十八岁"，则推其生年为 871 年，去 884 年不远，较为可信。

关于陈抟的籍贯，众说纷纭。主张陈抟为 "亳州真源人" 的史料，不仅包括宋代重要史书，也包括道教文献和陈抟的弟子的记述，因而陈抟为 "亳州真源人" 是较为可信的。古代修道者常游历四方寻师访友，可能由于陈抟曾在很多地方修道，留下一些印迹，加之陈抟在唐末宋初拥有很高的社会声望，因而产生他是 "西洛" "濮上" "陕西" 人的说法。

陈抟的一生极具传奇色彩，关于此部分的相关资料最值得推敲。陈抟的身世出处没有可靠的文字记载，他可能是一名弃儿，被一陈姓渔民收养。陈抟幼年受过良好的教育，读书兴趣广泛，经史百家无不涉猎，对易学尤其感兴趣，为他之后的人生奠定了基础。陈抟在青壮年时期曾应试科举，应该没有考中进士。没有他娶妻生子的记载，陈抟学道的时间应该不会太晚，陈抟的名、字、号表达了他在修道方面的抱负，而非政治上的抱负，可推测他早年就有修道之志，或因赡养双亲而推迟了隐居的时间。隐士孙君仿、鹿皮处士是陈抟最初的老师，他们指引陈抟前往武当山隐居，陈抟

---

① 朱越利：《宋元社会与阴丹术的流行》，《宗教学研究》2008 年第 1 期，第 1～12 页。

在那里"服气辟谷"二十余年。为了回避拜访者，陈抟一再搬迁，最后迁至华山。陈抟是一名修道的隐士，由于宋代礼遇隐士，并制定相关招隐逸的政策，使陈抟与士大夫存在广泛交往成为可能，但关于他参与诸多政治活动的说法是值得怀疑的。

陈抟的著述很多，但大多亡佚。现存署名陈抟的著作部分存在争议，部分是后人伪作。

第二章　陈抟的道士身份及师友考述

第一节　陈抟的道士身份特色

一　宋代道士入道管理制度

从隋唐到宋代，政权对宗教的控制逐渐加强。道教在唐代为国教，唐政府设立专门机构对道士传度活动进行监督。唐代政府规定，个人若出家成为道士，必须首先拜师，经师父审核通过，再向政府举荐，由政府进行相关考试考核，合格者方能领取由尚书省祠部颁发的度牒，成为合法的道士。度牒是官府颁给合法出家道士、女冠的身份证明书。唐代政府将道士记录到专门的户籍，所有道士应居住在宫观。

宋代道教管理机构有中央道录院、地方道正司和基层宫观道官，掌管道教的重要事务，如宫观创建、道官选任、道冠度牒等。个人成为正式的道士须经过童行、度牒、披戴受戒等一系列手续和程序。① 所谓"童行"，即"童子行者"之简称，女子称为"长发"。宋代对童行的管理较为严格，成为童行需要得到家长的许可，并且是遵守道德、法规的无罪者。据《宋会要》记载，宋真宗咸平四年下诏规定，成为童行者在年龄上须达到十岁以上，其身份与资质必须由寺观的负责人"结罪委保"，方许系帐籍成为童行。受戒成为正式的道士、女冠者须年满十八岁。童行必须礼师，即在自己学道的宫观拜一位正式的道士为师。童行必须与师父同住，不能随意改

---

① 唐代剑：《宋代道教管理制度研究》，线装书局，2003，第194页。

变住处，不能改变礼师，"不得交互礼师，擅移院舍"。如果本师去世或确有原因要改变所居道观，则必须先上报官府，由官府同意，并改正帐籍之后，才可能迁移。① 由此，宋代政府的宗教管理政策十分严格。没有童行经历者不可以成为道士，而童行则受到政府与本师的严密监管。

童行通过了试经即可获得度牒。试经即是对童行进行考核，"凡僧道童行，每三年一造帐上祠部，以五月三十日至京师。童行念经百纸或读五百纸，长发念七十纸或读三百纸合格，每诞圣节，州府差本州判官、录事参军于长吏厅试验之。"② 政府考核的童行必须是在册的童行，政府每三年造帐一次，并上呈祠部。官方对在册童行进行念经考核，但并非所有念经合格者都能取得度牒，童行的合格率根据不同时期的宗教政策而不同。至道元年，"每三百人放一人"，景德三年，"各于元额十人外，更放一人。其寺观院舍及僧、道、童行不及十人者，每院特放一人，并取系帐年深从上者，更不试经业"。而到景德四年时，"五人内特放一人，住房僧道不及五人者，（逐）院特放一人"。③

宋代严禁私度道士，对于私自入道的违法剃度现象，北宋政府采取了严厉的措施进行惩处，并且私自披剃及度人为僧道者均要还俗。宋代《刑统》之《僧道私入道》篇记载："诸私入道及度之者，杖一百（其下注曰：若由家长，家长当罪）。已除贯者，徒一年。本贯主司及观寺三纲知情者，与同罪。若犯法合出观寺，经断不还俗者，从私度法。即监临之官，私辄度人者，一人杖一百，二人加一等。"④ 私入道者本人不仅要承受惩罚，其相关人员都要受到惩戒。

童行还可以通过特恩和进纳的方式取得度牒。特恩是皇帝不定期地向系帐童行赐予度牒，不须参加经业考试。进纳即通过购买取得度牒。

二 陈抟与宋代道教体系内的法位传承制度

陈抟即是经过特恩获得的度牒。特恩原则上是针对系帐童行实施的，

---

① （清）徐松辑《宋会要辑稿·蕃夷道释》，郭声波点校，四川大学出版社，2010，第622页。
② （清）徐松辑《宋会要辑稿·蕃夷道释》，郭声波点校，第618页。
③ （清）徐松辑《宋会要辑稿·蕃夷道释》，郭声波点校，第621、624页。
④ （宋）窦仪：《刑统》卷十二，民国嘉业堂刻本。

其具体程序是：由宫观负责人将特度童行情况按试经上报的内容报告祠部，祠部核查特恩项目后，由尚书省下牒到州，州发给宫观负责人，再交本师。① 陈抟不是系帐童行，不属于宫观道士，由于陈抟极负盛名，皇帝特恩给予陈抟官方道士身份。

陈抟即使拥有了官方正式的道士身份，他与宋代道教体系内的法位传承亦没有关系。唐代太清观道士张万福编纂《传授三洞经戒法箓略说》卷上列有受法的法目与包含的经箓，其中戒目包含大量的戒律；正一法目包含二十四种三十六箓；道德经目包含用于修行的十四种道经；另有三皇法目、灵宝法目、洞真法目，层级依次上升，均包含大量的箓、图、符、经等。张万福另有《太上洞玄灵宝三洞经戒法箓择日历》，也列举了受法的经箓。北宋孙夷中编纂《三洞修道仪》记载了北宋初期道士的位阶，把道士分为七个等级，各个等级所受的经箓随着等级提高而递进上升，表明唐宋的法位符箓传承是有严格的规定的。② 然陈抟于唐五代末隐居山林修道，与上述宗教管理制度没有什么关系。究其原因，宗教管理制度皆是对宫观内道教徒的管理，陈抟没有童行经历，没有试经记载，陈抟服气、辟谷，隐居石室，不住道观，不事符箓。宋太宗赐先生称号和紫衣，给其宫观免租，是陈抟成名之后皇帝对陈抟的笼络和奖赏。

三　陈抟本质上为修炼丹道的隐士

从现有资料判断，隐士孙君仿、獐皮处士是陈抟最初的老师，他们都不是道观内的道士，而是山林中的隐士。他们所谈论的内容是《易》《庄》，陈抟在师父的指引之下，在武当山九室岩"服气辟谷二十年"。陈抟只有一个道士师父何昌一，陈抟从他那里学了锁鼻术，或者还有睡功。陈抟学习的内容以内炼之法为主，而并非正规道观道士所传习的箓、图、符、经等。对陈抟有更重要影响的师友孙君仿、獐皮处士、吕

① 唐代剑：《宋代道教管理制度研究》，第 203 页。
② 〔日〕小林正美：《唐代的道教与天师道》，王皓月、李之美译，齐鲁书社，2013，第 79 ~ 96 页。

洞宾、麻衣道者、钟离权、李琪、李八百、白鹿先生等多为隐士，都不是职业道士。

陈抟更接近于方士。王沐认为内炼之法属吴越系统。《周易参同契》作者魏伯阳为方士，生于公元107年，属吴越方士系统，以《易经》解释功法。张陵生于34年，属于黄老道徒，在四川创教。[①] 魏伯阳与张陵出生年代相近，都是道教著名人物，一个为个人修道模式，以修内炼法为主，被视为方士、隐士；一个创立教团组织，以符箓为主。王沐认为："内丹的功法在周代已有承传系统，是一种独立的养生方法。内丹功法和道教系统并不一致，也不是宗教集团所创立的。内丹学并不必然具有宗教的性质。"[②] 此语很好地解释了陈抟的修道模式，内丹功法的传承与道教系统无必然联系，陈抟的修道模式类似于方士，可以不具有职业道士的身份，可以没有宗教色彩。

陈抟与其师友被道教界视为身怀绝技、神秘莫测的世外高人，其声望远高于普通的职业道士。从学术的角度，他们有些人可以通过考证认定为真实的历史人物，有些人其真伪已不可考，仅作为神话一样的传说存在。

陈抟既没有官方所要求的拜师资料，也没有收弟子的相关仪式资料，陈抟的后学也没有建立组织派别。陈抟本人及其师友只是致力于修道实践，无意立教立言。陈抟的后学亦是如此，他们的学术思想可追溯至陈抟，却不局限于陈抟。由此，种种迹象显示陈抟不是一般隐士和道士。

正史、官方对陈抟与普通道士是区别对待的。《宋史》列陈抟的传记分类为"隐逸传"，而将道观的道士和寺院的僧人列传分类为"方技"。唐僖宗封其为"清虚处士"，后周皇帝赐号陈抟为"白云先生"，宋太宗赐号"希夷先生"，宋太宗亦写有《诏华山处士陈抟》，《全宋文》收有《赐华山处士陈抟敕》[③]（处士为隐士的一种）。

---

① 王沐：《内丹养生功法指要》，东方出版社，1990，第108页。
② 王沐：《内丹养生功法指要》，第113页。
③ （宋）陶毂：《赐华山处士陈抟敕》，曾枣庄、刘琳主编《全宋文》第2册，第6页。

陈抟自称"道门弟子"①，道教内称之为"先生"，宋代文人或称其为"处士"，或称之为"希夷先生"，或称之为"老氏之徒"②。宋人把陈抟与儒家隐逸之士分得清楚，"虽然抟有雄志杰才，而非儒学之逸民，其自为者，既与吕洞宾之徒，相期于汗漫之游，人之闻之，亦谓其有神仙"③。

陈抟经济上不依赖政府，组织上亦不隶属于政府管辖的道观。陈抟在山中养生修炼，其《退官诗》云："元气充餐草结衣，等闲无事下山稀。不侵织女耕夫利，犹自傍人说是非。"④"元气充餐"即辟谷不食，衣食来自自给，不依赖供养，也不依赖政府赐予。陈抟不着道士衣服，而是着草衣，住山林石室，即使迁居到华山云台观，也是在荒芜的古观地址上栖身，"高士陈抟，披荆榛，筑室于下方，太平兴国中，太宗皇帝累赐诏赍御诗，召抟赴阙，乃敕有司，增葺隐庐，复给内府金钱，经始坛殿规摹方备，今观是也"⑤。云台观得到修葺是太宗皇帝诏见陈抟之后的事情，是帝王的奖赏与笼络。

陈抟是不是道士呢？这则涉及如何定义道士的概念。道士之称谓的来历及其含义有一发展变化的历史。道士原本指"有道之士"，西汉董仲舒《春秋繁露·循天之道》："古之道士有言曰：'将欲无陵，固守一德。'"⑥西汉刘向《新序·节士》："介子推曰：'推闻君子之道，谒而得位，道士不居也，争而得财，廉士不受也。'"⑦ 其中"道士"意为明天道守道德的高尚之人。庄子笔下的"真人"为修道、有道术之人。秦汉时的方士，张陵五斗米道的天师、祭酒与鬼卒，《老子想尔注》中的"道人"与"仙士"，皆为道士的前身，而不等同于今天意义上的道士。

"道士"一词有道教和官方两种不同的界定。首先，从道教的立场，修

---

① （宋）陆游：《老学庵笔记》卷六，记载陈抟曾到邛州（今四川邛崃市）天庆观师从何昌一学锁鼻术，并有石刻其诗，末云"道门弟子陈图南"。
② （清）胡渭：《易图明辨》卷六，称陈抟"老氏之徒"。
③ （宋）胡寅：《致堂读史管见》卷三十，宋嘉定十一年刻本。
④ （元）张辂：《太华希夷志》卷上，《道藏》第5册，第737页下栏。
⑤ （宋）张方平：《乐全集》卷第三十三，宋刻本。
⑥ （汉）董仲舒：《春秋繁露》卷十六，清武英殿聚珍版丛书本。
⑦ （汉）刘向：《新序》卷七，四部丛刊景明翻宋本。

道、以道为事，就是道士。《太霄琅书经》曰："人行大道，号为道士。……唯道是从，从道为事，故称道士。"① 道士之所以被称名为"道士"，亦即将信道、修道、行道作为人生的终极目标，"所以名为道士者，谓行住坐卧，举心运意，唯道为务"②。道教的立场并不重视是否有出家的形式，因为中国修道的实践可追溯到先秦之前，道教更是尊黄帝、赤松子、老子、庄子、列子等人为祖师或真人。何以祖师、真人不是道教徒眼中的道士？

唐代《初学记》援引《三洞奉道科诫》分道士为五种："三洞道科曰：道士有五，一、天真道士，高玄皇人之流也，祛惑论曰，郁华子、广成子、紫府先生、中皇真人、河上丈人亦是也。二、神仙道士，杜冲、尹轨之例也，祛惑论曰，赤松子、鬼谷子、刘叔卿、乐子长、安期先生、王方平、鲁女生亦是也。三、山居道士，许由、巢父之比也，祛惑论曰，王倪、善卷、东园公、角里先生亦是也。四、出家道士，宋伦、彭谌之匹也。祛惑论曰，杜冲、彭宗、王探、封君达、王子年、陈宝炽、李顺兴亦是也。五、在家道士，黄琼、钱铿之伦也。"③ 此分类中，等级层次由高到低，天真、神仙、山居前三种道士都不是出家住宫观道士，其得道层次皆高于后面出家、在家道士。因而道教内的认识，出家道士并不是上乘的道士。

但"道士"一词的意义随着官方规定道士必须出家住宫观的制度而逐步固定下来。唐代之前，道教作为一种社会组织是一个单纯自律的宗教团体，至唐代，政府直接介入对道教的规范化管理，"首先必须拜师精勤修行，然后经师推举，由政府考核合格者，才能得到批准出家"，"政府批准入道者，最后领取由尚书省祠部颁发的度牒才算成为合法的道士。道士还俗或死后，则要将度牒归还官府，严禁转让"④。正名道士可以合法拥有土地，据《唐六典》卷三《尚书户部郎中员外郎》条载："凡道士给田三十亩，女冠二十亩，僧尼亦如之。"⑤ 道士、女冠拥有田地，却免除赋役徭役，

---

① （唐）徐坚：《初学记》卷二十三，清光绪孔氏三十三万卷堂本。
② 见《道典论》，《道藏》第 24 册，第 841 页；《洞真太上太霄琅书》，《道藏》第 33 册，第 664 页；《太上洞玄灵宝出家因缘经》，《道藏》第 6 册，第 139 页。
③ （唐）徐坚：《初学记》卷二十三，清光绪孔氏三十三万卷堂本。
④ 王永平：《论唐代道教的管理措施》，《山西师范大学学报》2002 年第 1 期，第 76~81 页。
⑤ （唐）李林甫：《唐六典》卷三，明刻本。

因此道士成为一个较为理想的职业。道士不再作为单纯的宗教身份，"修道者的'道士'身份由单纯的宗教性转变为具有社会性、政治性与宗教性相融合的复杂的身份"①。

唐代的道士仅指住宫观的道士，《一切道经义妙门由起》称道士"乃方外之士……今之道士即出家道士"②。出家道士实质为从属于道教教团组织的道士，这个组织有经典、戒律、科层等级。陈抟属个人修道模式，因而陈抟尽管修炼道术，却被正史归为隐逸，而不是僧人、道士所属的"方技"。陈抟亦不承认自己是道士，根据前文对陈抟的老师何昌一的分析，《老学庵笔记》记载陈抟太岁丁酉（937年）拜谒何昌一，留有一首诗，落名"道门弟子图南上"③。陈抟在937年已经隐居修道，并向道士何昌一学习锁鼻术和睡功，然而陈抟自称"道门弟子"而非道士。

雍熙元年（984年）十月，宋太宗赐陈抟"希夷先生"称号，并赐紫衣，④ 实质上是官方认可陈抟为合法道士。"先生"亦是道士的一种，紫衣表示拥有合法的道籍——度牒。985年，陈抟在所撰《京兆府广慈禅院新修瑞像记》中，末书"华山希夷先生陈抟撰"，陈抟自称"希夷先生"，此时无论从道教意义上还是官方意义上来说，陈抟都是道士身份了。

陈抟获得象征道士身份的"希夷先生"称号和紫衣时，已经113岁。即使这样，陈抟与宋代道教体系内的法位传承也没有关系。宋王室对陈抟进行封赐的目的是拉拢和利用。也就是说，陈抟本质上是一名修炼丹道的隐士，而不是普通意义上的道士。

第二节　陈抟的师友

陈抟的师友信息是了解陈抟的重要间接资料。首先，可靠的直接资料十分有限。陈抟是一名隐士，其师承没有系统而确切的文献记述，本书所

---

① 李平：《晚唐五代道教修道变迁研究》，清华大学博士学位论文，2010，第34页。
② （唐）史崇玄等编撰《一切道经义妙门由起》，《道藏》24册，第728~729页。
③ （宋）陆游：《老学庵笔记》卷六，明津逮秘书本。
④ 《长编》卷二十五，雍熙元年十月；《太宗皇帝实录》卷三十一。

认可的陈抟的师父与道友大多来源于相关史料的分析。就陈抟的隐逸身份而言，难以搜寻到完整而准确的师承资料。陈抟既是隐士，又是丹道实践者。道教史上，丹道修行本身就具有秘不外传的神秘色彩，而隐逸的修道者不在世俗社会彰显，难以出现在史家的视野之内，较为可靠的直接资料极其有限。其次，师友情况可以反映一个人的情趣志向与目标追求，因而，陈抟的师友信息成为了解陈抟的重要间接资料。物以类聚，人以群分，陈抟师友的特征可以间接反映陈抟的特征。因而，研究陈抟的师友对于揭示陈抟其人是有必要的。

道教尤其注重师徒传承，陈抟的老师是陈抟学习的方向和榜样，是陈抟所追求的理想的体现。陈抟生于唐末，当时王重阳与他所创立的全真道尚没有出现，大量平民入道的情况在当时尚不存在。其时的内丹道派，尤其是被后世称为隐仙派的内丹道派，十分注重师徒传承，师父选择徒弟的条件极其严格。以广为传诵的钟离权度吕洞宾的故事为例，钟离权曾十试吕洞宾，通过考验之后方传其灵宝秘法、上真秘法。[①] 这个故事反映了丹道传统中师与徒非同寻常的关系。

根据各种文献记载，可以称为陈抟之师的大概有孙君仿、獐皮处士、吕洞宾、钟离权、何昌一、曾文迪等人，与陈抟亦师亦友的有李琪、李八百、白鹿先生等，可称为陈抟道友的有谭峭、苏澄隐、丁少微、毛女等人。

表 1 - 1   陈抟的师友列表（考证见下文）

学术类别	姓名	资料来源	道术备注
丹道之师	孙君仿、獐皮处士（也作鹿皮处士）	1.《宋史·陈抟传》，《仙籍总龟》"相与谈《易》《庄》，七日不辍" 2.《道海玄微》，第 489 页	行气、辟谷、长啸术、睡丹诀 易学
	何昌一	《老学庵笔记》卷六，《丹渊集》拾遗卷下	锁鼻术、睡功
	钟离权	《历世真仙体道通鉴》	丹道

---

① 周永慎：《历代真仙高道传》，中国社会科学出版社，2003，第 102 页。

续表

学术类别	姓名	资料来源	道术备注
易学之师	麻衣道者	《佛祖统纪》	易学之师，也是相术之师
	吕洞宾	《宋史·陈抟传》，《纯阳帝君神化妙通记》云："后纯阳帝君作《心易》授希夷先生。"《道海玄微》，第489页"蛰龙法"	丹道之师 易学 蛰龙法
堪舆术	曾文辿	《四库全书总目提要·子部·术数类》，《青囊序》卷"文辿因得筠松之术，后传于陈抟，是书即其所授师说也"。陈抟或从曾文辿学习风水术	风水
亦师亦友	谭峭	《佛道统纪》《历世真仙体道通鉴》	内丹
	李奇（又作李琪）	《宋史·陈抟传》，《新雕皇朝类苑》卷第四十一	
	白鹿先生	《太华希夷志》卷下，宋代陈葆光《三洞群仙录》卷十，《历世真仙体道通鉴》卷47	
	李八百	《太华希夷志》卷下，宋代陈葆光《三洞群仙录》卷十，《历世真仙体道通鉴》卷47	
道友	梁筌	《终南山说经台历代真仙碑记》卷1，正一道士	考证为假
	刘若拙	《道海玄微》，第475页。从陈习服气	服气
	张虚白	《道海玄微》，《指玄篇》，《钓潭集》	考证为假
	混沌道士	《道海玄微》	考证为假
	丁少微	《玉壶清话》卷一，《宋朝事实类苑》第四十二	陈抟、丁少微、苏澄隐同遇孙君仿和鹿皮处士
	苏澄隐	《玉壶清话》卷一，《宋朝事实类苑》第四十二	陈抟、丁少微、苏澄隐同遇孙君仿和鹿皮处士

一　最初的老师——孙君仿、獐皮处士

孙君仿、獐皮处士为陈抟最早遇到的师长。他们向陈抟传授行气术、

辟谷术、"睡丹诀"、长啸术。《宋史·隐逸传》云："（陈抟）自言尝遇孙君仿，獐皮处士二人者，高尚人也。语抟曰：'武当山九室岩，可以隐居。'抟往栖焉，因服气辟谷，历二十余年。"① 文中虽未明确陈抟与孙君仿和獐皮处士的师徒关系，然依陈抟所言"高尚人也"，表明陈抟对他们极为敬重，并且听从他们的指导而归隐武当。在此之前陈抟没有修习任何道术的记载，因而陈抟从二位隐士学习的可能性很大。他们也可能是陈抟的易学、庄学的老师，并传授行气术和辟谷术。萧天石认为陈抟在武当山时，"曾得睡丹诀于鹿皮处士"②。

陈抟还曾得孙君仿、獐皮处士传授长啸术。孙君仿、獐皮处士应该是唐末宋初著名的隐逸高道，他们不仅是陈抟最初、最重要的老师，也是其他高道的老师。宋初著名高道苏澄隐、丁少微也曾遇到过他们，并从其受长啸之术。《玉壶清话》和《宋朝事实类苑》曾有记载："太祖征太原还，至真定，幸龙兴观。道士苏澄隐迎銮驾，霜简星冠，年九十许，气貌翘竦。上因延问甚久，自言：'顷与亳州道士丁少微、华山陈抟结游于关、洛，尝遇孙君仿、獐皮处士。'上问曰：'得何术？'对曰：'臣得长啸引和之法。'遂令长啸。其声清入杳冥，移时不绝。"③ 长啸术是道教的一种传统修炼法，在魏晋时流行。

关于孙君仿、獐皮处士二位隐士，现存史料很有限。首先，他们是隐士，真正的隐士很难留下丰富的资料。其次，他们并未与政治有交集，不像陈抟曾被宋皇室诏见，因而产生的影响较小。大概他们致力于修道、传道，不欲介入世俗，因而关于他们的资料极其有限。陈抟、苏澄隐、丁少微是宋初最为著名的高道，二位隐士能够成为他们的师父，说明他们道行高深。二位隐士不求显名于世，被陈抟尊为"高尚人也"，他们或同老子一样，以"自隐无名为务"，是道家所谓"真人"，也是民间传说中的世外高人。

---

① （宋）张方平：《乐全集》卷第三十三，《华山重修云台观记》，宋刻本。
② 萧天石：《道海玄微》，第 489 页。
③ （宋）江少虞：《新雕皇朝类苑》卷第四十二，日本元和七年活字印本；（宋）释文莹：《玉壶清话》卷第一，清知不足斋丛书本，《类苑》只记有獐皮处士，而无孙君仿。

二　最重要的老师——吕洞宾、钟离权

之所以称吕洞宾为陈抟最重要的老师，源于陈抟可能在丹道与易学上受吕洞宾的影响最大。陈抟著有《正易心法注》，历史上关于《正易心法》的作者到底是谁有两种观点。其一是麻衣道者，其二即是吕洞宾。

元代苗善时认为吕洞宾即是麻衣道者。苗善时认为吕洞宾在五代时隐于华山，"号无家宫，至衣麻布袍，人呼为麻衣道者"①。"以易理、参同点化"陈抟和刘海蟾，并传授陈抟《正易心法》一书，给钱若水相面的麻衣道者也是吕洞宾。笔者认为，陈抟从吕洞宾学道、学易极有可能。有限史料中所记载陈抟丹道的师父极少。吕洞宾比陈抟年长，道行高深，可以成为陈抟的师父。从资料看，吕氏与陈抟在华山有较长时间的交往，传授陈抟道法是可能的。但麻衣道者就是吕洞宾的观点证据不够充分，因为只有苗善时一人有此主张，而且苗氏为元代人，去宋已远，仅存为一说。

陈抟在华山与吕洞宾的交往很多，《宋史·陈抟传》《乐全集》《宾退录》《新雕皇朝类苑》都提到吕洞宾与陈抟有来往。"关中逸人吕洞宾，有剑术，虽数百里，顷刻辄至，以为神仙，皆数至抟斋馆，与之酬唱如交友，时人异之。"② "数至抟斋馆"说明吕洞宾与陈抟的交往还是比较频繁的。《能改斋漫录》记载："按本朝国史称，关中逸人吕洞宾，年百余岁而状貌如婴儿，世传有剑术，时至陈抟室。"③ 吕洞宾的高寿、百岁童颜、行走如飞都是道行高深的表现。吕洞宾与陈抟一样，不被称为道士，而被称为"逸人"，一个并非正规道观的道士，然却被官方和民间一致视为道教中的神仙，且被道教视为祖师，这一点值得注意。

陈抟敬重吕洞宾如师长，元代张辂《太华希夷志》记载："陈尧佐知华州，一日谒希夷先生，坐定与语。少顷有一道士风姿英爽，目如点漆，真神仙中人也，径入坐次，希夷急避尊位，略话数语，皆方外之事。须臾，

---

① （元）苗善时：《纯阳帝君神化妙通纪》卷三，《道藏》第5册，第711页。
② （宋）张方平：《乐全集》卷第三十三，宋刻本；（宋）赵与时：《宾退录》卷五，宋刻本；（宋）江少虞：《新雕皇朝类苑》卷第四十一，日本元和七年活字印本。
③ （宋）吴曾：《能改斋漫录》卷十八，清文渊阁四库全书本。

豹囊中取枣一枚与尧佐，却而不受。希夷起，接唉之。不久，辞去，送于观外。复会坐，尧佐曰：'此何人？'希夷曰：'即洞宾也。'尧佐悔愕不已。"① 由"急避尊位"可以看出，吕洞宾是陈抟的师长。按《宋史·陈尧佐传》记载，陈尧佐曾"以试秘书省校书郎知朝邑县"，古华州境内有华山，而古朝邑县邻近华山，而且陈尧佐"初肆业锦屏山，后从种放于终南山"，种放为陈抟的弟子，因而陈尧佐有可能见陈抟，也可能在陈抟处见吕洞宾。以上材料说明陈抟与吕洞宾有较多的来往。

学者对吕洞宾的生平已有详细考证。张广保《唐宋内丹道教》考吕洞宾为唐德宗时礼部侍郎吕渭之后，具体出生年代、籍贯不可考。② 《能改斋漫录》称："雅言系述有吕洞宾传，云关右人，咸通初举进士不第，值巢贼为梗，携家隐居终南山，学老子法云，以此知洞宾乃唐末人。"③ 咸通为860～873年，依此，吕洞宾当年龄大于陈抟，与陈抟同生活于唐末宋初，同隐终南山。

吕洞宾"举进士不第"后学道，曾四处访道拜师。曾慥《道枢》卷三十九之《传道上篇》云："（吕洞宾）学道更七十余师，而后遇钟离子。"④ 曾慥所言"七十余师"没有列出所拜之师姓名，也没有注明所言的依据。道教修道者通常遍访名山，寻师求道，会拜很多人为师，近世陈撄宁、萧天石等人也曾遍访名山大川拜多人为师。吕洞宾所拜何人、所求何术已不可考，目前有资料记载的老师为四人：钟离权，崔希范，火龙真人，苦竹真人。

钟离权是吕洞宾最重要的老师，道教又称其为钟离子，主要活跃于晚唐五代时期。有关钟离权的记载，主要集中在道教典籍及宋代的小说笔记中。吕洞宾被《宋史》等称为"逸人"，而钟离权也是位隐逸修道者。他们都不隶属于道观，其活动范围应该在华山附近。《佛祖统纪》曰："吕洞宾游华山。遇钟离权授金丹及剑法。"⑤ "钟离权，字云房。自称汉时遇王玄

---

① （元）张辂：《太华希夷志》卷下，《道藏》第 5 册，第 740 页。
② 张广保：《唐宋内丹道教》，上海文化出版社，2001，第 116～117 页。
③ （宋）吴曾：《能改斋漫录》卷十八，清文渊阁四库全书本。
④ （宋）曾慥：《道枢》卷三十九，明正统道藏本。
⑤ （宋）释志磐撰《佛祖统纪》卷第四十二，《大正藏》第 49 册，第 390 页中栏。

甫，得长生之道，避乱入终南山，于石壁间得《灵宝经》。……唐吕岩，字洞宾，三举进士不第，于长安酒肆遇云房，将洞宾入终南山，授《灵宝毕注》十二科。"①《宣和书谱》卷十九记载："神仙钟离先生名权，不知何时人，而间出接物，自谓生于汉，吕洞宾于先生执弟子礼，有问答语及诗成集……自称天下都散汉，又称散人。"② 张广保《唐宋内丹道教》对钟离权有相关考证，此处不再赘述。综上可知，钟离权与吕洞宾历史上实有其人，他们活跃于唐末宋初，道教文献经常钟吕合称，钟离权与吕洞宾合创了钟吕内丹道法。

至于陈抟与钟离权的来往，资料记载很少。《历世真仙体道通鉴》卷四十七记载了钟离权和陈抟的交往："陈康肃公尧咨既登第，过谒先生，坐中有道人髯，意象轩傲。目康肃公，连言曰：南庵。语已，径去。康肃公深异之，问曰：向来何人？先生曰：钟离子也。" 根据此处记载，钟离权与陈抟似相见过。南宋李简易《玉溪子丹经指要》所录《混元仙派之图》，亦将陈抟列为吕洞宾的弟子。由此可知，陈抟传承了钟吕内丹道法这一说法在宋元时期流传颇广。③

北宋初年的记载及《宋史》皆称吕洞宾为逸人、隐士，而没有称其为道士，却又称他为"神仙"。如北宋杨亿所著《杨文公谈苑》："张洎家居，忽外有一隐士通谒，乃洞宾名姓，洎倒屣迎之。"④ 此处称其为隐士。北宋初年张齐贤著有《洛阳缙绅旧闻记》，其中《田太尉候神仙夜降》一文言"时人皆知吕洞宾为神仙"⑤，说明宋初，吕洞宾已是道行高深的道教人物，具有广泛影响。

吕洞宾、钟离权同陈抟一样，并非道观内的道士，不在政权对宗教的管辖范围之内；他们隐居山林，修炼长生之术，与陈抟隐于山中石室修道服气辟谷术是一致的。他们的隐逸行为和高深道行与古代离世弃俗、自由

① （宋）释志磐撰《佛祖统纪》卷第四十二，《大正藏》第49册，第393页上栏。
② （宋）佚名：《宣和书谱》卷十九，清文渊阁四库全书本。
③ 张广保：《唐宋内丹道教》，第198页。
④ （宋）江少虞：《新雕皇朝类苑》卷第四十三，日本元和七年活字印本。
⑤ （宋）张齐贤：《洛阳缙绅旧闻记》卷三，清知不足斋丛书本。

逍遥的道教神仙形象相符。他们不具有道士身份,一方面被称为逸人,同时又被称为神仙,在民间与道教史上影响巨大,分别为八仙之一,说明民间与道教更为认可这种超越世俗、拥有绝对自由又身怀高深道行的修道者。

三 师从麻衣道者

历史上的麻衣道者应有两位,与陈抟相交往的麻衣道者,有时也称为"白合道者"。另一位麻衣道者生活于东晋时期,与本书无关。关于麻衣道者与陈抟的关系,有两个问题,一者,麻衣道者是僧人还是道家的修道者?二者,麻衣道者是陈抟的老师吗?

宋代记载麻衣的典籍有很多。宋代章炳文记有《麻衣道者传》,文曰:"麻衣道者,不知其姓名谁氏之子,乡里州县,常以麻辫为衣。"① 文中记载,麻衣无名无姓,不知出处,可能因以麻辫为衣而被人称为麻衣道者。他擅长相术,他为人看相的目的不是获取金钱,而是引世俗之人向善。喜爱喝酒,但不至于过量。由其所做的赞颂来看,麻衣多用佛家用语,他应是一名僧人。

南宋《佛祖统纪》记载更多有关麻衣的事迹。

第一,关于后周太祖郭威平叛一事,曰:"广顺元年,李守真叛河中,太祖亲征往。麻衣道者语赵普曰:李侍中安得久,城下有三天子气。未几城陷,时世宗与本朝太祖俱侍行。"② 宋代文献存在大量类似"宋王朝为天命所在"的谶语,此为其中之一。本书第三章对此类政治谶语进行了分析,此类资料可信度较差。

第二,同样出自《佛祖统纪》,"周世宗之废佛像也。世宗自持凿破镇州大悲像,胸疽发于胸。而祖时,太祖太宗目见之,尝访神僧麻衣和上,曰今毁佛法,大非社稷之福,麻衣曰,岂不闻三武之祸乎,又问天下何时定乎,曰赤气已兆,辰申间当有真主出,兴佛法,亦大兴矣"③。此条维护佛教的立场鲜明,暗示宋太祖、宋太宗的政权来自天命,麻衣为一位僧人。

---

① (宋)章炳文:《搜神秘览》中,续古逸丛书景宋刻本。
② (宋)释志磐撰《佛祖统纪》,《大正藏》第49册,第392页上栏。
③ (宋)释志磐撰《佛祖统纪》,《大正藏》第49册,第394页中栏。

第三，出自《佛祖统纪》，"上亲征太原刘继元，道由潞州，麻衣和上院躬祝于佛曰，此行以吊伐为事，誓不滥杀一人"①。此处讲宋太祖在开宝四年征伐后汉刘继元之事，其他涉及此历史事件的资料没有提到麻衣，不知此处所言的根据来源。依此言，麻衣当时是潞州（今山西长治）一寺院的和尚，并有劝降刘继元和止杀的作用。

由《佛祖统纪》的记载来看，麻衣为一名高僧，有高超的相术。

两宋有数条记载陈抟请麻衣为钱若水看相的事迹，其中称麻衣为"僧"。北宋释文莹撰《湘山野录》卷下载："钱若水少时谒陈抟，求相骨法。陈戒曰：'过半月，请子却来。'钱如期而往，至则邀入山斋地炉中。一老僧拥坏衲，瞑目，附火于炉旁。钱揖之。其僧开目微应，无遇待之礼。钱颇慊之。三人者嘿坐持久，陈发语问曰：'如何？'僧摆头曰：'无此等骨。'既而钱公先起，陈戒之曰：'子三两日却来。'钱曰：'唯。'后如期谒之，抟曰：'吾始见子神观清粹，谓子可学神仙，有升举之分。然见之未精，不敢奉许，特召此僧决之，渠言子无仙骨，但可作贵公卿尔。'钱问曰：'其僧者何人？'曰：'麻衣道者。'"②

笔者尚发现《东坡诗集注》引宋初钱希白所作《洞微志》记述此事，所不同者，此文献内容是钱若水自己陈述此事，此处既有"见一僧拥衲对坐"，称麻衣为僧，又通过陈抟之语称其为"白合道者"，文曰："某之此命，盖亦前定，夜来方思二十年前，白合道者之言，固不虚矣。"陈抟赞誉麻衣"道行高洁，学通天人，至于知人，尤为有神仙之鉴"。③ 宋陈振孙《直斋书录解题》和元《文献通考》都收有《洞微志》题录，笔者统计，此书亦被至少二十种宋代其他文献引用，可信度较高。作者钱易，字希白，活动于真宗朝，与钱若水为同时代之人，因而他的记载为不可多得的资料。此文以钱若水回忆见陈抟与麻衣之事，与上文内容大致相同，但更为详尽，兼记叙钱若水的心理活动。文中陈抟对麻衣的赞誉在其他文献中尚未发现，同样印证了麻衣在相术上的高明。

---

① （宋）释志磐撰《佛祖统纪》，《大正藏》第 49 册，第 395 页下栏。
② （宋）释文莹：《湘山野录》卷下，明津逮秘书本。
③ （宋）苏轼撰、王十朋集注《东坡诗集注》卷十七，四部丛刊景宋本。

《贵耳记》《闻见前录》《佛祖统纪》都有此段记载，内容大致相同。所不同的地方是有关陈抟对麻衣道者的态度和称呼。《湘山野录》中陈抟只言"麻衣道者"，邵伯温《闻见前录》卷七称"麻衣道者也，希夷素所尊礼"，南宋《佛祖统纪》所记大有不同，陈抟称"吾师麻衣道者"。由于之前相同内容的记述都没有"吾师"，《佛祖统纪》的记载没有列出依据。由内容来看，麻衣道者的相术高于陈抟，因而认为麻衣有可能是陈抟的相术之师。

麻衣为陈抟的相术之师，此论争议不大，然麻衣是否也是陈抟的易学之师？南宋释志磐《佛祖统纪》认为陈抟的易学源自麻衣道者，《正易心法》是麻衣所作，陈抟为之作注，并受河图洛书口诀，"处士陈抟受易于麻衣道者，得所述《正易心法》四十二章，理极天人，历诋先儒之失，抟始为之注，及受河图洛书之诀"，并叙述河图洛书的传承，"始抟以传种放，放传李溉，溉传许坚，坚传范谔昌，谔昌传刘牧，始为钩隐图以述之"。① 《佛祖统纪》认为，陈抟的易学和河图洛书源于麻衣道者。

麻衣道者的易学又来自哪里？《佛祖统纪》没有说明麻衣的易学与河图洛书口诀来自哪里，而是认为麻衣独自悟出，出自"天授"。《佛祖统纪》作为一部佛教文献，维护佛教、抬佛抑道的立场明显，暂且不论其中有关麻衣资料的真伪，易学与河图洛书并非来自印度文化，而是根源于中国文化传统。退一步讲，即使麻衣曾向陈抟传授相术和易学，麻衣的易学也不可能来自"自悟"和"天授"，麻衣应该另有师承。

首先，麻衣的老师不可能是许坚。清代朱彝尊《经义考》称："麻衣道者羲皇氏正易心法，顷得之庐山一异人，或云许坚。"② 如果麻衣的老师是异人，则可能为一隐士，不可查证。若其师为许坚，则不可能。宋文献《天原发微》称："（希夷先生）又以象学授种放，放授庐江许坚。"③ 宋文献《直斋书录解题》称"放（种放）以河图洛书传李溉，溉传许坚"④，此两文献所指许坚当是同一人，即庐江许坚，而此人是种放的学生，不可能

① （宋）释志磐撰《佛祖统纪》，《大正藏》第 49 册，第 395 页下栏。
② （清）朱彝尊：《经义考》卷十五，清文渊阁四库全书本。
③ （宋）鲍云龙：《天原发微》卷之十三，明正统道藏本。
④ （宋）陈振孙：《直斋书录解题》卷一，清武英殿聚珍版丛书本。

是陈抟的老师。

　　麻衣的老师可能为吕洞宾。尽管苗善时认为麻衣道者即为吕洞宾的观点可疑，但吕洞宾对麻衣有所传授是可能的。苗氏认为吕洞宾作《正易心法》《参同》并传授给陈抟和刘海蟾①，此观点是有依据的。南宋李简易所作《玉溪子丹经指要》卷首列有《混元仙派传授图》，列混元丹派传承顺序为纯阳真人（吕洞宾）→麻衣道者→陈抟，② 认为吕洞宾为麻衣的老师。马西沙、韩秉方认为，混元仙派是两宋兴起的内丹派的最初称谓，"混元一派应兴于宋，当无疑义。但该道派何所倡导，史料无载。以我所见，此派即两宋兴起的内丹派最初称谓"③。依这个传承谱系，麻衣与陈抟的丹道都是学于吕洞宾。

　　陈抟与麻衣为亦师亦友的关系。元代张辂《太华希夷志》记载陈抟被皇帝召见，陈抟与麻衣作诗留别，明确写"留别山中麻衣道友诗"，诗中有言："师言耳聩持知久，人是人非闻未闻。"④ 这里陈抟既称麻衣为"道友"，诗中又称"师"，或者师指麻衣与陈抟的共同师父，或者麻衣既是其师又是其友。

　　麻衣道者可能同时修炼辟谷等道术。据《舆地纪胜》记载，宋时四川崇龛有一位小香王先生，曾遇陈希夷和麻衣道者，"乃辟谷修炼，后尸解于青城山"⑤。这里暗示麻衣曾与陈抟在四川崇龛修道，并指导小香王先生修炼辟谷等道术，陈抟以服气辟谷闻名，麻衣应该亦修炼此术。

　　陈抟、吕洞宾和麻衣道者三人确实有长期活动在华山的迹象，麻衣道者有向年长于他的吕洞宾学道的可能。这也可以解释，作为僧人的麻衣道者，其易学与丹道知识的合理来源。因为丹道是道教特有的修炼体系，以当前学术界对陈抟易学和丹道思想的研究来看，陈抟的易学是"希望从象数运用中性命双修，从而达到先天层次"⑥，陈抟一生致力于丹道实践，如

---

① （元）苗善时：《纯阳帝君神化妙通纪》卷三，《道藏》第 5 册，第 711 页。
② 李显光：《混元仙派研究》，第 1 页。
③ 马西沙、韩秉方：《中国民间宗教史》，上海人民出版社，1992，第 1259 页。
④ （元）张辂：《太华希夷志》卷上，《道藏》第 5 册，第 736 页下栏。
⑤ （宋）王象之：《舆地纪胜》卷第一百五十八，"仙释神"条，清影宋钞本。
⑥ 孔又专：《陈抟道教思想研究》，第 36 页。

果陈抟易学、丹学来源于麻衣道者，则麻衣道者其学亦当源于丹道修炼者，吕洞宾为麻衣道者的老师则是可能的，而麻衣与陈抟在丹道修炼方面互为师友亦是可能的。

综上，从外表着装上，从其言行中引用佛家用语来看，麻衣道者是一位僧人。从修炼的道术上来看，麻衣道者活动于华山修道团体之中，亦修炼道术，是一位亦僧亦道的人物。吕洞宾很可能是陈抟与麻衣的师父，而陈抟与麻衣在丹道修行方面互为师友。麻衣道者以相术见长，是陈抟相术方面的老师。麻衣道者在中国古代民间相术行业中极负盛名，当代有署其名的《麻衣神相》广泛流传。

四 从学何昌一

何昌一生平事迹不详，据《玉溪子丹经指要》卷首《混元仙派传授图》所载，吕洞宾为其老师，五代时另一位高道谭峭则列为其弟子。[①] 何昌一时任邛州天师观都威仪，以锁鼻术闻名。从字面看，锁鼻术是不通过鼻子呼吸的方法，与道教闭息、胎息等功夫有相似之处。《抱朴子内篇·释滞》说："得胎息者，能不以鼻口嘘吸，如在胞胎之中，则道成矣。"[②] 南宋张伯端所撰《青华秘文》为全真南宗的基本经典，其中涉及闭息法，曰："静坐之际，先行闭息之道。闭息者，夫人之息，一息未际，而一息续之。今则一息既生，而抑后息。后息受抑，故续之缓缓焉，久而息定。"[③] 此法被称为"下手功夫"，闭息当是道教长生实践中的基本功夫之一。

关于陈抟与何昌一的交往，据北宋担任邛州地方官的文同记载，后晋天福（936～944）年间，陈抟曾到四川云游访道，他听说天师观道士何昌一"善锁鼻息飞精"[④]，于是留下来学习此道术。文同作跋并立碑，以记陈抟之迹，由文同的描述来看，何昌一除锁鼻术之外，还擅长睡功，可以睡

---

① （南宋）李简易：《玉溪子丹经指要·图序》，《道藏》第 4 册，第 404～405 页。
② （晋）葛洪：《抱朴子内外篇》卷八，四部丛刊景明本。
③ （宋）张伯端：《青华秘文》，《道藏》第 4 册，第 365 页。
④ （宋）文同：《书邛州天庆观希夷先生诗后》，《丹渊集》卷"拾遗"下，四部丛刊景明汲古阁刊本。

一个月之久，陈抟曾向何昌一学习锁鼻术及睡功。

宋代陆游曾见到陈抟留在天庆观的诗。陆游到天庆观，见到印有陈抟诗的石刻，其中陈抟自称"道门弟子"，其诗云："我谓浮荣真是幻，醉来舍辔谒高公。因聆玄论冥冥理，转觉尘寰一梦中。"① 前文已讲陈抟从何昌一学习锁鼻术和睡功，而丹道传承中，道与术是一体的，陈抟诗中称他们交流的是"玄论冥冥理"，则有道又有术。两人实则在交流修道思想，陈抟称何昌一为"高公"，何昌一应该是陈抟尊敬的师长。

五　亦师亦友的同时代诸人

（一）李琪

李琪是一名道行高深的隐士。《新雕皇朝类苑》曰："华阳隐士李奇，自言开元中郎官，年数百岁，人罕见者……奇以朱书青纸诗，令小童赍寄抟，抟与酬唱如交友。"② 李琪与陈抟一样，既隐逸，又以高寿闻名，与陈抟多书信往来。《宋史·陈抟传》也有类似记载，只是称为"华阴隐士李琪"。《历世真仙体道通鉴》称："唐开元中李琪者，隐于华阴，颜有童色，斯须行数百里，与先生游，更相酬唱。"③

上述材料有以下区别，一为"华阳隐士"与"华阴隐士"，一为"李琪"与"李奇"。然三者内容大体相同，其所指当为同一人。考华阳县属今之四川，唐肃宗乾元元年改蜀县名华阳，成都市区便分裂成成都、华阳两县。华阴位于陕西关中，华山即在华阴县内，吕洞宾为"关西"人，亦在今天陕西。盖陈抟当时可能已经隐居华山，李琪是华阴县人的可能性更大。

李琪应该是一名得道高人，其中称"自言数百岁"，考唐开元间为713年十二月至741年十二月，到五代宋初960年，算来李琪超过二百二十岁了。因为是"自言"，真实性难以确认。以宋代《事实类苑》《宋史》将陈

---

① （宋）陆游：《老学庵笔记》卷六，明津逮秘书本。
② （宋）江少虞：《新雕皇朝类苑》卷第四十一，日本元和七年活字印本。
③ （元）赵道一：《历世真仙体道通鉴》卷四十七，明正统道藏本。

抟、李琪、吕洞宾并列而言，李琪也是一位高深莫测的得道高人隐士，只是没有他所行道术和修道思想的记载。

由上观之，李琪应年长于陈抟，与陈抟应是亦师亦友的关系。

（二）谭峭

谭峭，字景升，唐末五代著名的道教学者，泉州府清源县人。最早记载谭峭生平事迹的是南唐沈汾的《续仙传》："幼而聪明，及长，颇涉经史，强记，问无不知"，"迥好黄老、诸子及周穆、汉武、茅君列仙内传，靡不精究"，谭峭曾遍游终南山、太白、太行、王屋、嵩、华、泰岳等山，慕仙学道，"峭师于嵩山道士十余年，得辟谷养气之术"，在南岳"炼丹成"，最后，"复入青城山而不出矣"。①

这段记载说明：一、谭峭出生于唐末，出生于官宦之家，幼年应该受儒家经典熏染；二、谭峭拒绝进入仕途，酷爱黄老、诸子等道家之书，其思想倾向于道家；三、他辞父去学仙，历经名山大川，应该有遍访名师的经历；四、在嵩山修道十几年，修辟谷养气之术；五、曾在南岳炼丹服食，最后隐居青城山。但是《续仙传》中没有记载谭峭和陈抟的交往，也没有提及其著《化书》的事。

《玉溪子丹经指要》所列《混元仙派传授图》中，列其传承关系为吕洞宾→何昌一→谭景升，《续仙传》没有讲到谭峭师从何昌一，然谭峭后隐居四川青城山，距离何昌一所居邛州天庆观六十多公里，谭峭曾遍历名山大川学道，因而访道求学于何昌一也是可能的事情，陈抟与谭峭或都曾学于何昌一，可谓同门师兄弟的关系。

陈抟与谭峭的交往，见《佛祖统纪》记载："显德四年（957年），隐士谭景升居终南山，与陈抟相师友，著《化书》百十篇，穷括化原。"② 文中称谭峭为隐士，而非道士，由之前的记载中，看不到谭峭居于道观的经历，也没有从事正一道斋醮符箓活动的记载，因而，谭峭与陈抟一样，都

---

① （南唐）沈汾：《续仙传》卷下，《道藏》第 5 册，第 97 页上栏。
② （宋）释志磐撰《佛祖统纪》卷第四十二，《大正藏》第 49 册，第 392 页中栏。

是修炼道术而又不隶属于政府管理的隐逸修道者。显德四年，陈抟已八十六岁，谭峭隐于终南山，与陈抟"相师友"，说明南宋时陈抟与谭峭为师友的关系已广为人知。

　　道教文献记载陈抟与谭峭是师友关系。谭峭所著《化书》曾被宋齐丘据为己有，元代《历世真仙体道通鉴》记载："峭尝作《化书》，南唐宋齐丘窃其名为己作见行世。宋仁宗嘉祐五年夏四月，碧虚子题《化书》后序云：鸿蒙君曰，吾尝问希夷先生，诵此书至稚子篇，掩册而语吾曰，'吾师友谭景升，始于终南山著《化书》，因游三茅，经历建康，见宋齐丘有仙风道骨，虽溺机智，而异乎黄埃稠人……齐丘终不悟，景升乃出《化书》，授齐丘曰，是书之化，其化无穷，愿子序之，流于后世，于是杖䇲而去，齐丘夺为己有，而序之耳。'"① 文中道号碧虚子者是陈景元，道号鸿蒙者是张无梦，张无梦是陈抟最重要的弟子，陈景元则是张无梦的弟子。此文是陈景元依据其师张无梦记叙陈抟的言论，陈景元为《化书》作序，揭露了宋齐丘的剽窃行为。文中陈抟称谭景升为"吾师友"，则谭峭与陈抟师友关系当无可疑。谭峭与陈抟选择同在终南山隐居修道，陈抟将谭峭《化书》传给弟子张无梦，又传至陈景元，说明陈抟赞同并欣赏谭峭的丹道理论，可见他们往来密切。

　　谭峭《化书》与陈抟《胎息诀》有相似之处。《化书》曰："是书之化，其道无穷。""道之委也，虚化神，神化气，气化形，形生而万物，所以塞也，道之用也。形化气，气化神，神化虚，虚明而万物所以通也。"② 此论暗含了道家宇宙生成论和"顺则生人，逆则升仙"的丹道修行理论架构，与陈抟的先天图、无极图所蕴含的宇宙生成论与丹道理论相符，而陈抟的《胎息诀》中，也有类似语言形式的表达，"夫道化少，少化老，老化病，病化死，死化神，神化物，气化生灵，精化成形，神气精三化，炼成真仙"③。可见陈抟与谭峭在丹道修持方面相互学习、相互影响，二人同为唐末五代至宋初的高道，然谭峭有突出能力的弟子后学很少，似乎只传

---

① （元）赵道一：《历世真仙体道通鉴》卷三十九，《道藏》第 5 册，第 326 ~ 327 页。
② （五代）谭峭：《化书》卷一，《道藏》第 23 册，第 589 页下栏。
③ 佚名：《诸真圣胎神用诀·陈希夷胎息诀》，《道藏》第 18 册，第 436 页下栏。

授了宋齐丘，结果所传非人，宋齐丘品行不端，剽窃他的著作，因而谭峭的形象更多的是一位致力于修行的道家隐士，其在世俗社会的影响不及陈抟。

（三）白鹿先生与李八百

《太华希夷志》《三洞群仙录》《历世真仙体道通鉴》记载了陈抟与李八百和白鹿先生的交往。"先生一日谓贾德升曰：'今日有佳客至，当速见报。'少顷，一人衣短褐青巾叩门，贾未及报，其人倏尔而去。先生遽令出追之一里余，复遇老人衣鹿皮，因问曰：'前去者尚未远否？'老人曰：'此神仙李八百也，动则行八百里。'言竟，老人亦失所在，又悟老人鹿衣者，乃太清得道白鹿先生李阮也。先生曰：'吾其不可名留世矣。'"① 陈抟因李八百和白鹿先生非同寻常的到访，悟到自己将不久于人世，于是准备后事。

由上得知白鹿先生名李阮，查阅史籍，世人称唐代的李渤为白鹿先生。宋代《宝刻丛编》有记载，"唐李渤，字济之……渤时隐居白鹿洞称白鹿先生"② 据《旧唐书·李渤列传》，此白鹿先生在大和五年（831年）就去世了，因而白鹿先生应该另有其人。

笔者怀疑，白鹿先生李阮为陆希声的易学弟子。陆希声精于易学，且也是隐士。据宋刻本《韵语阳秋》卷八记载，"陆希声隐居宜与君阳山，今金沙寺其故宅也……尝着易传十卷"③ 宋代冯椅《厚斋易学》和宋代王尧臣《崇文总目》记载，"中兴书目，《易传上下经》分为六卷，唐太尉中书门下平章事陆希声撰。希声苏州吴县人，大顺中弃官，居阳羡，自号'君阳遁叟'。按后说云，著《易传》十篇上经第一，下经第二，又有演文伸系等八篇，又撰《易图指说》释变《微旨》四卷，通为十卷。又撰文证一卷，非十编之目，今止存《上下经》二篇，分为六卷，又《微旨》一编，分为三卷，设为问答。崇文总目云："初，陇西李阮学其说，以为上下经传二

① （宋）陈葆光：《三洞群仙录》卷十；（元）张辂：《太华希夷志》卷下；（元）赵道一：《历世真仙体道通鉴》卷47，《道藏》第5册，第371页中栏。
② （宋）陈思：《宝刻丛编》卷十五，清文渊阁四库全书本。
③ （宋）葛立方：《韵语阳秋》卷八，宋刻本。

篇，思属近妙，故希声自为之解。余篇差显，不复为注，盖近世之名家
欤。"① 此中值得注意的有几点。

第一，陈抟生于871年，陆希声在唐昭宗大顺年间（890～891年）弃
官隐居，若李阮活跃于890年前后，则与陈抟年龄相差不会太大，或年长于
陈抟，有成为其师长的可能性。

第二，陆希声、李阮、陈抟三人有共同的学术爱好即喜研易学与老庄。
陈抟好易学与老庄，而陆希声不仅精于易学，也对老庄道家之学有研究。
陆希声著有《易传上下经》《易图指说》《微旨》等易学著作，陇西人（今
甘肃省定西市）。李阮学其易学，尤其喜习《易传上下经》。其他文献尚记
载陆希声的著作：《新唐书》艺文志记载陆希声撰有"陆希声《周易传》二
卷"，"陆希声《春秋通例》三卷"②，"陆希声《道德经传》四卷"③。《通
志》艺文略载有陆希声撰有"周易微旨三卷"④，其他宋代重要文献《郡斋
读书志》《子略》对陆希声在易学与老学方面的著述均有记载。⑤

第三，三人都是隐士。陆希声弃官隐居，自号君阳遁叟，跟从他学易
的李阮为隐士的可能性很大，陈抟亦是隐士，三人的旨趣是相近的。现查
不到有关李阮的其他信息，李阮与白鹿先生的隐士形象相符。

由上观之，李阮极可能就是隐士白鹿先生。他师从陆希声，精于易学
与老庄，选择隐逸修道，为陈抟的师友。

李八百是一位神话般的人物。历史上曾有多个李八百，其共同特征是
高寿约八百岁，四川人。葛洪《神仙传·李八百传》云："李八百，蜀人
也，莫知其名，历世见之，时人计其年八百岁，因以为号。或隐山林，或
出市廛。"⑥《云笈七签》卷二十八《二十四治》"中八品"注云："八伯，

---

① （宋）冯椅：《厚斋易学》附录一，清文渊阁四库全书本；（宋）王尧臣：《崇文总目》卷
　　一，清文渊阁四库全书本。
② （宋）欧阳修：《新唐书》卷五十七，《艺文志》第四十七，清乾隆武英殿刻本。
③ （宋）欧阳修：《新唐书》卷五十九，《艺文志》第四十九，清乾隆武英殿刻本。
④ （宋）郑樵：《通志》卷六十三，《艺文略》第一，清文渊阁四库全书本。
⑤ （宋）晁公武：《郡斋读书志》卷第一上，四部丛刊三编景宋淳祐本；（宋）高似孙：《子
　　略》卷二，明刻百川学海本。
⑥ （晋）葛洪：《神仙传》卷三，清文渊阁四库全书本。

唐公房之师也，游行蜀中诸名山，常自出戏于成都市，暮宿于青城山上，故号为八伯也。"① 以上记载，皆未注明李八百的时代。东晋的葛洪言"历世见之，时人计其年八百岁"，可见即使真有其人，其活跃年代当在两汉时期，已经是民间的神话人物。元代《氏族大全》也记载了一个李八百，"李八百，名真，蜀人，得仙，常游人间，自称年八百岁"②。所有的李八百都是隐士，不论是"隐于山林"还是"市廛"，李八百隐显莫测。至于哪个是陈抟所说的李八百，皆不可考。笔者以为，与陈抟交往的李八百可能是一位隐逸修行者，具有高深的丹道功夫和很高的寿命。

六 陈抟的道友

1. 苏澄隐

苏澄隐是宋初高道，曾得到宋太祖的诏见。《新雕皇朝类苑》记载："太祖征太原还至真定，幸龙兴观，道士苏澄隐迎銮驾，霜发星冠年九十许，气貌翘竦，上因延问甚久，自言顷与亳州道士丁少微、华山陈抟结游于关洛，尝过从鹿皮处士，上问曰得何术，对曰，臣长啸引和之法。……问养生之要，隐对曰，帝王养生异于是，老子曰，我无为而民自化，我无欲而民自正，无为无欲，凝神太和，唐尧所以享国永图得此也，遂赐号颐素先生。"③ 释文莹《玉壶清话》卷一记载基本相同，所不同者，把其中"鹿皮处士"换作"孙君仿"。可见陈抟与苏澄隐、丁少微曾一起学道，曾共同拜访过隐士鹿皮处士。在本书第一章第一节已做分析，陈抟约924年隐居武当山，隐居武当山即是陈抟听从隐士鹿皮处士和孙君仿的建议，可见陈抟隐居之后与鹿皮处士还有来往，并且曾与当时的高道苏澄隐和丁少微一同拜访。

宋曹彦约《经幄管见》卷四、宋陈均《宋九朝编年备要》④、《长编》卷十、《东都事略》卷一百一十八均对宋太祖诏见苏澄隐之事有记载，其中

---

① （宋）张君房：《云笈七签》卷之二十八，四部丛刊景明正统道藏本。
② （元）佚名《氏族大全》卷十三，清文渊阁四库全书本。
③ （宋）江少虞：《新雕皇朝类苑》第四十二，日本元和七年活字印本。
④ （宋）陈均：《宋九朝编年备要》卷第二"凡十年"，宋绍定刻本。

称苏澄隐"年余八十"，没有提到陈抟、丁少微和鹿皮处士之事。

苏澄隐关于养生、治国的主张与陈抟相近（陈抟的养身治国思想见第三章第六节）。据今人萧天石《道海玄微》记载，苏澄隐曾到云台观"从希夷先生习先天无极道坐丹法及精思炼气之术"①，即陈抟在丹道方面是苏澄隐的老师，并记载宋太祖诏见陈抟，陈抟不见，宋太祖"复召苏往朝，询摄养之术"。苏澄隐不以道术邀宠，并劝皇帝实施黄老清静无为的治世政策，这点与陈抟是一致的。宋太祖向苏澄隐询问陈抟的修道之玄旨，苏对曰："先生系以造化为炉，以天地为鼎，以日月为药，以先天为归。复以无身为身，无生为生，无修为修，无心为心，无意为意，无极为极。"② 苏氏对陈抟的"先生"之称，含有对师长的尊敬之意，并对陈抟的修为极为景仰，因而苏澄隐有可能是陈抟的弟子。萧天石《道海玄微》中大量引用苏澄隐所著《玄门杂拾》中记录的陈抟语录。《玄门杂拾》等书籍已不可查，然此书既然出自四川青城山，其中观点可作为四川青城派的观点。

2. 丁少微

丁少微也是宋初高道，同为亳州真源人，同在华山为道士。太平兴国三年，宋太宗召见丁少微。"少微善服气，年百余岁，隐居二华潼谷中，与陈抟齐名，抟亦真源人，然少微志尚清洁，专奉科仪，抟嗜酒放旷，虽居室密迩，未尝往来，少微以金丹巨胜南芝玄芝等献上，留数月遣还。"③ 高寿，隐居，善服气，这些是与陈抟相同的。但丁少微还从事道教"科仪"，炼外丹，且向皇帝进献，这些都是陈抟不做的。陈抟一直是拒绝皇帝的召见，更不会向皇帝献礼邀宠。该文献指出丁少微与陈抟齐名，但二人不合，很少往来，这一点与《新雕皇朝类苑》《玉壶清话》所记一同外出拜访隐士相矛盾。笔者在其他记载陈抟的资料中没有发现陈抟"嗜酒放旷"的记载，丁少微"善服气"与陈抟是一致的。陈抟接受隐士孙君仿、鹿皮处士的指导后，才服气辟谷，从这一点，他与丁少微一起拜见过鹿皮处士是可能的。

---

① 萧天石：《道海玄微》，第 475 页。
② 萧天石：《道海玄微》，第 475 页。
③ （宋）李焘：《续资治通鉴长编》卷十九，清文渊阁四库全书本。

3. 刘若拙、张虚白、混沌道士

《道海玄微》记载："山中常随希夷游者，尚有刘若拙、张虚白、混沌道士等，均为宋开宝与太平兴国时人。若拙从先生习服气，九十余犹有童颜，健步如飞。虚白善饮酒，天才敏淡，思如泉涌，佯狂啸傲，目若无人，曾注先生之《指玄篇》与《钓潭集》，对先生'大道无中生体用，莫从有处起经纶'之句尤为爱诵。混沌道士自太祖御极后不复见，行踪无定，并于岷山住 20 年，足迹未出羊膊岭一步，今希夷祠旁，尚有混沌庙遗址在焉。"① 由此，宋初著名道士刘若拙、张虚白、混沌道士似乎都曾师事陈抟，然《道海玄微》作者萧天石虽广泛收集各种珍贵道教典籍，遍访名山大川，此书毕竟成书于近代，可信度有限。

刘若拙是宋初著名的道官。宋太祖在位时，刘若拙为道官左街道录，开宝五年，宋太祖令刘若拙"肃正道流"，宋初整顿道教的活动就是由刘若拙主持，"集京师道士，试验其学业，未至而不修饰者，皆斥之"②。说明刘若拙在当时道教界很有名望，而且被政府委以重任。陈抟与刘若拙在宋代皆有盛名，刘若拙作为政府任命的道官，在陈抟被诏见时负责相关联络接洽事宜是有可能的，他与陈抟有相见、接受陈抟的指教具备可能性。最后坚辞左街道录一职，归隐山林，这一点与陈抟相仿。

关于张虚白，应该有两个人。其中之一，《宋史》《宋十朝纲要》《宋通鉴长编纪事本末》均记载其为宋徽宗时期的高道，他与同时期的著名道士林灵素常常被相提并论。1118 年五月，林灵素被赐封为"通真达灵元妙先生"，张虚白被封为"通元冲妙先生"。③ 陈抟于 989 年去世，此张虚白不可能与陈抟相见。而且，此张虚白为"邓州南阳人，通太乙六壬术"④，而非以内丹术著称。

笔者怀疑宋代还有一个张虚白，见于湖南地方志，"宋张虚白，举

---

① 萧天石：《道海玄微》，第 475 页。
② （宋）李攸：《宋朝事实》卷七"道释"，清武英殿聚珍版丛书本。
③ （宋）李埴：《宋十朝纲要》卷十八，"徽宗"，清钞本；（宋）杨仲良：《宋通鉴长编纪事本末》卷一百二十七，"徽宗皇帝"，清嘉庆宛委别藏本。
④ （清）仁宗敕撰《嘉庆重修一统志》卷二百一十四，"南阳府（五）"。

进士不第，辟谷，游武陵，崔婆尝饮以醇酒，虚白仙去"①。"不知何许人，举进士，游武陵仙去。"② 此显然不是宋徽宗时的张虚白，应该没有考中进士，修习辟谷术。《道海玄微》记载张虚白善饮酒，与此张虚白相符。然没有证据证明他与陈抟有来往，他是否注解过陈抟的丹道著作，此处存疑不论。

关于混沌道士，宋曾慥《类说》③、元赵道一《历世真仙体道通鉴》④ 记载混沌道士为唐末宋初人，宋太祖尚未登基时，曾与混沌道士游，文中借混沌道士的预言，暗示宋太祖之死的"烛影斧声"为天命。李焘《长编》引用了蔡惇《直笔》，也记载了这样的预言，然其中的预言者为陈抟而非混沌道士（参见第三章第三节之二）。混沌道士应该是唐末宋初之时隐居山林的修炼者，宋太宗的政治集团分别利用陈抟和混沌道士之名散播宋太祖之死的谶语以服务其政治目的。然没有其他资料证明陈抟与混沌道士有交往，因而，陈抟与混沌道士的关系存疑不论。

七　可疑的道友——梁筌

在陈抟的师友当中，梁筌是很特殊的一位。梁筌是宋初大名鼎鼎的道士张守真的师父，其生平仅见于《终南山说经台历代真仙碑记》："正一通真梁真人。真人名筌，周显德中，为观宗主。时陈希夷居仙游宫，与真人密迩往来，为林下友。宋革命，翊圣真君降于终南山，令张守真入道，谓曰：吾为汝天上之师，汝别有人间之师。张君遂礼真人为师。开宝中，诏封正一通真真人。太平兴国三年蜕化。赞曰：天上真君久见知，张君别有世间师。一生林下无人识，只许希夷作子期。"⑤

梁筌与陈抟的其他师友相比有以下特点。第一，梁筌为正一派道士，没有丹道修行的记载。这一点最为可疑，因为陈抟不从事斋醮活动，师友

① （清）李瀚章、裕禄等编纂《光绪湖南通志》卷六十一，"食货志"七，续修四库全书本。
② （清）仁宗敕撰《嘉庆重修一统志》卷三百六十五，"常德府"（二）。
③ （宋）曾慥：《类说》卷十八，清文渊阁四库全书本。
④ （元）赵道一：《历世真仙体道通鉴》卷四十七。
⑤ （元）朱象先：《终南山说经台历代真仙碑记》，《道藏》第19册，第548页下栏。

多是有丹道修行的人，陈抟与师友多是因为有共同的丹道修行实践而交流学习。陈抟与梁筌有交流的共同主题吗？虽然陈抟亦曾师从道士何昌一，何昌一所居道观为天师道观，但陈抟有明确的学习内容——"锁鼻术"和睡功。而且，陈抟与谭峭都曾师从何昌一，所记载的文献包括道教文献、宋人笔记、佛家文献等多种记载。

第二，关于梁筌与陈抟交往的记载十分稀少。上文言"与真人密迹往来，为林下友"，"一生林下无人识，只许希夷作子期"，梁筌居住在宫观中，且为正一道道士，不是隐士，关于其本人的信息却极少。虽然陈抟的师友中有很多真伪难辨的隐士，他们所留下材料不多的重要原因在于他们不住道观，隐于山林和民间，难以进入世人记录的范围。而梁筌是有固定宫观的道士，被诏封"正一通真真人"，为何其他史料中不见出现呢？

第三，最为重要的一点，梁筌有一位名望和地位均十分显赫的弟子——道士张守真。张守真原本是周至县一普通农民，积极参与宋太宗的天命神授证明（其具体事件详见第三章）。

张守真先有神迹，然后才成为道士。内容形成于北宋真宗时的《云笈七签》记载，[①] 天之尊神"黑杀大将军"告诉张守真"'但访高士，以求度焉。'守真乃礼古楼观先生梁筌为师，度为道士"[②]。宋李攸所著《宋朝事实》卷七、《续资治通鉴长编》卷十七、《新雕皇朝类苑》卷第四十四都有关于张守真神迹的记载，所不同者，《云笈七签》成书年代最早，记述内容最为详细生动，且是宋王朝的官方组织编纂，只有《云笈七签》言明张守真有神迹后，拜梁筌为师，其他的文献记载内容简洁，但说"守真遂度为道士"，并没有提其师的名字。

张守真的降神不过是骗人的把戏，他之所以能成功完全是因为能为宋太宗所用，或者说，正是为了帮助宋太宗的政治目的而设计了降神活动。《云笈七签》记载张守真从师父梁筌处所学"驱邪"之术、除妖剑法、为国祈福的结坛等法术，可以视为其师梁筌所从事的道术，而这些道术都不是

---

① 1019 年，北宋张君房编成《大宋天宫宝藏》，择其精要辑录成《云笈七签》，于 1025 ~ 1029 年间进献仁宗皇帝。

② （宋）张君房：《云笈七签》卷之一百〇三，《道藏》第 22 册，第 694 页。

陈抟关注的丹道实践。

笔者因而推断，张守真之师梁筌与陈抟并无交往，是张守真及其所支持的政治集团利用陈抟以粉饰其师的身份，进而为自己的神迹的真实性作注脚。张守真因宋太宗成功篡位而得势，以张守真作为宋王室神圣天命代言人的身份，极受宠遇并享受崇高的地位，其名义上的师父梁筌却默默无闻，没有显著的功德与道行，这一点难以服众，其所造的神迹亦缺乏支撑。张守真与宋太宗为洗白自己，首先要拔高其师，为梁筌加封"正一通真"真人名号，并编造了张守真师父梁筌与陈抟的"林下友"的故事。陈抟在道教和民间具有很高的声望，陈抟和梁筌都在终南山，是陈抟可以被利用的原因。

八　其他

1. 毛女

最早的道教仙传《列仙传》就有记载毛女的故事，称毛女字玉姜，"在华阴山中，猎师世世见之，形体生毛，自言秦始皇宫人也，秦坏流亡入山避难，遇道士谷春教食松叶，遂不饥寒，身轻如飞，百七十余年，所止岩中，有鼓琴声"[1]。如果毛女是秦始皇时的宫女，则不可能活到唐末宋初。宋文献《过庭录》提到："范文正公祖唐公赠希夷诗：'曾逢毛女话何事？'"[2] 宋代《三洞群仙录》记载了陈抟和女真毛女的交往，"陈抟常与游，华山樵人多见之"[3]。陈抟有两首与毛女有关的诗，《与毛女游》："药苗不满筥，又更上危颠（巅）。回指归去路，相将入翠烟。"《咏毛女》："曾折松枝为宝栉，又编栗（槲）叶作（代）罗襦。有时问着（却）秦宫事，笑捻仙（山）花望太虚。"[4]

陈抟与毛女有交往是不可能的事情，大概陈抟、毛女都居住在华山，陈抟写有咏毛女的诗，世人则附会演绎了陈抟与毛女的故事。《续博物志》

---

① （汉）刘向：《列仙传》卷下，明正统道藏本。
② （宋）范公偁：《过庭录》，明稗海本。
③ （宋）陈葆光：《三洞群仙录》卷二十，明正统道藏本。
④ （宋）阮阅：《诗话总龟》前集卷四十六；《全唐诗》卷八百六十三；（元）赵道一：《历世真仙体道通鉴》卷四十七。

记载："毛女在华山，山客猎师，世世见之，体生毛，自言秦始皇时人。陈抟在华山，或谤以与毛女往来。"①

2. 壶公、赤松子

历史上有多个壶公，最为有名的属东汉时的壶公，又名玄壶子、悬壶翁，是东汉时期的卖药人。传说他常悬一壶于市肆中出诊，后来称颂医生常用"悬壶济世"。

与陈抟交往的壶公信息不详。萧天石先生《道海玄微》引《华山搜隐记》曰："一日壶公访先生，以正在睡中，久未得见，洞宾语之曰：'抟不欲见公，故以睡拒耳。'"②《历世真仙体道通鉴》卷四十七记载了陈抟与壶公、赤松子、吕洞宾的交游，"先生曾当春月，于华山水边石上闲步，见壶公、赤松子、吕洞宾相继而至。四仙晤语未久，有地神献一果盘，酒一器，四仙饮酌半酣，各赋诗一首。"

赤松子的历史更为古老，是神农时的仙人，③ 秦汉传说中的上古仙人，后世常以"从赤松子游"表明自己弃除俗累而选择离家修道的决心。汉代的张良即是如此，西汉张良在辅助刘邦称帝后，选择功成身退，对汉高祖说："愿弃人间事，欲从赤松子游耳。"④ 陈抟同样"亲丧"之后，声称"愿从赤松子游"而离家修道。

萧天石所引《华山搜隐记》已不可查，笔者查询号称壶公之人，没有发现活跃于宋初的壶公。以道教仙话而言，赤松子已成仙，可以超越时代出现，但这种说法仅可作为传说故事，此处壶公和赤松子，当是道教仙化故事人物，不是真实的、出现于宋初的历史人物。

小　结

陈抟的师友都是隐士异人。孙君仿、鹿皮处士、李琪、吕洞宾、毛

---

① （宋）李石：《续博物志》卷七，明古今逸史本。
② 萧天石：《道海玄微》，第489页。
③ （汉）班固著、颜师古注《汉书》卷一上，清乾隆武英殿刻本。"赤松子仙人号也，神农时为雨师"。
④ （汉）司马迁：《史记》卷五十五，清乾隆武英殿刻本。

女、麻衣道者、李八百、钟离子、白鹿先生、谭峭等，这些人或是真实历史人物，或是传说中的虚实难辨的世外高人，他们都有共同的特点：隐逸，有高深的丹道功夫，世人很少知道他们。他们的丹道修为很深，密相往来，相互交流丹道理论和实践方法。徐兆仁《道教与超越》首次将他们称为以陈抟为中心的"华山修道圈"，"这些人构成道教华山学术圈的松散成员，陈抟与他们来往，多有吸收，最后成为这一学术圈中的集大成者"①。李显光《混元仙派研究》描绘了两宋时期近百名高道彼此互动的关系，也将活动于华山的陈抟师友和陈抟的 11 位后学称为"华山学术圈"②。

被称为陈抟之师的多为隐逸之人，因而关于他们的资料十分有限。从这些有限的资料中，我们仅能粗略地了解陈抟从老师那里得到哪些道术上的传承。陈抟最初的老师是隐士孙君仿和鹿皮处士，他们传授陈抟易学、庄学，传授陈抟服气辟谷之术，可能还有长啸术。陈抟在他们的指引下，由儒入道，到武当山修炼。而吕洞宾、钟离权同样是当时的著名隐逸高道，吕洞宾或传授陈抟易学、丹道，陈抟显然与吕洞宾的交往更为频繁。麻衣道者是一位亦僧亦道的隐士，尤其以相术闻名，对陈抟的易学和相术当有所传授。在陈抟的老师之中，何昌一是一位少见的隶属于正规宫观的道士，而非山林隐士，他曾传授陈抟锁鼻术和睡功。

由于陈抟修行丹道，而丹道早期传统重实证、轻理论，因而陈抟所学往往只有道术的名称，而鲜有详尽的丹道理论。道教与许多其他宗教相比，一个很重要的特征就是"以术显道"③。陈撄宁认为丹道四大原则："第一务实不务虚，第二论事不论理，第三贵逆不贵顺，第四重诀不重文。"④ 陈抟与其师交往的资料极其有限，有限的文字记载仅能显示陈抟传承了部分具体的丹道功法。丹道"重诀不重文"，道教对功法丹诀的传承极为慎重，往

---

① 徐兆仁：《道教与超越》，中国华侨出版公司，1991，第 86 页。
② 李显光：《混元仙派研究》，中国社会科学出版社，2007。
③ 张广保：《唐宋内丹道教》，第 3 页。
④ 洪建林编《道家养生秘库》，大连出版社，1991，第 603 页。

往师徒口传心授，不允许形于文字，"使研精覃思，勿轻易论之，缄藏于心，若妄以书传，必遭天谴"①。因而，我们仅能得到陈抟所学得的道术名称。而陈抟与老师们谈论的"玄论冥冥理"属于丹道理论，因为早期丹道传统不允许重要的丹道理论形于文字广泛传播，陈抟与老师们的丹道理论交流往往被忽略。对于丹道实践而言，道术合一，陈抟与老师的交流应该有道亦有术，为什么陈抟被称为"集大成者"呢？可能与老师们相比，陈抟隐的程度更浅一点，社会名气更大一点，关于丹道的文字阐述比老师更多一些。从师友交往和历史影响来看，陈抟称得上华山丹道学术圈的集大成者。

陈抟亦师亦友的道友中，谭峭的资料大多可信，是真实的历史人物，且与陈抟有密切的交往。白鹿先生可能是唐后期陆希声的易学弟子李阮，晚年隐居修道。李琪、李八百可能是当时著名的修道隐士，关于他们的资料较少，而历史上有很多李八百，难以查证其生平事迹，暂存不论。还有一些据传与陈抟交游的古修道者，如毛女、壶公、赤松子等，难以采信。

宋初之时著名的道士与陈抟多有来往，他们有可能是陈抟的道友或弟子，多以"善服气"而闻名。其中著名的有苏澄隐、丁少微和刘若拙等人。苏澄隐、丁少微均被宋太祖召见过，陈抟与他们共同云游访道。刘若拙也是宋初高道，宋太祖重用其整饬道教，刘若拙最终坚持辞官归隐，作为道官他理应见过陈抟，并受其影响。《道海玄微》尚记载张虚白、混沌道士都曾学道于陈抟，张虚白为宋徽宗时之人，混沌道士资料还不足以证明与陈抟有交往，故难采信。史籍中记载与陈抟交往的道友还有梁筌，笔者认为，这可能是道士张守真与宋太宗编造的故事，目的是粉饰、提高作为张守真师父梁筌的道行，为他们的降神活动增加神圣性。

由上可知，陈抟最初和受影响最大的老师多为隐逸之士和修炼丹道之士，这就决定了陈抟的隐逸作风和丹道修行的特征。陈抟与其师友的交流仅限于丹道修行，不涉及当时符箓派的斋醮符箓科仪等道术，而易学、庄学、服气、辟谷、长啸、锁鼻术、睡功等道术是陈抟与其师友交流的主要道术。陈抟的师友中，通过官方程序入道的宫观道士很少，他们多为隐士，

---

① （五代）彭晓：《周易参同契通真义》卷下，民国续金华丛书本。

游走四方，道行高深，不介入世俗，在世俗社会中没有名望地位，很少出现在世人的视野中。然而，他们的这些特征，使陈抟及其师友多具有传奇与神秘色彩，在民间容易被神秘化。可以说，陈抟的师友是比陈抟更为隐逸的人，或许正是因为陈抟，才使他们的点滴事迹进入世人的视野，留下隐约的片段。

第三章　陈抟与政教关系

第一节　北宋政教关系特点

　　陈桥兵变、杯酒释兵权、烛影斧声为宋初著名的历史事件，有关这些事件的历史材料中存在宗教因素，陈抟的名字亦出现其中。涉及道教与政治的研究著作有汪圣铎《宋代政教关系研究》、向仲敏《两宋道教与政治关系研究》、鲍新山《北宋士大夫与道家道教》、赵泽光《道教与北宋政治》等。他们以陈抟、苗训、王处讷、张守真为宋初的主要道教人物。

　　汪圣铎在《宋代政教关系研究》中，就宋太宗崇道的问题，主要分析了张守真、陈抟的事例。汪圣铎将陈抟认同为道士身份，质疑陈抟与宋王室相关资料的真实性，认为由于陈抟是宋代最著名的道士，"后人在他身上附会了很多杜撰出来的事，夸大了他对宋初政治的影响"。宋太宗两次召见陈抟，"主要目的是想提高自己的声望，粉饰太平"①。笔者认同陈抟与政治的故事大多是杜撰的，宋太宗召见陈抟的目的是粉饰太平，不认同汪圣铎将陈抟视为普通道士，陈抟与宋政权的关系没有深入探讨。

　　向仲敏在《两宋道教与政治关系研究》一文的宋初部分主要记载了陈抟、王处讷、苗训、张守真与宋政权的关系，此文同样视陈抟为普通道士，认为陈抟与另外三位道教人士一样参与了道教对赵宋君权的神化，为其政权合法性提供神学维护。② 向仲敏认为有利于赵宋政权的道教谶言出于道

---

① 汪圣铎：《宋代政教关系研究》，人民出版社，2010，第30页。
② 向仲敏：《两宋道教与政治关系研究》，人民出版社，2011，第24页。

门，但没有分析有关材料的真实性。

鲍新山的博士学位论文《北宋士大夫与道家道教》在"北宋道士参与政治活动"一章中，列举了陈抟的大量案例，其中涉及"陈桥兵变""烛影斧声"和真宗立太子的事件。他认为道士陈抟和方士苗训制造符命舆论是"试图利用自己特有的方式和优势来拯救苍生，安定社会"。陈抟是主动、愿意服务于宋王室的，"之所以出现这样的编造，就是因为陈抟与赵氏兄弟有着极为密切的交往"①。他认为陈抟与张守真都参与了"烛影斧声"事件，陈抟相对于张守真来说"道行"高深，"态度比较中立，而张守真则锋芒毕露、全力以赴"②。笔者认为这些结论过于主观。

以上研究不同程度地忽视了宋初政权对天文符命的控制及政权在其中的主导作用，缺乏对陈抟、张守真、王处讷、苗训等人身份问题及与道教关系问题分析，对所依据材料的真实性问题论证不足。本书着重分析陈抟所处的宋初政治背景与政教特征，考察有关陈抟与宋皇室交往史料的真实性，试图揭示作为隐逸丹道修行者的陈抟如何对宋代政治产生巨大的影响。

一　宋初政教关系的特点

黑格尔说："中国人有一个国家宗教，这就是皇帝的宗教，士大夫的宗教。"并称这种宗教的特点是"皇帝居最高的地位，为自然的主宰"③。此言道破皇帝在中国宗教中的主导地位。张践认为，中国三皇五帝时代，那些传说中的圣王都是一些具备非凡能力的巫师，夏代的启是中国由巫师转化为帝王的第一人。④ 从一开始，中国的帝王就将神权与政权把握在手中，皇帝被称为天子，即天之长子，帝王就充满神性的光辉。但在改朝换代之时，尤其是通过政变产生的政权，则面临合法性的问题。

赵匡胤本人和宋代的官方史书都声称他是被部下拥戴甚至胁迫而当了皇帝，依《宋史·本纪第一》记载，士兵在陈桥驿聚集，称"我辈无主，

---

① 鲍新山：《北宋士大夫与道家道教》，暨南大学博士学位论文，2005，第163页。
② 鲍新山：《北宋士大夫与道家道教》，第164页。
③ 〔德〕黑格尔：《哲学史讲演录》第一卷，商务印书馆，1983，第125页。
④ 张践：《论政教关系的层次与类型》，《宗教学研究》2007年第2期。

今日须得天子"，"宣言策点检为天子"，把黄袍加赵匡胤身上，史称"陈桥兵变"。实际上陈桥兵变本是由赵匡胤和他的追随者导演的军事政变。宋太祖与后周世宗柴荣不仅有君臣之义，还有兄弟情谊，以儒家伦理而论，宋太祖篡位之举属于大逆不道，不忠不义，其政权应该不具有合法性。

宋太祖去世之后，其弟宋太宗赵光义继位，宋太宗的皇位也是有争议的。首先，宋太祖死得蹊跷，官方史书语焉不详，北宋释文莹的《湘山野录》最早记载了"烛影斧声"事件，太祖与太宗对饮，"宦官、宫妾悉屏之，但遥见烛影下，太宗时或避席，有不可胜之状。饮讫，禁漏三鼓，殿雪已数寸，帝引柱斧戳雪，顾太宗曰：'好做，好做！'遂解带就寝，鼻息如雷霆。是夕，太宗留宿禁内，将五鼓，伺庐者寂无所闻，帝已崩矣。太宗受遗诏于柩前即位"①。史上常以"烛影斧声"概括这段历史，隐约透露宋太祖实为宋太宗所杀的事实。史学界分析了一系列疑点，宋太宗即位后，太宗的弟弟赵廷美被贬，死于房州，太祖长子德昭自杀，次子德芳暴病而亡等，认为宋太宗很难除去弑兄夺位的嫌疑。

正是由于赵宋王朝政权的合法性受到质疑，因而需要借助道教为其提供合法性的神学证明。马基雅维里《君主论》认为，"神学和伦理学都是政治的工具，而政治就是利用一切工具达到目的的实践的艺术"②。由于符瑞、天文图谶具有表达神圣天意和"君权神授"的功能，历代统治者都对它们表现出高度的重视和警觉。各派政治力量均利用谶语为自己夺取政权造势，胜利者在上台以后则对此类术数进行严密控制。

二 宋代律法禁止私习天文地理

谶纬并非道教独有的方术。谶纬是以天人感应为理论基础，假托神旨以言人事祸福的预言。汉武帝时，谶纬依附儒家经典发展，应用谶纬的是儒生。董仲舒将阴阳灾异等天人感应思想与儒家的伦理纲常结合起来，作为政治和政策的依据，成为西汉中后期意识形态领域的主流，因而不少学

---

① （北宋）释文莹：《湘山野录》，明津逮秘书本。
② 转引自李小兵《现实主义：西方行为的根源》，黑龙江教育出版社，1996，第72页。

者将谶纬归到儒学的范畴。只是从学术渊源上，"谶纬的绝大多数内容既与儒经没有实质性的联系，又被当时和后世的正统儒者所排斥……当属原始道教的范畴，其很多观念、法术又为后来的道教所继承和发展"①。也就是说，虽然学术渊源上归于方士和道教，实际上学习者有儒者，不限于道教人士。

历代统治者在王权的争夺和转换过程中，普遍地利用神权为自己的政权服务。魏晋以后，国家打击民间的天文图谶之学，"大多数的统治者则在上台以后对他们曾经利用过的谶纬之学大兴禁剿，特别是北魏孝文帝和隋炀帝更是对其采取了大规模的毁灭性打击措施；不许私习天文、星占的禁令一直延续到明朝末年"②。

中国历代王朝均重视对天文、星算等术数的控制，宋代延续了唐代的政策。《唐律疏议》规定："诸玄象器物、天文、图书、谶书、兵书、七曜历、《太一》、《雷公式》，私家不得有，违者徒二年（注曰：私习天文者亦同）。""若将传用，言涉不顺者，自从造妖言之法。私习天文者谓自有书，转相习学者，亦得二年徒坐。"③"玄象器物、天文图书，苟非其任，不得与焉。"④天文之学被严密地控制在当权者的手中。宋王朝建立之前，"私习天文"是严重的政治事件，然而政治谶语还是层出不穷，宋太祖与宋太宗在夺权行动中，就利用天文、谶语等神圣性方式造势。

宋太祖执政后，制定了更为严厉的律法，禁止私习天文。宋初三朝的律法规定，私习天文者按律当斩，尤其对佛、道二教的管理制度更为细密、严谨。《宋史》记载，开宝五年十一月癸亥，宋太祖下令"禁僧、道习天文地理"⑤。《长编》亦言"令僧道毋得出入司天监，私习天文"⑥。宋太祖明确规定包括僧人、道士不得从事天文地理之学，不得出入司天监。对于以宗教名义反对、颠覆政府的行为，宋太祖进行了严厉的镇压。乾德四年

① 吕锡琛：《道家方士与王朝政治》，湖南出版社，1991，第149页。
② 吕锡琛：《道家方士与王朝政治》，第35页。
③ （唐）长孙无忌：《唐律疏议》卷第九，四部丛刊三编景宋本。
④ （唐）李林甫：《唐六典》卷十，明刻本。
⑤ （元）脱脱：《宋史》卷三，"本纪"第三，清乾隆武英殿刻本。
⑥ （宋）李焘：《续资治通鉴长编》卷一百〇五，清文渊阁四库全书本。

（966年），斩杀了"妖人张龙儿等二十四人"，因为"龙儿有幻术"，与卫士杨密刚，又和李丕、聂赟、刘晖等人"共图不轨事"，被太祖诛杀并"夷族"。① 开宝六年（973年），擒拿"渠州妖贼李仙众万人"②。宋太祖还以重奖鼓励民众举报，开宝八年九月，"宋惟忠弃市，坐私习天文，妖言利害，为其弟惟吉所告故也"③。在政府强硬的措施之下，亲人之间都不敢包庇，可见宋太祖时天文之禁得到严格的执行。

宋太宗即位之后，第二年就下令"诏禁天文卜相等书，私习者斩"④。宋太宗比宋太祖更为严厉，命令把知天文术数的人送到京城，"诸州大索知天文术数人，送阙下，匿者论死"⑤。"限外不送（官）及违诏私习者，悉斩，有能告者，赏钱十万。州县吏匿不以闻者，亦重其罪。"⑥《长编》记载："令诸州大索知天文术数者传送阙下，敢藏者弃市，募告者赏钱三十万"⑦。两个月后，"诸道所送知天文相术等人，凡三百五十有一，十二月丁巳朔，诏以六十有八隶司天台，余悉黥面流海岛"⑧。宋太宗将全国351名学习天文相术者押送到京师，极少数人成为官方机构的官员，大多数人被脸上刺字，流放海岛。宋代法律规定司天监的天文官员不得与大臣、宗室等来往。宋太宗对利用天文谶语造反之人坚决打击，太平兴国五年（980年）二月"徐州妖贼李绪等七人"被斩首，⑨ 六年（981年）九月，因"妖法惑众，图为不轨"，绵州妖贼王禧等十人被"斩于市"⑩。至宋真宗时，亦颁布《禁天文兵书诏》，收藏天学书籍或图谱之类而不自首者竟有死罪；而且鼓励告密之举，赏钱达十万之数。

---

① （宋）李焘：《续资治通鉴长编》卷七，《宋史》卷二，"太祖本纪"。
② 《长编》卷十四，开宝六年春正月己卯；《宋史》卷四百三十九，"列传"第一百九十八。
③ （宋）李焘：《长编》卷十六，"开宝八年九月己酉条"。
④ （元）脱脱：《宋史》卷四，"本纪"第四，清乾隆武英殿刻本。
⑤ （元）脱脱：《宋史》卷四，"本纪"第四，清乾隆武英殿刻本。
⑥ 《宋大诏令集》卷一百九十八，《禁天文相术六壬遁甲及阴阳书诏》。
⑦ 《长编》卷十七开宝九年十一月庚午条。
⑧ （宋）李焘：《续资治通鉴长编》卷十八，也见《郡斋读书志》卷十三《天文卷》，人数不同。
⑨ 《宋史》卷四《太宗纪》。
⑩ （宋）李焘：《续资治通鉴长编》卷二十二，"太平兴国六年九月丙辰"；《宋史》卷四《太宗纪》。

　　宋初掌权者牢牢地把神权控制在皇权的掌控之下，按宋代天文之禁的规定，非司天监人员不得从事天文星算之学。僧人、道士被专门列出不得习天文之学，且不得接近官方的天文机构司天监，违背律法者可处以死罪。随着时间发展，天文之禁的立法、执法力度越来越严厉。可以说，只有官方机构司天监发布的谶言才是合法的，民间任何人不仅学习天文之学、发布谶言违法，甚至拥有天文地理的书籍也是违法的。朝廷对私习天文的厉禁，代代相沿，直到明朝西方天文学的传入。

第二节　陈抟被三代帝王诏见

　　历代统治者皆重视隐士这个群体。正史设有《隐逸传》、《高士传》或《逸民传》，《论语·尧曰》："兴灭国，继绝世，举逸民，天下之民归心焉。"隐士出仕与归隐往往成为天下有道与无道的标志，影响民心所向。另一方面，《诗经》有云："溥天之下，莫非王土；率土之滨，莫非王臣。"对于统治者而言，任何游离在其统治之外不臣服的力量都是不能接受的，历代多设有招隐逸之士的政策。陈抟作为隐士出名很早，资料记载有三代帝王曾诏见陈抟，分别是后唐明宗、后周世宗柴荣和宋太宗。为何其中没有宋太祖呢？《太华希夷志》称"宋太祖累征不至"①，称宋太祖三次诏请陈抟，陈抟均避而不见。那为何陈抟会见宋太宗呢？以下予以详细分析。

1. 后唐明宗的诏见

　　陈抟与后唐明宗的交往，庞觉《希夷先生传》和元赵道一《历世真仙体道通鉴》均有记载，"后唐明宗闻先生名，亲为手诏召，先生至，长揖人主。明宗待之愈谨，赐先生号清虚处士，仍以宫女三人赐先生。先生为表谢上云：'赵国名姬，汉庭淑女，行尤婉美，身本良家。一入深宫，久膺富贵，昔居天上，今落人间。臣不敢纳于私家，谨用安之别馆。臣性如麋鹿，迹若萍蓬，飘若从风之云，泛如无缆之舸。臣送彼复归清禁。'及有诗上听览，诗云：'雪为肌体玉为腮，多谢君王送到来。处士不生巫峡梦，空烦云

雨下阳台。'以书奏付宫史，即时遁去。"《道海玄微》引《武当搜隐记》云，此事发生在陈抟隐居九室岩之初，辞别唐明宗后，仍归隐武当山，并言"《搜隐记》与《钓谭集》之了玄子后跋所述相同，应较可信"①。陈抟被赐号"清虚处士"，文中内容亦说明陈抟被视为隐士。

后唐明宗赐陈抟号"清虚处士"，这是一隐士的称号。陈抟拒绝后唐明宗提供的美女，遁去仍为隐士。然《太华希夷志》、《宋史·陈抟传》、新旧《五代史》没有记载此事。

2. 周世宗的诏见

周世宗召见陈抟，《旧五代史》、《五代史补》、《资治通鉴》、《宋史·陈抟传》、王辟之《渑水燕谈录》、《坚瓠集》中均有记载，各种文人笔记、仙传中更是屡有提及。

《旧五代史》卷一百十六周书七记载："世宗显德三年（956年）十一月……戊申，放华山隐者陈抟归山。帝素闻抟有道术，征之赴阙，月余放还旧隐。"②《旧五代史》卷一百十九周书十记载："世宗之在位也，以四方未服，思欲牢笼英杰，且以抟曾践场屋，不得志而隐，必有奇才远略，于是召到阙下，拜左拾遗。抟不就，坚乞归山。"

《旧五代史》记载了周世宗召见陈抟的两种原因，一是"素闻抟有道术"；一是"欲牢笼英杰"，"拜左拾遗"。《资治通鉴》说"帝召华山隐士真源陈抟问以飞升、黄白之术"。③《宋史·陈抟传》也有类似记载。《太华希夷志》记载："周世宗召至阙下，令于禁中扃户以试之，月余，始开，熟寝如故，始异之。因问以黄白之术，抟曰：'陛下为天下君，当以苍生为念，岂宜留意于此乎？'世宗不悦，放还山，赐号白云先生，令长史岁时存问。"④《历世真仙体道通鉴》记载略同。

综合以上记载，首先，周世宗征召陈抟，而不是陈抟主动去朝见。宋史曰"命华州送至阙下"，具有强制的意思。其次，周世宗诏见陈抟时为显

---

① 萧天石：《道海玄微》，第459页。
② （宋）薛居正：《旧五代史》卷一百一十六，"周书"七，百衲本景印吴兴刘氏嘉业堂刻本。
③ （宋）司马光：《资治通鉴》卷第二百九十三，"后周纪"四，四部丛刊景宋刻本。
④ （元）张辂：《太华希夷志》卷上，明正统道藏本。

德三年（956年），其时周世宗36岁，陈抟则已85岁高龄。最后，周世宗留陈抟在禁中有月余，陈抟始终睡觉。《坚瓠集》云："周世宗召入禁中，扃户试之，月余始开。"《太华希夷志》云："周世宗召至阙下，令于禁中扃户以试之，月余，始开。"意即将陈抟封闭在房间内一个多月，不提供水、食物等任何物品，"抟熟睡如故"。陈抟当时已经因修道闻名，周世宗可能试探陈抟的修道功夫，陈抟则可能是被迫前来，以睡觉回避应付周世宗。

由上，周世宗可能有招募陈抟的打算，《旧五代史》说拜左拾遗，《宋史》说命为谏议大夫。但当时陈抟已85岁，而且从材料上看，周世宗显然对陈抟的长生之术更感兴趣。陈抟既不传周世宗道术，也不任谏议大夫，但劝诫周世宗"以苍生为念"，最后"固辞"回山，周世宗赐号陈抟"白云先生"。

3. 宋太宗的诏见

首先，无确凿资料证明陈抟曾见宋太祖。据江少虞《宋朝事实类苑》卷四十一载："迄太祖朝，未尝召。"而《邵氏闻见录》卷七则云："艺祖召，不至。"无论宋太祖是否曾下令诏见陈抟，陈抟应该没有与宋太祖会面。

宋太宗诏见陈抟两次，《乐全集》引《国史》《五朝名臣言行录》《渑水燕谈录》《邵氏闻见录》等均有记载。《宋史·陈抟传》云："抟太平兴国中来朝，太宗待之甚厚，九年复来朝，上益加礼重……自言经承五代离乱，幸天下太平，故来朝觐。"以《宋史》看，陈抟似乎乐意主动来朝。《太华希夷志》中有《太宗赐希夷先生诏》："敕，华山道士陈抟，混迹寰中，栖心物外，养太素浩然之气，应少微处士之星。既不屈于王侯，但守志于林壑，乐我中和之化，庆予下武之期，而能远涉川途，暂来城阙，浃旬延遇，弘溢居多。白云莫驻于帝乡，好爵难縻于达士，昔唐尧之至圣，有巢由为外臣，朕虽寡薄，庶遵前事。或恐山中所缺，已令华州刺史王祚每事供须。爰返故山，履兹春序，缅怀高尚，当适所宜。故兹抚问，想宜知悉。春寒，汝比好否？遣书指不多及。"[1] 此诏也显示陈抟"乐我中和之化，庆予下武之期"，似乎是因宋王朝实施德政，陈抟主动拜见。

其次，陈抟是被动接受宋太宗之诏，而非主动来朝。太宗诏见陈抟的

---

[1] 《道藏》第5册，第739页。

时间，与禁止私习天文时间一致，以宋太宗将不可用的"习天文者"黥字并发配海岛的做法，同样作为怀有相术的陈抟亦在被禁止和流放之列，怎么可能会主动来朝呢？《长编》说得非常明确："上之即位也，召华山隐士陈抟入见。"① 《谈苑》也云："太宗即位，再诏之。"② 《乐全集》："兴国初，始赴召。"③ 《五朝名臣言行录》《东都事略》《谈苑》《渑水燕谈录》《邵氏闻见录》等记载"召"，即陈抟是太宗征召而来。

宋太宗一再召见陈抟，陈抟无奈赴朝。《佛祖统纪》载有："绍华州处士陈抟，人见不就，再遣中谒者（汉世称内使为中谒者）。"④ 说明陈抟曾被诏却避而不见。《太华希夷志》记载最为详细，宋太宗曾三次下诏，陈抟都不想赴阙，并充分阐明了自己"栖真物外，修炼山间，无意求名，有心慕道，不愿仕也"。太宗使臣称"宣命三次，先生不可固辞，岂不闻《鲁论》曰：君命召，不俟驾行矣。诏旨岂宜抗拒？又《邹书》云：率土之滨，莫非王臣。不可辞也"。使臣之言已有威胁之意，陈抟回应有诗云："鹤氅翩翩即散仙，蒲轮争忍利名牵。留连华岳伤心别，回顾云台望眼穿。涉世风波真险恶，忘机鸥鸟自悠然。三峰才欲和衣倒，又被天书下日边。"⑤ 陈抟显然明了涉世险恶，同意赴朝纯粹无奈之举。所谓"幸天下太平，故来朝觐"是太宗的自我粉饰而已。

因此，宋太祖时，陈抟可以不去见帝王，而在宋太宗时，陈抟则不得不去见帝王。陈抟留下一首诗："草泽吾皇诏，图南抟姓陈。三峰千载客，四海一闲人。世态从来薄，诗情自得真。乞全麋鹿性，何处不称臣。"⑥ 另有史料最后一句为"何必更为臣"⑦。此诗陶岳《五代史补》记录在"世宗诏陈抟"之条目下，而《渑水燕谈录》记录在太平兴国初太宗诏见之时。

① （宋）李焘：《续资治通鉴长编》卷二十五，清文渊阁四库全书本。
② （宋）江少虞：《新雕皇朝类苑》卷第四十一，日本元和七年活字印本。
③ （宋）张方平：《华山重修云台观记》，《乐全集》卷第三十三，宋刻本。
④ （宋）释志磐撰《佛祖统纪》卷四十四，《大正藏》第49册，第401页下栏。
⑤ （元）张辂：《太华希夷志》卷上，明正统道藏本。
⑥ （宋）王辟之：《渑水燕谈录》卷第四，"高逸"，清知不足斋丛书本。
⑦ （宋）陈应行：《吟窗杂录》卷三十三，明嘉靖二十七年崇文书堂刻本；（宋）欧阳修：《五代史记注》卷十二上，清道光八年刻本；（宋）陶岳：《五代史补》卷五周，明虞山毛氏汲古阁刻本。

无论是后周世宗还是宋太宗诏见，他们的意图是让陈抟为己所用，并表明"称臣"的态度。

陈抟既然在相术上拥有很高的声望对于政权来讲，就要求陈抟做出选择，要求其臣服于政权。宋王室要借助陈抟的声望来为自己的不合理政权作神圣合法化证明，应该是这个时候达成一致，陈抟不必亲自制造各种谶语，只需要不否认即可实现。谶语之事，既然有其神圣性，是天命所归，因而政治权力之下制造的谶语必然是秘密的，各类史籍不可能记载宋太宗诏见陈抟的这方面的内容。

陈抟初见宋太宗时的着装，《渑水燕谈录》《历世真仙体道通鉴》《佛祖统纪》记载陈抟"服华阳巾，草履垂绦，以宾礼见"，邵伯温《易学辨惑》云："以野服见于延英殿。"① 《唐才子传·陈抟传》记载："太宗征，赴戴华阳巾，草屦垂绦，与万乘分庭抗礼。"② 陈抟身着服装并非官方管辖道士的统一着装，道观中的道士是政权之下的臣民，陈抟从身份上不是体制内的，不在"编制"，是不受世俗政权约束的"野人"。太平兴国为976年至984年，陈抟见宋太宗时已经超过百岁，已在武当服气辟谷二十年，又在华山隐居四十年，经过六十余年与世隔绝的隐居修行，陈抟已经是与世无争、道行圆满的百岁老人。

据《历世真仙体道通鉴》记载，陈抟在太平兴国初年，第一次来朝，刚到即求静室休息，一睡就睡了一个月，之后方见宋太宗，待了一百多天后回山。《宋史》记载，太平兴国九年，陈抟"复来朝"，宋太宗赐号"希夷先生"，赐紫衣一袭，令增葺所居华山云台观。③ 历代帝王对有名望的高僧高道均有赐号，紫衣、师号是皇帝赐予僧道恩典与荣宠的标志。"紫衣与师号也是官僚体系中的一环，唯一不同的只是没有俸禄薪给，纯属虚名。"④ 颁赐紫衣、师号是封建政府笼络僧道使之为其统治服务的重要手段。在民间具有高深相术和高深道行形象的陈抟，应诏入阙即表示了对宋太宗真命

① （宋）邵伯温：《易学辨惑》，清文渊阁四库全书本。
② （元）辛文房：《唐才子传》卷十，清佚存丛书本。
③ 《宋史·陈抟传》。
④ 黄敏枝：《宋代佛教社会经济史论集》，学生书局，1989，第455页。

天子身份的认同，也表示了对其实行德政政绩的认同。

第三节　宋初政权的神学化

一　王处讷、苗训与陈桥兵变

宋太祖赵匡胤通过陈桥兵变黄袍加身取得政权，苗训参与了宋太祖军事行动，与其师王处讷一起为宋太祖政权做神圣性背书。《宋史·本纪第一》《长编》记载了陈桥兵变事件，"军校河中苗训者，号知天文，见日下复有一日，黑光久相摩荡，指谓太祖亲吏宋城楚昭辅曰，此天命也"①。之后士兵们谋划"宣言策点检为天子"②。在此事件之前，苗训之师王处讷已预先告知苗训当时会有异常天象出现，"则圣人利见之期也"，"即太祖陈桥起圣之时也"。③

邓广铭考证认为，宋太祖在显德中期起，已取得兵权，对后周已存觊觎之心，陈桥驿上的士兵和将领不过是供其驱使的傀儡，"其操纵指使之者，却还是宋太祖本人"④。可见苗训、王处讷参与了宋太祖"天命"的神学舆论造势，他们是宋太祖兵变中重要的棋子。

赵泽光直接将苗训、王处讷称为道士，并未说明原因，向仲敏则认为苗训与王处讷的谶言当归于道门，他根据《云笈七签》"续仙传"记载，王处讷、杜崇真等人皆师从五代时高道聂师道，"从师门传承来看，上述谶言当归于道门"⑤。

笔者不认同此论，原因如下。

第一，《续仙传》并没有言明王处讷从道教人士那里学习的天文星占之术。天文星象之学在中国历代是一门被严厉禁锢的学问，道士亦不例外。

---

① （宋）李焘：《续资治通鉴长编》卷一太祖条。
② （元）脱脱：《宋史》卷一，"本纪"第一，清乾隆武英殿刻本。
③ （宋）江少虞：《宋朝事实类苑》卷四十五，上海古籍出版社，1981，第586页。
④ 邓广铭：《陈桥兵变黄袍加身故事考释》，《邓广铭全集》第七卷，河北教育出版社，2005，第242页。
⑤ 向仲敏：《两宋道教与政治关系研究》，第25页。

第二，《宋史·王处讷传》《新雕皇朝类苑》引《杨文公谈苑》称王处讷"梦人持巨鉴，众星灿然满中，剖其腹，纳之后，遂通星历之学"，"依汉祖于太原，开国为尚书博士，判司天监事"。① 王处讷星历之学不是学于道门，而是无师自通，王处讷在周世宗时即掌管司天监，宋太祖即位后仍掌司天监。

第三，苗训也不具有道士身份。《宋史·苗训传》称苗训为"殿前散员右第一直散指挥使"，实为宋太祖手下的军官。

赵泽光还提到"在太宗继统问题上，道士马韶也积极活动"②。《宋史·马韶传》称马韶在宋太宗政变当夜，称"明日乃晋王利见之辰"，"且，太宗入谒，果受遗践"，并接连升马韶"为司天监主簿""判司天监事"等职。

值得深思的是，学者常常将习天文者称为道士的做法，马韶同苗训、王处讷一样，本是政府官员，史籍中没有资料显示其为道士的证据，道教机构对他们没有管理权。他们隶属于政府，听命于政权，因而，苗训、王处讷和马韶的谶语不是出自道门，而是宋太祖为了政权夺权的需要，利用谶语的形式为自己的政权合法性做神学辩护，当时的道教实际上与此无关。

二　张守真与宋太宗政权的神学化

张守真为宋初重要的道教人物，他参与了宋太宗夺权行动，而"烛影斧声"事件与此密切相关。他还是"黑煞神"的降言者，"黑煞神"后来被封为"翊圣真君"，成为宋太宗王朝的保护神。张守真是最具影响力、最具道教权力的道士。而且，张守真及其师梁筌的事迹与陈抟亦有关联。

有关张守真的文献主要有三种：张守真的儿子所撰的《传应法师行状》，是张守真死后的碑文；北宋宰相王钦若奉真宗旨撰写的《翊圣保德真君传》；以及李攸所撰《宋朝事实》，宋李焘《续资治通鉴长编》卷十七，宋江少虞《新雕皇朝类苑》卷第四十四，宋代高承《事物纪原》卷二等皆

① （宋）江少虞：《新雕皇朝类苑》卷第四十五，日本元和七年活字印本。
② 赵泽光：《道教与北宋政治》，《贵州社会科学》2007 年第 7 期。

有记载。

首先，有关张守真的资料都成文于宋太宗即位之后，张守真参与了宋太宗的夺位行动，《传应法师行状》《翊圣保德真君传》都是官方主持编纂的，其材料是有立场、服务于政权的。因此应参考其他文献进行综合分析。江少虞《新雕皇朝类苑》记载来自《杨文公谈苑》，杨文公即杨亿，与编撰《翊圣保德真君传》的王钦若生活于同一时代，与官方记载有几处重要不同。

《传应法师行状》是为张守真死后立的碑文，依《金石萃编》云，碑应该在终南山上清太平宫内，文曰："法师姓张氏，讳守真，字悟元，后汉三天正一扶教大法师，丞相留侯六代孙。法师即子房之远裔，真嗣蔓延，不常厥居，今为盩厔人也……真君降曰：吾运化本朝第二主。"①《行状》将张守真列为张良之后，抬高张守真在道教中的血统。"真君"明确表示其目的是"运化本朝第二主"，张守真降神始于宋太祖时期，却明确声称为"运化第二主"，显然从一开始，就是服务于宋太宗的政治集团。张守真起初并非宫观道士，而是一普通县民，神的降言"独守真能晓之"，其实是张守真借神而言，张守真首先有服务于宋太宗的政治目的，然后才入道，其获得道士身份是实现其政治目的中不可缺少的一环。

《翊圣保德真君传》是真宗时的宰相王钦若所撰，对真君降言事说得更为详细："真君降言曰：吾乃高天大圣玉帝辅臣，盖遵符命降卫宋朝社稷，来定遐长基业"，"汝但说与官家，言上天宫阙已成玉锁开，晋王有仁心"，"太祖默然异之，时开宝九年十月十九日之夕也"。②意即：开宝九年十月十九日，太祖驾崩之夜当天，张守真向宋太祖暗示晋王（宋太宗）有仁心之语，以神的语言让宋太祖传位于宋太宗，此处称宋太祖"默然异之"。官方主持编纂的《行状》与《云笈七签》记载宋太祖听闻张守真此言后，"帝然之，曰果正直之口"，但邵博转引《太宗实录》《国史·道释志》称"开宝九年，太祖召守真于滋福殿，疑其妄"③。《宋朝事实》记载宋太祖曾嘲笑张

---

① （清）王昶：《金石萃编》卷一百三十四，清嘉庆十年刻同治钱宝传等补修本。
② （宋）王钦若：《翊圣保德真君传》，《道藏》第22册，第696页下。
③ （宋）邵博：《闻见后录》卷一，明津逮秘书本。

守真的降神活动，"太祖皇帝素闻之，未甚信，异召小黄门长啸于侧，谓守真曰，神人之言若此乎？"① 宋江少虞《新雕皇朝类苑》卷第四十四、宋李焘《续资治通鉴长编》则引杨亿《谈苑》云"太祖闻守真言，以为妖，将加诛"，② 说明宋太祖并非承认张守真的降神活动，而是警觉到背后玄机。宋太祖起兵之时利用了谶语，熟悉此中玄机，因而要杀张守真是可能的。

从时间的角度，显示张守真密切地参与了宋太宗政变。太祖的突然"晏驾"与他"闻守真言，以为妖，将加诛"有密不可分的联系。《长编》记载杨亿所言宋太祖将加诛张守真一事，并将随后"烛影斧声"的传闻亦附录于后，③ 其中联系显而易见。南宋李攸《宋朝事实》卷七、《续资治通鉴长编》卷十七、宋代邵博《闻见后录》卷一均指出宋太祖见张守真的第二天，宋太祖死去，宋太宗即位。太宗即位的第二天，即召守真作延祚保生坛，真君降言："建隆元年奉帝言，乘龙下降卫人君。扫除妖孽犹闲事，纵横整顿立乾坤。国祚已兴长安泰，兆民乐业保天真。八方效贡来稽首，万灵震伏自称臣。亲王祝寿焚香祷，递相虔洁向君亲。吾有捷疾一百万，诸位灵官万垓人。若行忠孝吾加福，若行悖逆必诛身。赏罚行之既平等，天无纷秒地无尘。爱民治国胜前代，万年基业永长新。"④ 真君降言不仅声称"国祚已兴"，"万年基业永长新"，还言"若行忠孝吾加福，若行悖逆必诛身"，即以宗教神圣性承认其政权合法，而且以神圣性威慑不同政见者。为此，太宗待到午夜后，秘密地至宫观大殿表示了感谢，"太宗伺午夜，秘殿底，诚稽首再攀谢"⑤。

张守真降神活动始于宋太宗，终于宋太宗。宋太祖朝时即下令禁止"私习天文、妖言利害"等活动，《全宋文》卷六十三收有宋太宗"禁天文相术六壬遁甲三命以及阴阳书诏"，卷六十五亦收录宋太宗"封翊圣将军

① （宋）李攸：《宋朝事实》卷七，清武英殿聚珍版丛书本。
② （宋）李焘：《续资治通鉴长编》卷十七，清文渊阁四库全书本。
③ （宋）李焘：《续资治通鉴长编》卷十七，清文渊阁四库全书本。
④ （宋）李攸：《宋朝事实》卷七《道释》，清武英殿聚珍版丛书本；《云笈七签》卷之一百〇三，《道藏》第22册，第695～696页。
⑤ （清）王昶：《金石萃编》卷一百三十四，"传应法师行状"，清嘉庆十年刻同治钱宝传等补修本。

诏"。张守真何以能展开降神活动而不受惩罚？张守真应得到了宋太宗的暗中支持。宋太宗先后封黑煞神为"翊圣将军""翊圣保德真君"，张守真赐号"崇元大师"①。"翊圣保德真君"忽降言张守真曰："汝遇吾下降，至今三十五年，勤亦多矣，上帝已有符命，授汝为五土之主，此限满日，升汝仙官，汝亦不久住也，自是不复降言。明年闰七月十六日，守真谓门人等曰：吾已领符命，今将去矣。言讫而化。"② 太宗驾崩前不仅让黑煞神不再降言，而且让张守真离世，张守真的儿子为他所撰行状，太宗亦要批付史官审定。可见，张守真降神始于太宗的政治需要，亦终于太宗掌权期内。宋太宗是幕后主使者，张守真是前台表演者。

第四节　陈抟与宋初政权神学化

本章第三节之三之1有王处讷、苗训参与陈桥兵变之事件，陈抟亦与此事件相关。相比较而言，陈抟的事迹更具有传奇色彩，流传也更广。陈抟具有常人难以具备的两种资质，这两种资质使宋政权看中陈抟，让陈抟成为宋政权"皇权神授"的舆论制造者。第一，陈抟拥有传奇的相术。陈抟擅观骨相，《宋史》《历世真仙体道通鉴》《太华希夷志》以及宋人笔记中关于陈抟相人的记载比比皆是，因而，借陈抟之口，言何人具有帝王之相即可为其政权提供神圣性的佐证。第二，陈抟不仅擅长星算骨相，自己也具备帝王之相，相传陈抟揽镜自照称"非仙而即帝"③。显然，具有帝王之相且具有帝王之才的陈抟，本人即可成就帝王之业。陈抟放弃帝王之业，其所赞成的政权就是具有神圣性的合理政权。

一　陈抟与陈桥兵变事件

宋代十几种文献记载了陈抟听到宋太祖登基后，大笑并言"天下于是

---

① （宋）李攸：《宋朝事实》卷七；（宋）王钦若：《翊圣保德真君传》，《道藏》第22册，第696页下栏。
② （宋）王钦若：《翊圣保德真君传》，《道藏》第22册，第696页下。
③ （元）张辂：《太华希夷志》卷上，《道藏》第5册，第735页上栏。

定矣"。宋邵伯温《闻见前录》所记载陈抟有大志，隐武当山时曾写诗云："他年南面去，记得此山名。"宋太祖陈桥兵变之时，陈抟"乘白骡，从恶少年数百，欲入汴州，中途闻艺祖登极，大笑坠骡曰：'天下于是定矣'，遂入华山为道士"①。《邵伯温易学辨惑》，宋代王称《东都事略》卷一百十八，《太华希夷志》，宋代黄震《黄氏日钞》卷五十，宋代释志磐《佛祖统纪》卷四十三，《诗林广记》后集卷九，宋代魏庆之《诗人玉屑》卷二十，《事文类聚》前集卷三十三，《名贤氏族言行类稿》卷十一，《事类备要》续集卷九等等均有相关记载，区别在于部分有"从恶少年数百""坠骡"的细节，部分记载无此细节。可知此事在宋代即已流传很广。

此处拟以元代张辂所著《太华希夷志》为例，解读其中关于陈抟的政治谶语。虽然《太华希夷志》一文错误很多，比如记载至道元年（995 年）四月十日宋太宗诏陈抟之事，陈抟已于 989 年去世，此事不可能发生。然《太华希夷志》一文的价值不在于其所记载之事的真伪，而是从中察看民间是如何传播此事的。按此书作者张辂之序所言，作者为一儒生，在华山之地做官，"密迩华山，稔闻希夷先生遗事，公务之暇，采古书所录，或谚语之谈，其高风峻节，信乎前宋一代之异人也，故作《太华希夷志》，以纪之。"作者是一公职人员，在公务之余采集当时所见所闻，形成此书。因而此书可视为元代时各种民间资料汇集，这些资料所反映的是民间流传的陈抟形象。

《太华希夷志》记载陈抟"负经济才"，在五代末年，每听闻一朝革命都闷闷不乐。他揽镜自照称自己"非仙而即帝"，意即他自己有帝王之相。宋太祖与赵普在长安见到陈抟，陈抟"笑而堕驴曰：真人亦在世矣"。他认为宋太祖有帝王之相。陈抟引领恶少年数百入汴州，"中路闻太祖登极，惊喜大笑。问其故，又大笑曰：'自此定矣'"②。《历世真仙体道通鉴》《事实类苑》等版本中称"宋太祖、太宗龙潜时，与赵忠献公游长安市"，多了一位宋太宗，说明其版本形成于宋太宗主政之后。

---

① （宋）邵伯温：《闻见前录》卷七，清文渊阁四库全书本。
② （元）张辂：《太华希夷志》卷上，《道藏》第 5 册，第 735 页。（宋）江少虞《新雕皇朝类苑》卷第四十八和（宋）释文莹《湘山野录》续均有类似记载。

按文中所言，陈抟有当帝王平治天下的面相和定数。尚有大量文献亦有类似记载，《东都事略》谓其"有大志，隐居武当山"。《武当福地总真集》称陈抟"少负逸才，有济物利人之志"①。《东轩笔录》说："图南有经世之才。"《太华希夷志》卷上、《历世真仙体道通鉴》卷四十七称："先生负经济才。"《邵氏闻见前录》记载陈抟学生种放为陈抟立碑，言陈抟"明皇帝王伯之道"。以上文献显示陈抟本有志向、有能力取得天下。

笔者认为，陈抟即使拥有"济世之才"和"明皇帝王伯之道"，亦不足以作为他曾武装夺取政权的证据。首先，陈抟的隐居、辟谷修炼生活方式与夺取政权的军事行为相违背。陈抟隐居在山林石室，不与世俗之人往来，且已辟谷服气几十年，陈抟有当皇帝的野心吗？其次，宋太祖赵匡胤于960年登基，此时陈抟已90岁，②陈抟的军事行动应该发生在其壮年之时，发生在年已九十且修炼丹道的隐士身上，令人难以理解。再者，"从恶少年数百，欲入汴州"就是陈抟夺取政权的武装行动吗？且不说陈抟年老，区区几百人如何能抢夺得天下？自唐末五代始起，战争频发，王朝更迭，政权本质上是谋略与实力的较量，不能凭侥幸取胜，而失败的结局是残酷的。而且，史料中记载与陈抟交往的不是来访的文人，就是隐士和高道，陈抟从哪里招来几百名恶少，又哪里来的钱财让他们为自己卖命？

因而此谶语的意思是，陈抟有帝王之相和成就帝王之业的天命，陈抟本人没有去当皇帝，是因为他认可宋太祖、宋太宗等人是天命所归的圣贤帝王。陈抟遇宋太祖、宋太宗，或"大笑坠骡"称之为"真人"，或称之为"紫微帝星"，或听闻其登基后言"自此定矣"，最终证明的真命天子是宋太祖和宋太宗。

二　陈抟与烛影斧声事件

上文对张守真、宋太宗等人参与的烛影斧声事件已有过分析，宋代尚有文献记载陈抟与此事件有关联。《长编》作者李焘引蔡惇《直笔》云：

---

① （元）刘道明：《武当福地总真集》卷下，《道藏》第19册，第666页上栏。
② 陈抟死于端拱二年（989年），享年118岁，则推知其生年为公元871年，这一点已得到学界共识。

"太祖召陈抟入朝宣问寿数，对以丙子岁十月二十日夜，或见雪当办行计，若晴霁须展一纪，至期前夕上不寝，初夜遣宫人出视，回奏星象明灿，交更再令出视，乃奏天阴，继言雪下，遂出禁钥，遣中使召太宗入对，命置酒付哀翰，属以继位，夜分乃退。上就寝，侍寝者闻鼻息声异，急视之，已崩。太宗于是入继。按悼所载与文莹略同，但即以道士者为陈抟耳。抟本传及《谈苑》并称抟终太祖朝未尝入见，恐悼亦误矣，当是张守真也。"① 此文以陈抟的预言试图说明宋太祖之死为命中注定，宋太宗登基为合法即位。

史籍记载，陈抟在太祖朝未曾入见，因而陈抟不可能作此谶语。李焘认为可能是张守真，然而张守真以降神闻名，并非以星占相术闻名。笔者认为，此预言是由宋太宗的政治集团编造并附于陈抟之名的谶语之一，期望借助陈抟的谶语以掩盖宋太宗加害宋太祖的事实，并宣扬宋太宗即位是天命所在。

三　其他谶语

1. "莫道当今无天子，都将天子上担挑"

清代流传《古谣谚》一书，其中曰："初兵纷时，太祖之母挑太祖、太宗以篮以避乱。陈抟遇之即吟曰：'莫道当今无天子，都将天子上担挑。'"② 《宋史》太祖、太宗本纪载，宋太祖生于后唐天成二年（927 年），太宗生于后晋天福四年（939 年），二人相差 12 年，则不可能二人同时都很小，盛放在篮子里让母亲挑着行路。此条明显为假。既是谣谚，当然是在民间广泛流传的。此谣谚借陈抟之口预示宋太祖与宋太宗都是天子，其产生年代当在宋太宗朝。

2. 建议寿王（宋真宗）为储君

据传在宋太宗建王储一事中，陈抟也起到了重大的作用。北宋张方平《乐全集》记载陈抟对宋太宗说"天命实在章圣"③。《历世真仙体道通鉴》称太宗"曾出诸子使视之"，陈抟密陈"天命实在章"。④ 《邵氏闻见前录》

① （宋）李焘：《续资治通鉴长编》卷十七，清文渊阁四库全书本。
② （清）杜文澜：《古谣谚》卷七十三，清咸丰刻本。
③ （宋）张方平：《乐全集》卷第三十三，宋刻本。
④ （元）赵道一：《历世真仙体道通鉴》卷四十七，明正统道藏本。

说:"帝以其善相人也,遣诣南衙见真宗。及门亟还,问其故,曰:'王门厮役皆将相也,何必见王?'建储之议遂定。真宗即位,先生已化,因西祀汾阴,幸云台观,谒其祠,加礼焉。帝知建储之有助也。"①《东轩笔录》记录更详,"太宗以元良未立,虽意在真宗,尚欲遍知诸子,遂命陈抟历抵王宫,以相诸王。抟回奏曰:'寿王真他日天下主也。臣始至寿邸,见二人坐于门,问其姓氏,则曰张旻、杨崇勋,皆王左右之使令者。然臣观二人,他日皆至将相,即其主可知矣'"②。以上显示,宋太宗本来就有意立真宗为太子,他命陈抟"历相诸王",陈抟之言暗示了真宗具有帝王的天命,所以真宗被立为太子。宋真宗即位后,曾亲临云台观,观瞻陈抟遗像,下令免去云台观的田租,赐陈抟弟子武子华紫袍,民间因此有"华山不纳粮"的传说。③

虽然记载此事的宋代文献很多,但陈抟建议立宋真宗为储君之事是不可信的。陈抟在南衙见真宗,北宋时习惯称开封府的官署为南衙,真宗驻开封时为淳化四年(994年),立为太子时在至道元年(995年),而陈抟于989年逝世,因而此事不实。邓广铭考证认为"抟断无密陈天命何归之理",他疑惑张方平生在北宋中叶,对此事应熟知,为何"不审"。④ 关于宋太宗建储之事,依太祖传弟之先例及杜太后遗嘱,太宗本应传位弟弟赵光美,后再由光美传位于长子元佐或次子元佋,然作为第三子的真宗得以继立为帝,天下人难免非议,宋王室传弟的规矩也到此为止。包括《乐全集》在内的诸多典籍记载此预言,应该是宋王室有目的地把皇位继承改变的原因推到陈抟身上,推到陈抟所代表的神圣天意上。道教文献《搜隐记》明确表明这一观点:"太宗览天命实在章文,而定储之事遂决;不立嗣以长,而立三子恒为太子",太宗"窜光美,虐德昭,废元佐","执意唯先生之言是听"。⑤ 依照此文,由于陈抟权威认定了天命在真宗,宋太宗执意听信陈抟

① (宋)邵伯温:《闻见前录》卷七,清文渊阁四库全书本。
② (宋)魏泰:《东轩笔录》卷一,明刻本。
③ (宋)邵伯温:《闻见前录》卷七;《续资治通鉴长编》卷七十五;《宋通鉴长编纪事本末》卷十九真宗皇帝;《宋史》卷八,"本纪"第八等都有相关记载。
④ 邓广铭:《读〈陈抟传〉札记》,《邓广铭全集》第九卷,河北教育出版社,2005,第442页。
⑤ 萧天石:《道海玄微》,第469页。

所言，才立真宗为太子，并对赵光美、德昭、太子元佐进行压制迫害。显然这个故事意在维护真宗皇帝的利益，它能得到广泛流传说明真宗借助陈抟的威信为自己登基提供合法性证明，以取信天下。同样，真宗大搞天书、封禅等活动，其目的是要天下人相信自己是真命天子。

四　陈抟与张守真、王处讷等人的区别

苗训、王处讷、张守真三人为宋王朝神圣性背书的共同点如下。

第一，三人参与政变，苗训出现在宋太祖夺位军事活动的现场，王处讷为其师；张守真更是在宋太宗夺位千钧一发之际出现，并活动在政变现场，正史与各种涉及其活动的材料均来源可靠。

第二，三人参与政变之初，皆不具有道士身份，苗训为参与陈桥兵变的军士，王处讷为政权机构司天监的官员，二人隶属于政权。张守真本是普通民众，先进行具有政治色彩浓重的降神活动之后，才入为道士，也就是先有政治目的，然后加入道教。

第三，三人并非真正有志于进行修道、证道的道教实践，不是真正的道士，他们均受控于政权，并服务于政权，他们三人与政变者密切合作。

这三点都是陈抟不具备的。学界关于陈抟与政治的关系的研究，往往被各种资料记载的陈抟为宋王朝各种合法性的预言所迷惑。《两宋道教与政治关系研究》《宋代政教关系研究》等文中，把陈抟预言作为为君王登极制造谶言的重要实例，认为陈抟主动为宋王朝政权服务。鲍新山认为，有关陈抟政治谶语的材料"未必属实，甚至可能是一种故意的附会与编造，而之所以出现这样的编造，就是因为陈抟与赵氏兄弟有着极为密切的交往"[1]。向仲敏认为"两宋道教自觉地服务于宋政权，通过道教义理神化君王、控制臣民、维护政权，从而获得了赵宋政权的扶植"[2]。笔者认为，如果作为整体的道教而言，此言或许是合理的，然对于陈抟个人而言，此言是不准确的。

---

[1]　鲍新山：《北宋士大夫与道家道教》，暨南大学博士学位论文，2005，第163页。

[2]　向仲敏：《两宋道教与政治关系研究》，人民出版社，2011，第23页。

首先，关于陈抟的政治谶语故事性强，可信度差，如前文之分析，其内容不容易证其真，而容易证其伪。其次，中国有历史久远的隐士文化传统，他们不与政治合作，陈抟即是道家式隐士。《五朝名臣言行录》《东都事略》《谈苑》《渑水燕谈录》《邵氏闻见录》等众多资料表明，宋太宗下令召见陈抟，并非陈抟主动朝见。

宋代执行严厉的天文之学的禁令，违者或被流放，或被诛杀。宋太宗召见的时间，与宋太宗下令禁止私习天文并召知天文者进京的时间一致，因而陈抟是被迫进京的。在政权的威慑之下，凡是广为流传的谶语一定是官方制造或默许的，苗训、王处讷、张守真的谶言和宗教活动无疑是政变的一部分，陈抟的谶语也应该是官方制造的。

陈抟不是一名普通的道士，而是一个真正的隐士，其对政治的态度是疏离的，不欲合作，也不欲介入。与张守真等人相比，陈抟没有出现在夺取政权行动的现场，关于陈抟的政治谶语故事性强，真实性差。历代帝王给陈抟赐官、赐号和赐紫衣，给予其合法道士身份和财物，其目的是笼络利用。由陈抟坚持隐居的做法和其留下的诗文来看，他采取了回避政治的态度。

此外，张守真对陈抟的非议也隐含陈抟不合作的信息。《翊圣保德真君传》载："守真尝启告曰：'华山陈抟近卒，时人谓之尸解，未审其人修何功行？'真君曰：'抟之炼气养神，颇得其要。然及物之功未至，但有所主掌耳。'"[1] 陈抟仙逝后，张守真借神灵的语言对陈抟作了评价，"及物之功未至"一语显然不满陈抟拒绝服务于赵宋政权的做法。道教内对陈抟几乎全是赞誉之词，陈抟在世时就拥有极高的声望，张守真属于晚辈，陈抟与其师若真为"林下友"，则张守真更应尊重陈抟。张守真为太宗皇帝的御用道士，一系列附加在陈抟身上的谶语说明宋太宗需要陈抟为其利用，然而可靠的资料并没有证明陈抟有意愿为其所用，陈抟拒绝加入宋太宗、张守真的阵营，因而张守真心存不满。

师事陈抟的刘海蟾也存在慢待张守真的行为。《春渚纪闻》记载"翊圣

---

① （宋）王钦若：《翊圣保德真君传》，《道藏》第 22 册，第 698 页下栏。

敬刘海蟾"的故事，张守真掌管供奉"翊圣真君"的庙宇，"百里间有食牛肉及着牛皮履鞯过者，必加殃咎，至有立死者，一日有人苎袍青巾曳牛革大履直至庙庭，进升堂宇，慢言周视而出，守真即焚香启神，曰此人悖傲如此，而神不即殛之，有疑观听神，乃降灵曰，汝识此人否，实新得道刘海蟾也，诸天以今，渐入末运，向道者少，上帝急欲度人，每一人得道，九天皆贺，此人既已受度，未肯便就仙职，折族尘中，寻人而度，是其所得非列仙之癯者，我尚不敢正视之，况敢罪之也"①。由此可见，刘海蟾"慢言周视而出"，显然对张守真的降神活动持不屑态度，但张守真竟然说"我尚不敢正视之，况敢罪之"，可见张守真对他们心存不满，却也不敢治罪。

第五节　陈抟的道家隐者归属及不干政立场

一　陈抟道家式隐逸与儒家式隐逸的区别

从宋代宗教管理制度和道教法位传承制度对陈抟的道士身份进行的考证，陈抟本质上是一名修炼丹道的隐士，而非普通的道士。隐士是有原则地从政治介入或社会参与中退出的人，"有条件为官作吏而主观上却不愿为官作吏的一部分士人，就成了'隐士'"②。古代用以指称隐士的词很多，如隐者、幽人、逸民、岩穴之士、山人、高士、处士、处人等。中国拥有历史悠久的隐逸文化传统，历代正史均设《隐逸传》、《高士传》或《逸民传》，历代王朝都曾制定过招纳隐士入职的政策，说明国家与社会重视这个群体。隐士与普通人的区别不在于他们身在山林还是身在闹市，而在于他们德行高尚，具备治理国家的学问与才能，却选择不与政权合作。

中国古代隐士就其哲学思想而论，主要可分为儒家之隐与道家之隐。学者多认为社会动荡、强权政治是隐士产生的直接原因。历史上隐

---

① （宋）何薳：《春渚纪闻》卷三，"杂记"，明津逮秘书本。
② 高敏：《隐士传》，河南人民出版社，1994，序言第 2 页。

逸盛行的朝代如春秋战国、秦汉、魏晋、唐末五代等，战争频发，生灵涂炭，严酷苛政，部分有能力出仕的知识分子选择隐逸避世。然则还有一种隐逸与社会动荡和黑暗政治无关，尧欲以治理好的天下让给许由，许由不接受，尧欲让天下给巢父，巢父也不接受，而逃避到箕山。这些人无条件、主动选择隐逸。以上两种隐逸可分别归为儒家之隐与道家之隐。

儒家的隐逸存在的前提是"天下无道"。孔子曰："天下有道则现，无道则隐"，"道不行，乘桴浮于海"，《论语·宪问》曰"贤者避世"。儒家之隐为了"穷则独善其身"，是处于困顿无奈境遇时保持个人的道德完整。然孔子又说"天下无道，富且贵，耻也。天下有道，贫且贱，耻也"。儒家的特点是主张入世担当，强调个人的社会责任，只有天下无道的乱世时，才可以隐居避世，其最终是为了等到达时"兼济天下"。儒家之隐是不得已的权宜之计，实际上把隐退看作对黑暗政治的抵制与抗议。

道家之隐没有道德目的，认为保全个人自然本真之性的重要性高于承担政治责任与社会义务，为此道家主张脱离社会、政治对个人的束缚，道家之隐是主动的，超越了政治关系、实用观念、功利目的和世俗的矛盾纠纷等外在条件的干扰，其最终目的是"与道合真"，实现生命与自然融为一体。庄子"无为有国者所羁，终身不仕，以快吾志"[1] 即是此意。《庄子·大宗师》借孔子之口云："彼（道家），游方之外者也；而丘，游方之内者也，外内不相及。"这里方指社会，道家拒绝世俗之道的束缚，往往游走于世俗之外，因而道家多隐士。

道家与隐逸关系密切，老子、庄子为道家的创建者，皆是著名的隐士。霍建波在《论隐士的四大文化原型》中，把隐士分为四种类型："儒家手段式的待时之隐、道家目的式的适性之隐、佛家超脱红尘的方外之隐以及墨家兴利除害的侠士之隐。"他认为，以孔孟为代表的儒家隐逸"仅仅是一种手段，是暂时的权宜之计，如果条件许可，有出仕的机会，仍然要脱隐而出，做一番事业的"。而老庄为代表的道家隐士"不但他们的学术思想与隐

---

[1] 《史记·老子韩非列传》。

逸精神在本质上是相通的，而且他们的人生行为更典型地体现了隐士的风范，是真正言行合一的人物"①。霍建波研究了正史中的隐士传共 320 人，认为"老、庄的隐逸性格比孔、孟更为突出，这也使得后世人们常常把隐逸精神与老子、庄子联系在一起。言隐逸，必谈老、庄，说老、庄，也必论隐逸"。何鸣认为，"老子是隐逸文化之祖，庄子则是隐逸文化的灵魂"②。冯友兰说："诸子其他各家专重于用世、专重于'学成致用、卖与帝王家'。但是还有一般人抱有技艺才能，然而不愿意卖与他人，这便是隐士。道家即出于隐士。"③ 嵇文甫先生也强调，不是先有了道家学说，然后在其影响下才出现了隐士，而是先有了隐士，然后才演化出道家学说。④

王国维将春秋以前的道德政治之思想分为两种，一种为帝王派、贵族派、入世派、热性派、国家派；一种为非帝王派、平民派、遁世派、冷性派、个人派，"前者大成于孔子、墨子，而后者大成于老子"⑤。儒家思想、墨家思想强调入世担当，积极参与政治和社会事务；道家思想则冷眼对待政治和社会，强调个人与自然之道，隐逸遁世者为多。道家之隐并非指藏身于山林或偏僻的地方，亦包括与世俗混处，道家之隐重在脱离社会政治关系与世俗观念的束缚，这种隐逸实际上是"心隐"，即身处于社会关系之中，而心处于社会关系之外。《庄子·天下》曰："不谴是非，以与世俗处。"老子为周代史官，"以自隐无名为务"，均是在世俗社会中生活，又隐于世俗。

在中国两千年来的历史中，儒家思想为主流思想，"学而优则仕"为大多数知识分子所接受。中国大多数知识分子为儒家思想的传承者，以入世的立场，自然而然地认为所有国民应参与、维护社会秩序，争取统治者的任用。张舜徽说："百家争鸣之时，都离不了为当时的政治服务，虽各有一套言论主张，彼此有同有异，但他们的任务和目的，从总的方面来看，却

---

① 霍建波：《论隐士的四大文化原型》，《求索》2010 年第 12 期。
② 何鸣：《遁世与逍遥：中国隐逸简史》，敦煌文艺出版社，2006，第 31 页。
③ 冯友兰：《先秦诸子之起源》，《三松堂学术文集》，北京大学出版社，1984，第 372 页。
④ 嵇文甫：《嵇文甫文集》上，河南人民出版社，1985，第 349～351 页。
⑤ 王国维：《王国维文集》第一卷，中国文史出版社，1997，第 30 页。

是统一的。他们的目的，不外想拿各人自己的一套议论主张，游说诸侯，乘机爬上统治地位，成为最高统治者周围的显赫。他们的任务，不外想拿各人的一套议论主张，实行于当时，来巩固统治者的权位，维护统治与服从的社会秩序。"① 这种以入世、用世为基本立场的论断只适合于帝王派，不适合于非帝王派，亦不适合道家。

占有统治地位的儒家维护"家国同构"中国封建宗法制度，君主是一国之家的家长，儒家的政治设计以君主为核心，其政治主张必须通过君主来实现。儒学的核心思想是"仁"与"礼"，仁即"仁爱之心"，"礼"则强调尊卑等级观念，儒家将个人纳入君臣、夫妇、父子、仁义礼智信的体系之下，亦把个人纳入社会义务与政治责任的统辖之下，维护"君臣、父子、夫妇"的等级与尊卑关系和社会政治秩序。《论语·微子》曰："不仕无义，长幼之节，不可废也；君臣之义，如之何其废之？欲洁其身，而乱大伦。"臣对君的义务不可能轻易抛开，只有社会处于极其黑暗的"无道"时，个人才有理由退出，选择隐逸，而这时的隐逸也不是彻底的隐退，而是"隐居以求其志"的待时而隐。因而，在儒家那里，个人其实没有退出的权利，只有无条件地承担政治责任与社会义务。孔子虽说"贤者避世"，而孔子最为推崇的是圣人，他们"知其不可而为之"②。孔子本人即是历经磨难不改其志，终其一生努力推行自己的治世理念。儒家所维护的治世之道是源自周朝家天下的政治社会秩序。帝王把国家政权据为己有，世代相袭。即使宋代是一个相对清明的时代，其本质是不变的。尤为重要的是，儒家赋予其伦理道德和社会政治秩序以神圣性、权威性，并作为专制政权的官方意识形态，成为束缚独立思考的消极因素。

道家的解脱之道是身国同构。《老子·五十四章》曰："故以身观身，以家观家，以乡观乡，以邦观邦，以天下观天下。"《庄子·让王》："道之真以修身，其绪余以为国家，其土苴以为天下。"意思是：大道的真髓，在于修身，它的余绪可以用以治理国家，再余下的枝末部分，可以用来教化

---

① 张舜徽：《周秦道论发微》，中华书局，1982，第4页。
② 《论语·宪问》第三十八章。

天下。《庄子·秋水》又说："无以人灭天，无以故灭命，无以得殉名，谨守而勿失，是谓友其真。"意即不要以人为毁灭天然，不要以身殉名利，谨守天道而不要失其本真。

道家以道的立场，不仅仅质疑儒家，而是质疑一切人为造就的价值与原则。《庄子·秋水》："世之爵禄不足以为劝，戮耻不足以为辱"，世俗的名利、荣辱在庄子眼中不具有价值意义，庄子认为世俗社会对自然人性是禁锢，视人生为倒悬，启示人们从世俗价值的禁锢中超越，并在此基础之上，反对世俗权威。道家反对儒家之道，《老子·第三十八章》曰："夫礼者，忠信之薄，而乱之首。"《庄子·在宥》："无为而尊者，天道也，有为而累者，人道也。"儒家之道是有为的人道，"有为而累"，违背了社会与人的自然之性，社会为之所累，个人亦为之所累。道家宇宙观认为人类仅是宇宙的一部分，人类社会之道必须符合自然之道，而自然之道就是"自然而然"，不违背宇宙、社会的规律，也不违背人的自然天性。

陈抟精于易，亦为修道之人，其修道思想建立在道家的宇宙观的基础之上。老子曰："人法地，地法天，天法道，道法自然。"《周易参同契》谓"修丹与天地造化同途"①。陈抟的先天图与无极图，是对道教宇宙观的一种表达。道家从其宇宙观出发，其解脱之道为"身国同构"，重视生命与个体，承认个人有不被社会所抹杀的、独立的价值。道家启发个人从人为的规则之中脱离，从"殉名""殉利""殉天下"的社会价值体系中解脱出来，主张"超心物外"，不干涉物的变化，亦不受物的变化干扰。

陈抟推崇隐逸，意在避免沉沦于富贵功名与现实世界的各种羁绊之中。

他说："修道人，须力求多优游于山林之中。多一份山林气，即少一份尘俗气；尘俗气质脱尽，圣贤气质即油然而生。修道人，唯有优游于天地之中，方能与天地冥合！唯有优游于自然之中，方能与自然冥合。冥合无间，则自与天地为一，与自然为一矣！"②陈抟隐居武当山二十年，隐居华山四十余年，陈抟的隐逸方式也与居住在官方提供的道观不同，他居石室，

---

① （五代后蜀）彭晓：《周易参同契通真义》卷上，民国续金华丛书本。
② 引自萧天石《道海玄微》，第 470 页。

衣草服。其隐居生活是极其艰苦的，非常人所能及。他隐逸山林既为了避免世俗世界的险恶，也为了身心不受尘俗干扰而力求与自然合一。

虽然历史上素有"小隐隐于野，中隐隐于市，大隐隐于朝"的说法，似乎隐于朝才是最高级的隐逸。然陈抟却是被《宋史·隐逸传》誉为最高明的隐者。陈抟所属的隐仙派亦是以隐而闻名。陈抟的隐居方式、陈抟所结交的师友与其诗文、著作所反映的哲学思想归属是一致的。可以确定陈抟是一位真正的修炼丹道的隐士。

二　不干政立场："何必使为臣"

唐宋之际中央集权进一步强化，政府通过对坚持隐逸而不仕的知识分子封赐处士号，即"赐隐"的方式，将其纳入名义上的管理体制之内，改造了隐逸文化内涵，削弱了隐逸文化不合作的要素。据传陈抟被后唐明宗赐予"清虚处士"号，史籍中常以"处士陈抟"称之，宋初授陈抟"希夷先生"号也是一种笼络与合作的意思。

宋代推出一系列招隐政策，《全宋文》收录大量有关"举遗逸""举贤良方正"内容的诏文，陈抟的学生种放就曾以隐士身份被"举贤良方正"。宋皇室还召见有名的隐士与道士，宋太祖曾诏见莱州道士刘若拙，每遇水旱灾害，太祖"必召于禁中，设坛场致祷"①。宋太祖也曾招道士苏澄隐，太祖向其请教养生之术。据《宋史》卷四百五十七记载，宋太宗召见的道士有赵自然、柴通玄、楚芝兰、冯文智、张契真等。被诏见的道士，通常是在社会上影响较大、道行高深之人。宋政权往往优待隐士、道士，不是请其做官，就是赐以象征出家人荣誉的紫衣和师号，这是政府赐予道士的最高荣誉。

宋政权借助高道大德之类的"世外高人"的名望，一方面期望得到他们对自己政权"君权神授"的承认，一方面也是对其实施德政的认同，利用他们的社会影响力，稳定民心，安定社会秩序，维护北宋的政治统治。宋太宗即位后，分别于太平兴国元年及九年，两次征召陈抟入朝。太宗曾

---

① （宋）李焘：《续资治通鉴长编》卷十三，"开宝五年冬一月癸卯"，清文渊阁四库全书本。

称赞陈抟独善其身，不干势利。宋太宗赐陈抟"希夷先生"之号、紫衣一袭，所居云台观也被修葺。可见宋太宗厚待陈抟，礼遇陈抟。

陈抟精于易学与庄学，面对宋太宗的挽留，坚持要求归隐。《庄子·让王》曰"天子不能臣，诸侯不能友"，《宋史·隐逸传》序言曰："中古圣人之作《易》也，于《遁》之上九曰'肥遁，无不利'，《蛊》之上九曰'不事王侯，高尚其事'。二爻以阳德处高地，而皆以隐逸当之。然则隐德之高于当世，其来也远矣。巢、由虽不见于经，其可诬哉。五季之乱，避世宜多。宋兴，岩穴弓旌之招，叠见于史，然而高蹈远引若陈抟者，终莫得而致之，岂非二卦之上九者乎？"《易》与《庄子》均主张具有崇高道德之人，不事王侯而隐逸。《宋史·隐逸传》将陈抟列为高隐第一人，认为陈抟深得《易》的隐逸之道，称像陈抟这样"高蹈远引"之人，世之罕见，其对陈抟的赞誉溢于言表。可见陈抟被广泛认为是真隐，据考证可知，其最初的老师孙君仿与獐皮处士也是这样的隐士，之后的师友如吕洞宾、李琪等人，大多为隐逸之士。

隐士的重要特征即是不参政，享有精神的独立与自由，陈抟的隐逸与道家精神直接相关。后唐明宗诏见陈抟，陈抟自称"性如麋鹿，迹若萍蓬，飘若从风之云，泛如无缆之舸"，"遁去"。① 周世宗诏见，《五代史补》称拜左拾遗，《宋史》称任命为谏议大夫，陈抟"不就，坚乞归山"，并吟诗"超然居物外，何必使为臣"。② 宋太宗召陈抟，《太华希夷志》记载陈抟答曰："贫道栖真物外，修炼山间，无意求名，有心慕道，不愿仕也。""无心享禄登台鼎，有意求仙到洞天。轩冕浮荣绝念虑，三峰只乞睡千年。"③ 三代帝王以君主之威，令陈抟称臣。陈抟则专志于丹道修炼，绝意仕途，坚辞归隐，其原因即是道家超然物外，亦超越世俗权力。修道者视世俗君臣关系为约束、物累，因而陈抟不肯对世俗政权称臣。

陈抟的诗文可以反映其精神旨趣。纵观陈抟的诗文，主题主要有三：

---

① （元）赵道一：《历世真仙体道通鉴》卷四十七，明正统道藏本。
② （宋）欧阳修：《五代史记注》卷十二上，清道光八年刻本；（宋）陶岳：《五代史补》卷五"周"，明虞山毛氏汲古阁刻本。
③ （元）张辂：《太华希夷志》卷上，《道藏》第 5 册，第 735 下栏。

①吟诵"睡";②退官与辞诏;③修道与游历山水。陈抟以睡功闻名,他以推崇睡来否认建功立业,"闲思张良,闷想范蠡,说甚孟德,休言刘备,三四君子,只是争些闲气"①。陈抟还有大量退官诗和辞诏诗,《退官歌》《辞职叹世诗》《辞朝诗》等以求归隐。其中有言:"性如麋鹿,迹若萍蓬,飘若从风之云,泛如无缆之舸。"② 陈抟以此诗告知君王自己没有被礼仪教化,而是出于天然"野性",而这样的"野性"正是道家追求的非人为的自然率真之性,其用词飘、泛、麋鹿、萍蓬、从风之云、无缆之舸,处处透露出无为、自然而然的意境,也是其功夫境界的写照。其诗文拒斥名利,崇尚精神的自在逍遥,境界奇高,超世离俗,空灵飘逸,浑然天成。陈抟的诗文展现的意境就是他所实践的道的体现,天人合一,与道合真。

三　出世与入世的统一

上节内容分析了陈抟的不干政立场,但是陈抟的不干政并非意味他的思想是主张出世的。有关陈抟的史籍中,记载陈抟"有济世之才","明皇帝王伯之道",曾为帝王献言献策。而且,种放、钱若水、张咏等人曾向陈抟学道,他们实为陈抟的后学,陈抟并没有收留他们隐于山中修道,而是让他们为官,陈抟的做法不能简单地以出世或入世概论。

陈抟入世与出世的矛盾特征,亦体现在很多关于道家的研究中常常以"逃避现实"和"帝王南面之术"两种截然不同的态度阐释其特征。这是由于在道家文化历史中,既有致力于长生实践的山林修道者,也有致力于政治实践的黄老道派。道家人物中,既存在着庄子、列子、许由、接舆等逍遥世外的出世隐逸者,也有范蠡、陈平、曹参、陶弘景、刘基等人出将入相的道家权谋人物。道家的典籍中,亦存有两种不同的政治见解,《汉书·艺文志》也说:"道家者流,盖出于史官,历记成败存亡祸福古今之道,然

①　（宋）陈抟:《睡歌》,（元）蔡正孙:《诗林广记后集》卷九,文中言此诗引自庞元英《谈薮》。
②　（元）赵道一:《历世真仙体道通鉴》卷四十七,明正统道藏本。

后知秉要执本，清虚以自守，卑弱以自持，此君人南面之术也。""君人南面之术"即是为政之道。《庄子·大宗师》借孔子之口云："彼（道家），游方之外者也；而丘，游方之内者也，外内不相及。"而庄子的意思好像在讲道家在方外，不参与社会与政治。

笔者认为，不应该以出世、入世为标准将道家思想做割裂的理解，道家不同道派的主旨存在差异，同时也有同一道派不同个体存在差异。我们对于道家人物的著作，不可以仅从字面上单独诠释，而需要从整体上把握道家人物的思想主流。从个别文献和个别道家人物来看，很难断定道家思想是出世的还是入世的，因为道家文献里"既有出世的主旨，又有入世的思想，而在道家人物里，既有老庄、阮籍等归朴自然、超凡脱俗的诗化人格，又有吕不韦、陶景弘等人对俗世政治的直接干预。而且，就某一部道家典籍来说，如果不从整体上把握其思想主流，也是很难确定它的出世与入世思想的"①。

陈抟致力于体道、修道、证道的实践，体现出治身（养生修炼）与治国的统一、出世修道与入世济世的统一。道家与道教的经典大多也是治身与治国的统一。在某种意义上，中国的文化都具有体道、证道的实践，都涉及修身与治国，只是由于所奉行的道之不同，侧重不同。儒家是积极入世的，儒家关怀现实人生，以天下兴亡为己任，儒家之道是以"仁义礼智信"为中心的礼治之道。法家之道是以法、术、势为中心的法治之道。道家其所体证之道，是道家之道，道家追求向道成仙，"上与造物者游"（《庄子·天下》），"独与天地精神往来而不敖倪于万物，不谴是非，以与世俗处。"（《庄子·逍遥游》）《老子》曰："和其光，同其尘。"均主张随俗而处，不露锋芒，既出世，又入世。中国传统宗教与印度的佛教不同，佛教视人生为苦海，有八苦，主张离尘出世修行以证入涅槃而脱离轮回，而道家的解脱之道不脱离尘世。

道家之道包括治身（即修炼养生）与治国两个方面。道家以"道"为最高信仰，所有事物的运行规律都是以道为依据，尊道贵德，效法自然之

---

① 史艺：《〈道家、方士与王朝政治〉一书读后》，《湘潭大学学报》1993 年第 4 期。

天道，以清静无为的法则修身、治国。《吕氏春秋·审分》："治身与治国，一理之术也。"① 《太平经》曰："上士学道，辅佐帝王好生之德也。中士学道，欲度其家。下士学道，才脱其身。"② 庄子曰："道通为一。"（《庄子·齐物论》）道家与政治关系最密切的为黄老道，吕有云认为："黄老之学，或道家之学，从它产生的时候起，其思想倾向就在养生（治身）与治国这两个方面展开。寻求治身与治国统一，可以说一直是黄老、道家学说一以贯之的传统。"③ 此言也是研究陈抟思想的关键。

四　修道入手方法："做人做圣人"

陈抟本人是隐逸的，然陈抟却让前来求道的弟子种放、张咏等人入世做官，那如何分析陈抟仕与隐、出世与入世的原则呢？据陈抟的弟子贾德升讲，陈抟以"因任自然，无修无为"为第一真诠，以"做人做圣人"为入手方法，以"了心了性，无意无念"为不二法门。④ 此言出自萧天石的著作，萧氏曾在四川为县长，并接触青城派道家传人和近代著名高道易心莹，且收藏有大量经典，其所言可能是陈抟在四川的道教后学代代传承的陈抟的言行。从内容上看，此言确实能概括陈抟丹道修炼与治国治世的思想，其关于个人养生修炼与治国治世在道的原则下是并行不悖的。

"做人做圣人"意味着修道者在修道根基尚浅时，入世是必然的。修道者首先在世俗社会中完善自己的人格，才可以修道，在世俗社会中积累功德也是修道的重要途径。以丘处机为例，丘处机与马丹阳共同跟随师父王重阳，王重阳令丘处机"重作尘劳，不容少息"，却独与马丹阳"默谈玄妙"，马丹阳两年半成道，而丘处机十八九年还没有成道，丘处机曰："祖师所传之道一也，何为有等级如此，只缘各人所积功行有浅深，是以得道有迟速。"⑤ 道教普遍认为，所积功德的不同影响最终得道的层次。陈抟主

---

① （秦）吕不韦：《吕氏春秋》第十七卷，"审分览"第五，四部丛刊景明刊本。
② （汉）佚名：《太平经》卷十，《道藏》第 24 册，第 379 页。
③ 吕有云：《从黄老传统看道教的政治情结》，《求索》2003 年第 6 期。
④ 萧天石：《道海玄微》，第 458 页。
⑤ 段志坚编《清和真人北游语录》卷三，《道藏》第 33 册，第 170 页中栏。

张学道者以"圣人"的标准服务于社会，与丘处机后来所倡导的"真功""真行"皆源于传统道教的教义。

"做人做圣人"与道教各门派主张"欲修仙道，先修人道"① 的原则是一致的。道教一向主张不修人道，则不可以修仙道。修道者需要具备一定的根基，古往今来能得道者，无不是具有崇高的道德。让心存邪念者修道，会造成严重后果，因而道教素有"所传非人，必遭天谴"的说法。道教的师父对徒弟的选择是十分严格的，且秘术也不会轻易地授予徒弟，师傅对徒弟的考核是十分严厉而长久的。

陈抟所属的文始派对弟子选择更为严格。文始派是道教丹道派中层次最高的道派，"道门丹道派中，以重阳派最大，而以文始派最高。衡之曲高和寡之理，历代修文始派者自当寥若晨星，而其不盛也亦宜"②。文始派对入门弟子的修道根基要求很高，其门派成员少，一般人达不到，其所修道法采用顿超直入的方法，这是文始派的特点，因而历史上文始派的成员较少也是正常的。

由于陈抟所属的文始派对弟子的根基要求严格，因而陈抟更注重对修道者在世俗社会中的引导。陈抟的道教弟子主要有张无梦、刘海蟾、贾德升。严格来讲，张咏、钱若水、种放也是道教弟子，因为陈抟立足于道家本位，修道是入世济世与出世修道的浑然合一。从现象上来看，张咏、钱若水、种放三人更多地活动于世俗社会中，入仕为官。他们属于修道根基尚浅或时机不成熟的弟子，需要在世俗中历世磨炼。陈抟以"做人做圣人"原则，支持自己的弟子种放、张咏、钱若水等众弟子经世致用，张咏欲学仙不得，言"推吾入闹中耶"，之后悟"天真丧尽得浮名"。陈抟不阻止种放入仕的理由是"心源未了"，钱若水则属于"急流勇退"之人。三人在世俗之中历练心性，为修道的必经阶段。"做圣人"的目的是"修人道"，但并非局限于"君臣之义"等儒家的纲常伦理。

五　修道第一真诠："因任自然，无修无为"

"做人做圣人"是修道的入手方法，而其目标"因任自然，无修无为"，

---

① （明）黄元吉：《净明忠孝全书》卷三，明正统道藏本。
② 萧天石：《道家养生学概要》，第94页。

其宗旨归于道家。"做人做圣人"与儒家担当入世的精神有契合之处,又有不同。

陈抟受庄学影响很大,其"做人做圣人"与庄子所言的"内圣而外王"当为同一意义,陈抟与庄子的"圣人"不仅是作为现实的人格与政治理想,而且将其与天道相通,《庄子·天下》称:"圣有所生,王有所成,皆原于一(道)。"萧汉明认为,庄子根据修炼道术的程度深浅,将修道者分为四种人:神人、至人、圣人、君子。① 笔者认为萧汉明之"神人""至人""圣人""君子"是修道者由高到低层次的分类,然庄子还有"真人",而且,真人应是庄子思想中修道层次最高的修道之人。《庄子·大宗师》:"古之真人,其寝不梦,其觉无忧,其食不甘,其息深深……古之真人,不知说生,不知恶死,其出不欣,其入不距;翛然而往,翛然而来而已矣。"与庄子类似,陈抟的"因任自然,无修无为"实为得道的层次,与庄子真人、神人相仿,而陈抟"做人做圣人"包含庄子的"圣人""君子"的修道层次。

"做人做圣人"被陈抟称为修道的入手方法,适合修道根基尚浅的修道者。陈抟所言的"圣人"不以儒家的仁义礼乐为中心,不局限于社会伦理与社会政治责任,不以人类、社会为问题的出发点,而视人类与社会为自然的一部分,以自然为整体视角,进而反思质疑人类与社会的制度与伦理。修道者由"君子""圣人""至人""神人""真人"依次超越,在世俗社会中修炼心性、积累功德,从"君子""圣人"入手做起,而最终目标则是"因任自然,无修无为"真人的状态,最终超越人我之分,物我之辨,超越社会伦理、政治责任与义务,所谓超然物外,无意于天下事。从仕与隐的角度来看,得道之人成为隐士则是得道的必然结果。

儒家的"内圣外王"则体现了道德与政治的直接统一,修身、齐家、治国、平天下,由个人到社会,"内圣"是"外王"的前提和基础,"外王"是"内圣"的自然延伸和必然结果。而事实上,两千余年的政权更迭

---

① 萧汉明:《论庄子的内圣外王之道》,《武汉大学学报》(人文科学版)2003年第1期。

无不是借助暴力实现，而非以完美的道德实现政权的获得。余英时先生讲，"历史上未见圣人成为皇帝，只看到一个个皇帝都获得了'圣人'的称号"①。儒家虽被统治阶级重用，成为官方意识形态，但从未真正实现德治，"圣人"成为权力的装饰。

陈抟主张"做人做圣人"，其根本旨趣在于超越世俗生活，而不是局限在道德与政治的框架之内。正如前文指出的，陈抟为道家式隐逸，陈抟的隐逸是主动的、没有道德目的的、无条件的隐逸。

陈抟将修道与入世合一的修道理念影响深远。除了隐居山林的道家弟子，陈抟的后学之中，有众多儒生在朝为官，他们正直敢言，不拘于世俗，具有革新精神，包括种放、张咏、钱若水、穆修、尹洙、苏舜钦、李之才等，他们不仅在政治上有所建树，在文化上（如古文运动、易学、理学等）也都是重要的理论奠基者和传承者。

第六节　陈抟的治国之道

一　不以方术乱政

陈抟曾被三位帝王接见，其中有帝王希望得到长生不老的秘方，陈抟都没有回应，而劝帝王励精图治。如后周世宗问以飞升黄白之术，陈抟对曰："陛下当以治天下为务，安用此为？"②陈抟被太宗诏入宫中，宰相宋琪等问曰："先生得玄默修养之道，可以授人乎？"曰："抟遁迹山野，无用于世，修炼之事不知，无所传授。然设使白日飞升，何益于治。圣上龙颜秀异，有天人之表，洞达古今治乱之旨，真有道仁圣之君，正是君臣合德，以治天下，勤行修炼，无以加此。"③宋琪等人的问题，应该也是太宗的问题，因为宋太宗确实关心养生修炼问题，大臣王化基曾告诉宋太宗颐生服

---

① 余英时：《中国思想传统的现代诠释》，江苏人民出版社，1998，第 116 页。
② （宋）胡寅：《致堂读史管见》卷三十，宋嘉定十一年刻本；（宋）江少虞：《新雕皇朝类苑》卷第四十一，日本元和七年活字印本。
③ （宋）陈均：《宋九朝编年备要》皇朝编年备要卷第三凡九年，宋绍定刻本；同见于（宋）江少虞《新雕皇朝类苑》卷第四十一，日本元和七年活字印本；《杨文公谈苑》。

饵之要，受到宋太宗的褒奖，宋太宗对左右说，"化基爱君无隐，至于修养之道，亦为朕言之"①。太宗对养生修炼非常用心，其诗称，"苦行精修心不倦，咽津往往过斋时"②。"咽津"是道家养生法之一，王化基并非以修道闻名，太宗皇帝尚且采纳其言，而陈抟是真正道行高深的修炼之人，太宗皇帝当然会对陈抟的养生之方寄予厚望。然陈抟劝谏后周世宗"当以治天下为务"，对宰相宋琪称"修炼之事不知"，并劝太宗与大臣"君臣合德，以治天下"，认为对于士大夫来说，治国平天下就是最好的修炼之道。

陈抟并非不懂修炼方术，其实质是不以方术干涉政治。正如蒙文通先生所言："观于希夷、鸿蒙受诏酬对之际，正其宗风所在，视林灵素辈之术，非能之而不言，殆有不屑为者。"③ 而且观点鲜明地指出，修炼之术于治国无益，对黄白、飞升术持反对态度，并且制止皇帝服用和效法。"假令百日冲举，何益于世？"在陈抟看来，皇帝有皇帝的重要职责，即使皇帝有幸得道成仙，却对国家无益，因而他力劝皇帝尽到治理天下的责任，成为"有道仁圣之主"，君臣"协力同德，兴化致志"，这比修炼重要得多。

正统儒家反对道家、道教主要集中于以下几个方面：首先，从经济角度，大肆修建宫观以及频繁的斋醮仪式，劳民伤财，造成了社会财富的巨大浪费，加重人民和国家负担；其次，从信仰角度，巫术迷信、崇祀鬼神，不仅是对民众的欺骗，往往导致皇帝不务朝政，迷恋长生方术，造成国家混乱。

陈抟作为修道的隐士，得到儒家称赞的重要原因之一，即在于在治国方面没有因私利误导皇帝。《宋史·隐逸传》给予陈抟极高评价的原因也在于此。另外，作为修道者，陈抟隐于山中自给自足，不依靠供养，不事符箓斋醮，不干涉世俗和政治。不以道教方术和长生之术影响皇帝和政治，而是劝谏皇帝不要迷恋方术等均符合正统儒家之意，因而受到儒家普遍的正面评价。

---

① （宋）李焘：《续资治通鉴长编》卷四十一，"太宗至道三年春正月丙子条"。
② （宋）宋太宗：《御制缘识》，《全宋诗》第 1 册，第 433 页。
③ 蒙文通：《道书辑校十种》，第 716～717 页。

二　身国同构，"以清静为治"

陈抟的思想以道为核心，其政治理念是让帝王的政治合于道的规律。道家的政治设计不以君主为核心，而是以道的原则为核心。陈抟与帝王和士大夫交往，良言劝谏，本身就是兼济天下的行为。

道家的主旨是自然无为，道法自然，"无为自化，清静自正"①。依据无为的原则治身与治国，并非否定人的主观意志和能动性，而是将其限定在顺因天道的范围之内。陈抟治身与治国的最终指向，是与道的合一，而不是与君合一，向陈抟请教道术的帝王有周世宗、宋太宗。史籍所载有关陈抟的治世之策主要有以下事件。

1. 建议宋太宗实施仁政

陈抟曾向宋太宗建议实施仁政。宋人高晦叟《珍席放谈》记载："太祖召陈图南对便殿，恩礼甚渥，问曰：'昔尧舜之为天下，今可至否？'对曰：'尧舜土阶三尺，茅茨不剪，其迹似不可及，然能以清净为治，则今之尧舜也。'"② 宋人陈葆光《三洞群仙录》卷七，朱熹《宋名臣言行录》前集卷十亦有记载，只是诏见陈抟的是宋太宗而不是宋太祖。陈抟在宋太祖朝没有被诏见的记录，应当是宋太宗。

宋代侧重以文治国，道教文献认为此国策的制定与陈抟也有关系。《华山搜隐记》记载，陈抟劝宋太宗"多致力于文治与圣学"，并谓"取天下以武，守天下以文，制天下以法，安天下以礼，明天下以教，威天下以兵"，认为宋代文治胜于唐代，陈抟"亦当有力焉"。③《华山搜隐记》一书为道教内书籍，今已不传，或许有夸张与附会的嫌疑，但其所引并非全无依据，如"今之尧舜"之事，即被宋人广为记录，只是《华山搜隐记》一书记载更为详尽，其道家思想主张更为鲜明。虽然宋太宗在宋初实施"清净为治"的黄老之策是有依据的，也确实下旨编纂了《太平御览》等大型类书，然是否受陈抟的影响尚待商榷。

---

① （汉）司马迁：《史记》卷六十三，"老庄申韩列传"第三，清乾隆武英殿刻本。
② （宋）高晦叟：《珍席放谈》卷上，清函海本。
③ 萧天石：《道海玄微》，第 467～468 页。

2. 远近轻重

《太华希夷志》记载陈抟"坚辞还山"，宋太宗求济世安民之术，陈抟笔书四字：远近轻重，并解释曰："远者，远招贤士；近者，近去佞臣；轻者，轻赋万民；重者，重赏三军。"① 此事其他史籍未见记载。

3. 杯酒释兵权

北宋张舜民《画墁录》记载："太祖深鉴唐末五代，藩镇跋扈，即位尽收诸镇之兵，列之畿甸。节镇惟置州事。以时更代至今，百四十年，四方无吠犬之警，可谓不世之功矣。或云陈希夷之策。"②"杯酒释兵权"原指宋太祖赵匡胤为了加强中央集权，同时避免别的将领也以"黄袍加身"的方式篡夺自己的政权，于是设计了一次酒宴，使高级军官交出了兵权。之后，在军事制度方面进行了多项改革，通过解除禁军将领的兵权，并调往外地充当节度使，继而削弱节度使的实权，又短期实行更戍法，使得兵不知将、将不识兵，对于宋初防止将领专权颇为有效。

但是，《太华希夷志》记载："宋太祖累征不至。"③ 宋太祖诏见过陈抟，但陈抟没有应诏。其他史料也没有记录陈抟与宋太祖相见，则陈抟怎么能向宋太祖建言"杯酒释兵权"？学界在此问题上，未曾引用涉及陈抟的资料，陈抟应与此事没有关联。④ 张舜民，生卒年不详，英宗治平二年（1065 年）进士，当其为进士之时，陈抟已逝世约七十年，大概此期间，民间有传说宋太祖的"杯酒释兵权"出自陈抟。

4. 谏止征兵河东

《五朝名臣言行录》《新雕皇朝类苑》《邵氏闻见录》《宋史》等记载陈抟劝谏太宗取河东一事。宋太宗问陈抟伐河东之事，陈抟没有回答，可解释为不同意，结果宋太宗出兵无功而返。陈抟回华山数年之后，太宗再次诏见，陈抟"谓帝曰：'河东之事今可矣。'遂克太原"。据以上记载，则太宗先后两次征河东，第一次在太平兴国初年，陈抟以为时机未到，果然无

---

① （元）张辂：《太华希夷志》卷上，《道藏》第 5 册，第 738 中栏。
② （宋）张舜民：《画墁录》，明稗海本。
③ （元）张辂：《太华希夷志》卷上，明正统道藏本。
④ 朱瑞熙、程郁：《宋史研究》，福建人民出版社，2006，第 15～19 页。

功而返。第二次，《五朝名臣言行录》明确时间是在太平兴国九年，陈抟此年再次来朝。《邵氏闻见录》则未明言其年份，然而也提到陈抟曾劝太宗。

河东代指山西，为北汉刘继元所占领，北汉依附于辽，太祖曾三次出征北汉，皆败于出援辽军。据《宋史》《太宗本纪》《北汉刘氏世家》《宋史·曹彬传》所载，太宗即位后，即召还伐北汉之师，太平兴国四年，"始议讨伐，曹彬以为可，太宗意遂决"①。正月出师，五月刘继元即降。因此太宗征伐北汉，只有太平兴国四年，没有两次出征之说，提议者为曹彬，没有提及陈抟。此事邓广铭考证认为，出征的时间"非抟留阙下之时也"②。他认为关于陈抟谏太宗伐北汉之说，可能是后世的附会。

5. 宋王朝定京都

宋代《宣和遗事》（景宋刊本）记载宋太宗欲定京都，"闻得华山陈希夷先生名抟，表德图南的精于数学，预知未来之事，宣至殿下，太宗与论治道，留之数日，一日太宗问，朕立国以来，将来运祚如何，陈抟奏道，宋朝以仁得天下，以义结人心，不患不久长，但卜都之地，一汴二杭三闽四广，太宗再三诘问，抟但唯唯，不言而已，在后高宗中兴定都杭州，盖符前定之数，亦非偶然也"③。《宋史》及明代《六语》等书籍对此事亦有记载，只是宋以后书籍不称此语出自陈抟，而称为"图谶谓"④，可见最初此言被传出于陈抟，之后此语影响很大，不再显示为陈抟所言，其言真伪不可辨。

综上，根据诸多文献的记载，陈抟或多或少地参与了一些国家大事的制定。陈抟作为修道之士，其治国之道主要是劝谏宋太宗实施清静无为的黄老政治，陈抟以道为归，无意于名利，无意于政治斗争，被宋太宗称赞为"不干势利"。

陈抟有修道方术，而不以方术乱政，并劝谏帝王致力于勤政治国，不要致力于白日飞升等修炼道术，因而得到代表儒家正统知识分子的尊重。

---

① （元）脱脱：《宋史》卷四百八十二，"列传"第二百四十一，清乾隆武英殿刻本。

② 邓广铭：《读〈陈抟传〉札记》，《邓广铭全集》第九卷，河北教育出版社，2005，第442页。

③ （宋）佚名：《宣和遗事》前集，士礼居丛书景宋刊本。

④ （元）脱脱：《宋史》卷六十六，"五行志"第十九，清乾隆武英殿刻本。

正如《宋史·隐逸传》所说："五季之乱，避世宜多。宋兴，岩穴弓旌之招，叠见于史，然而高蹈远引若陈抟者，终莫得而致之，岂非二卦之上九者乎？"《周世宗诏》"高谢人寰，栖心物外，养太浩自然之气，应少微处士之星，既不屈于王侯，遂居于岩壑"①，宋太宗《批答处士陈抟乞还旧山表》："不仕王公，多历年岁，雅有神仙之态，蔚为高尚之人。"② 陈抟在正史中得到极高的评价，一方面源于他是真正道德高尚的隐士，而与以隐逸为手段争取官位的假隐士不同；另一方面，陈抟具有济世之才，对帝王治国之道有合理的规劝，对民间风俗有良好的影响，符合儒家的价值观念。《太华希夷志》的作者张辂本是一官员，自称"愚除晋宁河中府之幕职，密迩华山，稔闻希夷先生遗事，公务之暇，采古书所录，或谚语之谈，其高风峻节，信乎前宋一代之异人也，故作《太华希夷志》以纪之"。张辂为儒家知识分子，认为"虽方外之士，胳合中庸之道"，陈抟作为方外之人却与儒家"中庸之道"不冲突，又节配巢、由，"其脱落尘世，泥滓轩冕，傲睨公侯，视万乘若僚友，恬退高隐，不尚势利，足抑奔竞之流，可追配巢由严陵之节，其崇名教，厚风俗，以助万一云。"

小　结

1. 道教无力抗衡政权，只能依附政权

从方术的渊源上，方士、道士、道教与天文、星占、谶语等术数有密切联系，道教"修丹与造化同途"的原理亦与天文星占有内在的联系，这也是政治各派将造作的谶语附于道教的原因，很多学者也把利用星占、谶纬、迷信等术数者视为道教与道士的作为，如吕锡琛认为"封建统治者利用天地鬼神崇拜，以及由此产生的一系列神学思想来维护自己的利益，论证自己的政权的合理性和神圣性。这是方士和道教作用于王朝政治的方式之一"③。

---

① （宋）欧阳修：《五代史记注》卷十二上，清道光八年刻本。
② （宋）王禹偁：《小畜集》卷第二十六，四部丛刊景宋本配吕无党钞本。
③ 吕锡琛：《道家方士与王朝政治》，第34页。

然而，在中国长期"大一统"的专制制度背景之下，中国的宗教，包括道教、佛教，与西方宗教不同，没有形成强大的、足以同世俗政权抗衡的教团组织。道教的宗教组织更为分散，丹鼎派甚至没有统一的宗教组织，只有师徒形式的修道团体。在政治高压和暴力机构的威慑下，不仅是作为隐士的陈抟无法抗争，整个道教都无法反抗政权的意志。

宋初政权牢牢地把神权控制在皇权的掌控之下，宋王朝的律法已把道士排除在天文之学的范围之外。道教即使对政治产生作用，也应该是政权允许或政权授意的作用。以政权势力的强大，单个的道士和道教组织都无法与之抗衡。张守真本是一介平民，其降神活动之初就有政治的目的，他不是为了修道的目的而入道。从张守真入道成为道士到发出有利于宋太宗的谶语，到宋太宗封降言张守真的黑煞神为"翊圣将军""翊圣保德真君"，到修建规模宏大的上清太平宫道观，赐给张守真极高的道教荣誉，张守真一跃成为道教最炙手可热的人物，却没有资料显示当时的道教各派参与意见。事实说明，道教内的事务不是由当时的各道派决定的，而是由政权决定、操纵的。

其次，正是由于道教组织的松散性，道教修道行为的个人性等特征，表现出道家道教对政治的态度亦表现为迥然不同的个人色彩。历史上，他们或有参与政权夺取天下的行为，如张良、范蠡，或有率教团臣服于政权的行为，如张鲁；或有坚持隐逸不合作的行为，如老庄；或有隐逸亦辅助政权的行为，如陶弘景。他们对政治的态度各有不同，却同尊老子，被视为道门中人。他们对政治的态度只表达其本人的主张，不代表其背后组织或团体的利益，也没有统一的道教组织对其施加影响。

2. 道教谶语是政治斗争的工具

首先，政变是极其严重的政治事件，绝非简单的道教谶语能涵盖，需要周密的计划，缜密的安排，甚至不择手段，"政变是历代统治集团贪婪凶残本性的集中暴露"，这个定性是十分贴切的。[1] 宋太祖即位后，解除了大将的兵权。宋太宗为了掌握政权接连加害了亲哥哥赵匡胤、亲弟弟赵廷美

---

① 余华青：《权术论》，广西师范大学出版社，2006，第57页。

和自己的侄子赵德芳、赵德昭。宋太宗的长子元佐不满父亲的所作所为，"发狂"而被废太子之位。① 忠孝君亲、伦理道德在政变的残酷之下，支离破碎。

　　政权更迭是谋略与实力的角逐，宗教性符命只是政治谋略的一部分，是政治斗争的工具，马基雅维里所言"神学和伦理学都是政治的工具"是很贴切的。政治各派既不需要道教提供专业的天文、星占知识，也不允许道士从事天文地理之学，只需要根据自己的政治需要，将自己的政治需求附于谶语的伪装之下。各派政治力量利用符命谋反有成功也有失败，失败者则遭斩杀，成功者则控制舆论，把自己的政权粉饰成天命所在。能够流传下来的符命预言大多属于胜利者，历史也是胜利者撰写的，因而当权者的符命谶语很少会失算。在政权强势压力之下，个别道士主动或被动地参与政治活动，一般与道教组织无关。道教各派组织分散，没有与政权抗衡的实力，只能承认政权所造作的符命。由道教方面记载看，道教典籍承认并宣扬陈抟的谶语，说明道教在为赵宋王朝的合法性的宗教神圣性认证方面具有粉饰与推动作用。

---

① （宋）李焘：《续资治通鉴长编》卷二十六，"太宗雍熙二年九月条"，清文渊阁四库全书本。

第四章 陈抟与道教

第一节 "陈抟老祖"：陈抟的道教形象

元代佛教论争的后果之一表现为焚毁大量道经，这使得对陈抟的道教思想和后学的研究增加了难度。陈垣说："今本《阙经目录》，即明正统刊藏时校元藏所阙之目录，其次第同也。"[①] 根据《道藏阙经目录》，大多数经典没有注明著者，明确属于陈抟的著作包括《希夷先生直解周易》四卷，《希夷陈先生三峰寓言诗》，《九室指玄篇》。其中元代焚毁大量道教传记，包括《高道传》《众仙论》《仙隐传》《玄鉴》《宝应传》《总仙记》等，此外还有《道源传教图》，均已遗失。因为陈抟是隐士，其师友弟子也以隐士居多，因而缺少这些传记，使陈抟及其后学的研究缺少相关资料，陈抟之后，全真道兴起，陈抟因不属于钟吕丹鼎派，其影响相对而言被忽略。

陈抟与老子一样，出生之地相同，既是隐士，也是"修道而养寿"，被尊为道教祖师。《史记》曰："老子，隐君子也"，"老子修道德，其学以自隐无名为务"，"盖老子百有六十余岁，或言二百岁，以其修道而养寿也"。[②]老子的降生之地相传就是在亳州，庄子的家乡在离亳州不远的蒙城，陈抟出生之地同样在亳州。老子与庄子既是极负名望的隐士，也是道教尊奉的修道养生的祖师，陈抟深受老庄思想影响。韩兆琦《中国古代的隐士》分

---

① 陈垣：《南宋初河北新道教考》，中华书局，1962，第28页。
② （汉）司马迁：《史记》卷第六十三，"老子韩非列传"。

析了老子与庄子中大量养生的思想，认为"老子和庄子是中国道家学派的创始人，后来又被尊为道教的祖师，而中国历代的隐士又往往是接受道家或道教影响的人数居多，所以中国后来凡是讲究养生的隐士，其做法也往往就是老子、庄子所说"①。道教内丹经典《悟真篇》云："《阴符》宝字逾三百，《道德》灵文止五千。今古上仙无限数，尽从此处达真诠。"② 相传黄帝作《阴符经》，与老子的《道德经》一起被尊为内丹道的重要经典，并为丹道实践提供了基本的理论支持。陈抟喜读《老子》《庄子》，其精神主旨也与老庄相近。

陈抟被道徒们尊称为"陈抟老祖"，道教史上获此殊荣者屈指可数，可见陈抟在道教史上的影响和地位。按时间顺序，道教典籍先后将陈抟归为混元仙派和隐仙派。南宋李简易于景定五年（1264年）编撰《混元仙派图》，列陈抟为混元仙派。依目前资料，称陈抟属于混元仙派是有依据的，宋代吕太古《道门通教必用集》卷一斈式篇、宋代李庚《天台集》《历世真仙体道通鉴》都记载宋真宗见陈抟弟子张无梦时，所赐诗中有言"混元为教含醇精"③，在宋真宗看来，"混元为教"是张无梦之道的主要特征。

以目前看到的资料来说，"陈抟老祖"一词最早出现在明代小说《三宝太监西洋记》，清代小说出现的频率较高，集中出现在《金台全传》《说岳全传》《赵太祖三下南唐》《豆棚闲话》《孝感天》《飞龙全传》《歧路灯》等通俗作品中。这些广泛流传的通俗小说中，道教和陈抟都不是作品表达的主要内容，陈抟只是作为一位世外高人的形象出现，烘托故事主人公的正面形象，说明在明代时，"陈抟老祖"的称呼已经广为人知，陈抟在民间已成为德高望重的神仙。

清代李西月推崇明代道家隐士张三丰，他将陈抟、张三丰归为文始派，又名隐仙派。李西月所著《道藏辑要·三丰全集》之《派考记·道派》记

---

① 韩兆琦：《中国古代的隐士》，商务印书馆，1996，第142页。
② （宋）张伯端：《悟真篇》，《道藏》第2册，第950页。
③ （宋）宋真宗：《送张无梦归天台山》，李庚《天台集》续集卷上，清文渊阁四库全书补配清文津阁四库全书本；同见于（宋）吕太古《道门通教必用集》卷一，"斈式篇"，明正统道藏本。

载如下："大道渊源，始于老子。一传尹文始，五传而至三丰先生。虽然，老子之所传亦甚多矣，其间杰出者，尹文始、王少阳，支分派别，各有传人。今特就文始言之，文始传麻衣，麻衣传希夷，希夷传火龙，火龙传三丰。或以为隐仙派者，文始隐关令，隐太白麻衣，隐石堂，隐黄山希夷，隐太华火龙，隐终南先生，隐武当，此隐派之说也。夫神仙无不能隐，而此派更为高隐。"陈抟、张三丰都被列为派祖师，隐仙派，顾名思义，与隐逸密切相关，历代隐仙派修炼者皆是隐士。李西月的归类得到近代道教的广泛认可，李氏将隐仙派与少阳派同归于丹鼎派，少阳派即是指金元时王重阳创立的全真道。

　　道教界一般认为，道教丹鼎派以文始派为最高，以少阳派（即全真道）为最大的说法是被广泛认可的。如当代道学大家萧天石说："道门丹道派中，以重阳派最大，而以文始派最高。衡之曲高和寡之理，历代修文始派者自当寥若晨星，而其不盛也亦宜。"[1] 胡孚琛《道学通论》称："故丹家有以文始派最高，以少阳派最大的说法。"[2] 以道教传统，陈抟所属的隐仙派是道教中最高层次的道派，其所修道法采用顿超直入的方法，之所以门派成员数量少，是因为此派对修道人的修道根基要求很高，普通人达不到要求的修道资质。而少阳派则适合一般资质的修道者，其所修道法是阶次递进的修道方法。因而道教界认为隐仙派"曲高和寡""寥若晨星"，成员极少是正常的、适宜的。隐仙派与少阳派在功夫修炼和学理上，都强调山林清修，只是隐仙派在隐逸方面更为突出。

　　隐仙派与后世全真教有明显不同。隐仙派始终没有作为一个实体组织存在，全真派则建立了宗教组织。无论南宋李简易《玉溪子丹经指要》所录《混元仙派之图》将陈抟归为混元仙派，还是后来清李西月辑录的《张三丰全集》之《派考记·道派》将陈抟归为文始派（或隐仙派），混元仙派和隐仙派都不曾作为一个真正有实体组织的宗教派别存在过。李显光《混元仙派研究》所言，"《混元仙派图》中许多高道不为人知，唐末五代内丹

---

①　萧天石：《道家养生学概要》，第 94 页。
②　胡孚琛：《道学通论》，第 376 页。

道兴起，丹法朴素，经典不多，传承隐晦，史料有限，几乎无从着手，因为修道者散处山林，隐形韬迹，或埋名隐姓，和光混俗"①。李显光指出，混元仙派以专修内丹为务，往往单传秘授，特立独行，没有形成教团，以致鲜为人知。清代李西月所列隐仙派的传承谱系，从春秋时的老子至明代张三丰，其师承关系总共只列了六位：老子→尹喜→麻衣→陈抟→火龙真人→张三丰。从表面上看，这个传承谱系似乎存在明显的问题，春秋时的老子、尹喜如何能传道给唐末宋初的麻衣道者？火龙真人是个虚无缥缈的人物，可信吗？但是无论是混元仙派还是隐仙派，这个谱系传承关系却得到了道教界的广泛承认。

这其实说明一个问题，道教并非从组织形式上承认此传承谱系的真实性，而是从宗教实践的角度上，承认这种传统的、古老的隐逸修行方式在道教实践中一直存在，且这种宗教实践方式在道教实践中占有重要的地位。此修道方式秉承古老的修道传统，重视师徒口传心授，重实践而轻理论，重个人修道而轻组织建设。隐仙派当是对传统隐逸修道者的统称，其师承谱系所列六位是隐逸修道的杰出代表因而被列为宗师。

第二节　陈抟丹道与钟吕丹道

当代道教认同清代李西月将丹道派分为文始派（隐仙）和少阳派的分类。陈抟被列为隐仙派，为隐仙派祖师之一。钟离权、吕洞宾被列为少阳派，为少阳派祖师。宋代时，陈抟在官方和民间均产生了巨大的影响。金元之后大兴的全真道即是少阳派，钟、吕因全真道的崛起而声名大振，而陈抟的影响则相对变弱。蒙文通认为："刘海蟾出于希夷，殆所谓南宗之祖，后乃易之以钟吕传道无稽之说。而五祖葛长庚、彭鹤林辈，若皆无系于希夷，且又并希夷而系之于钟吕。全真即盛之后，而重阳北七真出于钟吕之说又兴。陈抟之事若存若亡，而钟吕传道之说大

---

① 李显光：《混元仙派研究》，前言，第 3~4 页。

盛。钟吕之事倘犹释氏之有惠能，为唐宋新旧道教之一大限，而前茅实为希夷，安有所谓钟吕哉？"① 蒙文通此言主张内丹道教的真正前驱是陈抟，而不是钟吕，钟吕之说为无稽之谈。也有学者认为陈抟位于南北宗之外，为南北宗的源头，"陈希夷为有宋一代奇人，曾得麻衣传授相法，吕纯阳、刘海蟾游华山时，亦授以丹诀；又从何昌一学锁鼻术，神仙李八百、鹿皮处士皆曾造访。传奇之身世、渊博之学养，得少阳文始之丹诀，高蹈远隐之风仪，实为南北两宗之外，高蹈其中之源头"②。陈抟内丹修炼的理论，为宋元道教内丹派的形成奠定了初步的理论基础。在陈抟的后学中，张无梦、刘海蟾、张伯端继承了陈抟的内丹学说。

这涉及两个问题，一、刘海蟾是师出陈抟还是师出钟吕，即南宗真正的祖师是陈抟还是钟吕？二、全真北宗主要受陈抟影响还是受钟吕影响？

一　陈抟丹法与钟吕丹法的区别

关于丹道著作，陈抟几乎没有留下重要而完整的内丹著作，现存的署名《阴真君还丹歌注》是否为陈抟所著尚存在争议，研究陈抟的丹道思想，只有根据《阴真君还丹歌注》，残缺的《观空篇》、《指玄篇》和《诸经圣胎神用诀》中引用的《陈希夷胎息诀》等做相关研究。

关于陈抟的象数学与内丹修炼的联系，笔者认同赖锡三的观点，陈抟"似乎并未将《周易参同契》术数系统的火候表达，运用到内丹的修炼中来"，也就是说，陈抟没有显示"炼丹火候中的术数实际操作"。③《玉诠》引用陈抟所言："我向年入道，并未曾究心于升降水火之法，不过持定《心印经》'存无存有'四字，有无二字，包括阴阳两个字，无者，太极未判之时，一点太虚灵气……有者，见外之三品也，内之三品，无形无色，唯有太虚一点真英所化……后人误以有无作龙虎观，浅鄙可笑，更且误人。"④ 陈抟此

① 蒙文通：《蒙文通文集》第六卷，第 717 页。
② 《和谐世界以道相通》编委会：《和谐世界　以道相通：首届国际道德经论坛文集》，宗教文化出版社，2007，第 883 页。
③ 赖锡三：《丹道与易道——内丹的性命修炼与先天易学》，新文丰出版公司，2010，第 15页。
④ 《玉诠·陈抟传》，《藏外道书》第七册，巴蜀书社，1992，第 723 页下栏。

言，表明他注重心性修炼，而不注重功夫次第的内丹理论。

陈抟之丹法属于最上一乘丹法，全真北宗丹法处其次。萧天石论及"丹法与丹品"时，分丹法为"渐法三乘"和"最上一乘"。其中下乘者"以身心为鼎炉，精气为药物，心肾为水火，五脏为五行，肝肺为龙虎，精为真种子"。中乘"以乾坤为鼎炉"，上乘"以天地为鼎炉"。而最上一乘丹法"以太虚为鼎，太极为炉，清静为丹基，无为为丹母"。① 苏澄隐曾记录陈抟的丹法："先生系以造化为炉，以天地为鼎，以日月为药，以先天为归。复以无身为身，无生为生，无修为修，无心为心，无意为意，无极为极。"② 由此，陈抟之丹法不属于渐法三乘之一，而与最上一乘丹法相符。萧天石又列举道家内丹修证方法四种分类，由高到低分别为：虚无丹法，清净丹法，彼家丹法，龙虎丹法。虚无丹法"主自天地自然虚无大道中起修"，此派"实即文始派"。次之为清净丹法，"此亦即为北派丹法"。③ 也就是说，陈抟所修丹法在道家中被视为最上乘丹法。全真北宗所修丹法在丹品上次之。

然而，这并非说明陈抟之丹法比全真北宗所宗承的钟吕丹法更适合修道。陈抟被列为文始派祖师，其所修道法采用顿超直入的方法，这种修炼方式重视心性修炼，所谓"以性了命"。当代道门称陈抟"以无字教人"，"我此门中，道亦不立。当无之极，便自无中有物，无中有象矣"。④ 此言与老庄之修道境界接近，所以，道教中人称"以文始派最高，衡之曲高和寡之理"，又称为隐仙派，都有此层含义。此丹法因"以无字教人"，未建立适合普通人修道的渐修丹法，反而不利于普通人修道。

反观钟吕丹法，钟、吕虽然历史痕迹模糊，却留下了重要而完整的内丹作品。本书第二章第二节之二对钟、吕二人有分析，他们与陈抟一样，都是隐士，他们活动的年代接近，有史料记载他们彼此有交往。相比较而言，关于陈抟的史料较多，正史中留有传记，文人笔记中的记载也丰富。

---

① 萧天石：《道家养生学概要》，第 54 页。
② 萧天石：《道海玄微》，第 475 页。
③ 萧天石：《道家养生学概要》，第 54 页。
④ 萧天石：《道海玄微》，第 475 页。此语据称见于宋人苏澄隐《玄门杂拾》。

而钟、吕的生平事迹则模糊不清，富有神话色彩，需要多方考证。但钟吕的丹道理论传承了下来，《钟吕传道集》《灵宝毕法》是钟吕的主要丹道经典，在道教史上有重要影响。赖锡三认为，"真正承续唐末五代彭晓那种将《周易参同契》的烧炼火候，给渐渐渗透到内修中来的是钟吕丹法，而非陈抟丹法"，并认为这就是宋代以后成熟期的内丹流派都特别要强调钟吕丹法为其祖源的核心原因之一，"因为内丹的特色在于命修而不是性修，而钟吕丹法显然最能呈现这一特色"。① 即陈抟的丹法侧重性功，以性了命。但内丹与整个道教区别于其他宗教的特点却在于修命的部分，而钟吕丹法恰恰更好地体现了这一特征。其对于数量更多的资质根基较差的修道者指明了一条渐进可行的修道方法，适合更多普通人修道。

二 陈抟与钟吕对全真道的影响

关于钟吕和陈抟对后世全真教的影响，应分阶段而论。早期全真教没有宣扬钟吕为祖师，并没有明显修命的言论，陈铭珪认为"考《磻溪集》诸诗词皆言修性功夫，无一字及内丹"②。并认为张大钟吕为祖师之说始自元代的《金莲正宗记》，而不是王重阳。南、北二宗皆是以"性命双修"为主旨，"先命后性"与"先性后命"区别的意义不是很大，为什么至元代时，钟吕更得到认可呢？

笔者以为，钟吕被宋代以后的内丹流派视为祖师的重要原因，是金元之时全真道迅速发展，大量普通民众入道，改变了传统内丹修炼的方式。传统内丹修炼是少数人的个人行为，崇尚简单朴素，以"清静""自然无为""返朴（璞）归真"为旨，修道者不必出家，修炼地点在山林或混隐于市井，没有形成教团组织。全真道早期，王重阳虽然主张离俗出家并设立修行生活准则，但没有建立大规模的教团组织。也就是说，早期之时，道教选择弟子要求较高，弟子多为资质较好的所谓大根器之人，陈抟的丹法属于"顿超直入"的修炼方法，陈抟的丹法更适合传统的修道方式。至元

---

① 赖锡三：《丹道与易道—内丹的性命修炼与先天易学》，第 16 页。
② （清）陈铭珪：《长春道教源流》卷三，民国东莞陈氏刻聚德堂丛书本。

代丘处机掌教之时，全真教得到政权的支持，大量平民入道，平民道教徒的修道根基较差，不适合陈抟的丹法，而钟吕丹法的重要之处在于，提供了系统的修道理论和层次分明的修道方法。"《灵宝毕法》总共四十七段具体细致的功法，每段功法既讲修性又讲修命，皆从金诰、玉书、真原、比喻、真诀、道要六个方面解释功法，其中金诰、玉书、真原讲大道与天地之理，比喻以人道比天道，真诀与道要为功法要诀，并有实质性的练功要诀，每一段功成皆有生理与心性上的验证，必须得到验证，才能进行下一段的修炼。"① 钟吕丹法为次第功法，更具有操作性，为普通人的修炼建立了方便，适合元代全真道的现状，这应该是元代内丹流派强调钟吕为祖师的内在原因。

至于刘海蟾，有可能对陈抟、钟吕都有请教，但从其丹道实践来看，南宗自刘海蟾、张伯端至白玉蟾，基本上是传统的单传单授，这一点与陈抟严格择徒的方式相似，而与全真北宗在民间广泛收徒有显著区别。蒙文通考证认为刘海蟾是陈抟学生，陈抟、刘海蟾应该是南宗的祖师，笔者认同蒙先生的观点，本书第九章第一节之一对刘海蟾的师承有专门考证。

丹道南宗、北宗对陈抟与钟吕的地位的认可取决于各自的具体修道实践需求，钟吕丹法侧重功法次第，陈抟丹法侧重提高修性与悟道，除此之外，陈抟与钟、吕有很多相似之处，对宋元内丹流派都有重要影响。钟、吕都是隐士，据传吕洞宾在民间劝善度人，吕洞宾并没有引导他们出世、离世，带到山中修行，主要也是劝他们在世俗中悟道、修道。陈抟"做人做圣人"也是如此，对根器较差的修道之人，陈抟主张他们应在世俗社会中承担责任，积累功德，这是修道的入手方法。王重阳主张真功与真行，把心性修炼称为"真功"，把济世度人的实践称为"真行"，"若要真功者，须是澄心定意，打叠精神，无动无作，真清真静，抱元守一，存神固炁（气），乃真功也。若要真行者，须是修仁蕴德，济贫拔苦，见人患难，常

---

① 栗艳：《无身不成道，有身不归真——试论吕洞宾"性命双修"思想》，华侨大学硕士学位论文，2011，第44页。

怀拯救之心，或化诱人入道修行。所为之事，先人后己，与万物无私，乃真行也"①。三者的修道原则是一致的，皆主张尘世与山林都是修道的道场，主张济世与度人并重，只是在具体的历史情况下，各有侧重而表现不同。

三　隐士与内丹道派的互动

中国的独特隐士文化的重要源头就是道家，"道隐无名"是内丹道教的思想内核。"仙"是道教哲学的重要概念范畴，而仙的最初意义即与隐逸相关。汉代许慎《说文解字》解释"仙"曰："人在山上貌"，表示人在山上与世俗隔离，即有隐逸的意思。仙在古代又作"僊"，《说文解字》解为："长生仙去。"②《庄子·天地》曰："千岁厌世，去而上仙。"汉末刘熙《释名》曰："老而不死曰仙。仙，迁也。迁入山也。故制其字，人旁作山也。"③ 在汉代，仙字已流行于世，指迁入山中的长生者。这说明在汉之前很早的时候，就有进入山林中隐修的人，修仙与长生、隐修密不可分。

战国时期屈原的作品已提到"真人"与隐逸的联系。《楚辞·远游》："漠虚静以恬愉兮，澹无为而自得。闻赤松之清尘兮，愿承风乎遗则。贵真人之休德兮，美往世之登仙，与化去而不见兮，名声著而日延。奇傅说之托星辰兮，羡韩众之得一。形穆穆以浸远兮，离人群而遁逸。"早在战国时，屈原的作品中就已提到"真人"、"登仙"和"遁逸"，说明真人、神仙是离人群而隐的。文中即有道家思想的虚静、无为，也暗示真人、登仙与遁逸是因果一体的关系，赤松子则是道教长生修炼的祖师之一，道家思想、道教长生方术与成仙隐逸在战国之前是广泛认可的修炼模式。《老子》《庄子》作为道教最重要的经典之一，被修道者视为修道的经典使用，其思想的出世性很强，老子、庄子作为道家的创立者，分别被道教尊为太上老君和南华真人。

《混元仙派》列陈抟为混元仙派传人，其中混元仙派多是隐逸之修道者，作者为南宋人，更了解宋代之前的道教修行情况。《有唐纯阳吕真人祠

---

① （金）王喆：《重阳教化集》卷三，明正统道藏本。
② （汉）许慎：《说文解字》，上海古籍出版社，1989。
③ （汉）刘熙：《释名》，上海古籍出版社，1984，第150页。

堂记》记载："（吕洞宾）于是谢绝尘累，遂结茅于庐山，与巨鹿魏子明，楚人梁伯真为方外友，同进隐学，俱登仙位。"① 在此丹道修行直接被称为"隐学"，吕洞宾与两位道友在远离世俗的山中修行，为的是"谢绝尘累"，反映了内丹道离世弃俗的特点。元代道士赵道一在所进的表章中说："自三皇以降，虽真仙脉络传授接踵于其间，然多尚隐逸，不立文字，其声迹亦间闻于人。……然洞天福地，朝市林泉，或和光同尘，或隐形韬迹，有传记之所不能尽载，耳目之所不能周知，所得真仙名于世者，几千人而已。"② 其中说到"尚隐逸，不立文字"，正是说明道教隐逸的传统使得修炼人难以为世间所知的事实。

丹道宗教领袖多有接受隐士传道的经历。王重阳建立的全真道是第一个专修内丹而不事符箓的教团组织。全真道之前，并无内丹教团的存在，被全真道视为五祖的王玄甫、钟离权、吕洞宾、刘海蟾、王重阳等人亦是隐士。老子、庄子，道教的重要丹道祖师魏伯阳、吕洞宾、陈抟、张三丰等都是隐士。全真道之后，内丹宗教领袖普遍存在受丹诀于隐士的记载，丹道经典中常常出现偶遇的"异人""至人""仙人"等语，这些人往往无名无姓，不知来历，大多表达"得道的隐者"含义。如王重阳甘河镇遇二仙，二仙"遂授以口诀"③；崔希范"曾遇至人论养生之术"④。

道教有"真人不露相，露相非真人"的说法，修道的隐者显然在丹道传统中享有崇高的声望。学道者往往云游名山大川，拜访隐士，如白玉蟾有诗"走遍洞天寻隐者"，"拄杖寻真入武夷"⑤。这些隐者是位于世俗社会的道教组织所尊崇的世外高人，他们不致力于建立内丹派教团组织，只限于个别丹家递相密授。他们通过以"至人""异人"等方式出现在具有修道根器的修行者身边，简短精要指点之后即离去。受其指点者则在世俗社会著述传道，成立教团组织，把他们的思想传承下去。

---

① 王新英辑校《全金石刻文辑校》，吉林文史出版社，2012，第546页。
② （元）赵道一：《历世真仙体道通鉴》，《道藏》第5册，第101页中栏。
③ （元）李道谦：《甘水仙源录》卷一之《终南山神仙重阳真人全真教祖碑》，《道藏》第19册，第723页下栏。
④ （唐）崔希范：《入药镜》，《道藏》第4册，第701页中栏。
⑤ 盖建民辑校《白玉蟾诗集新编》，社会科学文献出版社，2013，第199页。

第三节 陈抟的丹道功夫

由于各种原因，关于陈抟修道的作品大多已经佚失。目前所见主要是各种修道方法，而较少有系统的修道理论。陈抟主修内丹，对于传统道教的外丹、思存、符箓等道术则没有涉及，"则皆鄙而弃之。此正寇谦之、陆修静之徒所有事，若为希夷之门所不道者"①。意即陈抟不从事外丹及宗教科仪等宗教性活动。

1. 服气辟谷

服气术与辟谷术在中国有悠远的历史。《庄子·逍遥游》记载姑射山上住着一位神人，不吃五谷，只吸清风，饮白露。"服气辟谷"即以服气与辟谷相配合，并以服气为基础，通过服气达到辟谷的目的。服气，又称"食气""行气""炼气"，是一种呼吸吐纳的修炼方法。辟谷，又称"却谷""断谷""绝谷""休粮""绝粒"等，史书记载实践辟谷、服气的人很多，并不限于道教人士。

陈抟修道是从修炼服气、辟谷之术开始的。他最初的辟谷老师为隐士孙君仿和鹿皮处士。《历世真仙体道通鉴》云："自言尝遇孙君仿、鹿皮处士二人，谓武当山九室岩可以隐居，遂往栖焉。服气辟谷，以恬默自处，凡二十余年。"②

陈抟以辟谷术闻名。《宋史·陈抟传》记载，陈抟在武当山"服气辟谷历二十余年，但日饮酒数杯"，"能辟谷，或一睡三年"。③据说周世宗曾检验陈抟的辟谷术，《太华希夷志》记载："周世宗召至阙下，令于禁中扃户以试之，月余，始开，熟寝如故，始异之。"《坚瓠集》也有类似的记载："陈希夷居云台观，多闭门独卧，累月不起。周世宗召入禁中，扃户试之，月余始开。抟熟睡如故。"④陈抟可以在无水、无食物的情况下，辟谷几个

---

① 蒙文通：《蒙文通文集》第六卷，第 716 页。
② （元）赵道一：《历世真仙体道通鉴》卷四十七，明正统道藏本。
③ （宋）魏泰：《东轩笔录》卷一，明刻本。
④ （清）褚人获：《坚瓠集》续集卷三，清康熙刻本。

月或三年。他的辟谷之术往往与服气、睡功相结合。《贵耳集》中确有记载:"华山陈抟有大灵豆,服一粒四十九日不饥,筋骨如故,颜色反婴。"① 从中也可以看出,民间相传陈抟兼行辟谷术、服气。

2. 睡功

陈抟以睡功闻名,他将修道落实于行、住、坐、卧日常生活之中。陈抟曰:"于起居寝处,尚不能识,欲脱离生死,跃出轮回,难矣。"② 陈抟修道即是从日常生活开始。

有关陈抟睡功的记载在宋代及以后的史料中较为多见。宋江少虞撰《事实类苑》卷四十三记载:"周世宗召至阙下,令于禁中扃户以试之,月余始开,抟熟寐如故,甚异之。"后周世宗柴荣试陈抟的修道功夫,陈抟睡一个多月,不动,不饮,不食。《唐才子传》《坚瓠续集》《太华希夷志》《历世真仙体道通鉴》等都有类似记载。宋太宗召见陈抟,也见识过陈抟的睡功,"(陈抟)睡百余日方起,帝(宋太宗)惊异,加号恩礼特厚"③。《渑水燕谈录》亦记载:"令寝于御园……百余日方起,恩礼特异,赐号希夷。"④ 陈抟的睡功是经过帝王考验的,也说明陈抟是不愿意参政,以睡来回避。

陈抟的睡功属于一种高深的丹道功夫,其睡功的来历,后人有着很多猜测。《太华希夷志》卷上:"或云睡法即龙教也。"《武当福地总真集》也说是五龙传授,⑤ 此说自然不可信。萧天石《道海玄微》中则说:"在武当山时,即曾得'睡丹诀'于鹿皮处士,居恒寝处月余不起。改隐华山后,复得洞宾所传之'蛰龙法'及'姤复契睡丹诀',因而睡功大进,超前绝后,独步千古。"⑥ 意即陈抟的睡功之法来自隐士鹿皮处士和吕洞宾。陈抟最早的老师就是隐士孙君仿与鹿皮处士,陈抟以睡功闻名也是隐居修道之初的事,因而笔者以为陈抟的睡功之法最初来自鹿皮处士可能性最大,吕

---

① (宋)陶谷:《清异录》卷二,民国景明宝颜堂秘籍本。
② (元)赵道一:《历世真仙体道通鉴》卷四十七,《道藏》第5册,第370页。
③ (元)张辂:《太华希夷志》卷上,明正统道藏本。
④ (宋)王辟之:《渑水燕谈录》卷第四,清知不足斋丛书本。
⑤ (元)刘道明:《武当福地总真集》卷下,《道藏》第19册,第666页上栏。
⑥ 萧天石:《道海玄微》,第489页。

洞宾对陈抟也有传授。

关于陈抟的睡功，主要有以下几点。

第一，"隐于睡，并资修炼丹养"

现存有署名陈抟咏睡的诗很多。《太华希夷志》录有陈抟吟睡诗最多，有些诗没有名字，以起句为名，如，"问君世上何事好，无过晓起睡当早，庵前乱草结成衣，饥餐松柏常令饱。因玩山石脚绊倒，不能起得睡到晓。时人尽道臣憨痴，臣自憨痴无烦恼。"此诗以"臣"自称，可能是写给征诏他的帝王的。陈抟住在乱草中的庵中，吃松柏（时），穿草衣，玩山石，绊倒了就地睡，鲜活一个草服野人的睡仙形象。又如"昨夜三更梦魂惊，一声钟响万人行。多应又是朝金阙，臣自无官睡到明"。另外还有《睡歌》《退官歌》《答使臣张素真》《答使者陈宗颜辞不赴诏》等拒官诗，《诗林广记》录有《赠金励二首》。陈抟与睡有关的诗文很多，大多表达拒绝做官、志于修道之意，并暗含修丹义理。

首先，陈抟常常以睡而拒绝出仕和拒受拜访。如前文所述，陈抟见帝王时常常深睡，一方面作为其修道的功夫得到皇帝的见证，另一方面则反映出陈抟其实不愿见帝王和参与政事。《太华希夷志》记陈抟拒绝宋太宗第一次征召，其诗曰"无心享禄登台鼎，有意求仙到洞天"，陈抟婉拒了宋太宗的征召，自认"才拙"，只习惯山居之"静"，并以"山色满庭""松声万壑"的山林风光为"乐"，明确表示自己"无心享禄"，"有意求仙"。陈抟同时称："贫道栖真物外，修炼山间，无意求名，有心慕道，不愿仕也。"[1] 他说"三峰只乞睡千年"即是以睡为托名，实指以睡求隐。前来拜访陈抟的人很多，陈抟不想接见，也是以睡拒绝。《华山搜隐记》记载陈抟在华山"恒以睡为隐，小睡数月，大睡经年不起"，有一天壶公访陈抟，陈抟一直睡，吕洞宾对壶公说陈抟不想见他，故以睡拒耳。

其次，陈抟以睡修炼丹道。《华山搜隐记》记载吕洞宾之言："抟非欲长睡不醒也，意在隐于睡，并资修炼丹养，非真睡也。"[2] 吕洞宾之语实为

---

[1]　（元）张辂：《太华希夷志》卷下，明正统道藏本。

[2]　萧天石：《道海玄微》，第489页。

道教丹道人士的观点，陈抟之睡的意义一是隐于睡，二是修炼丹道。

陈抟《退官歌》亦云："时人笑臣不求官，官是人间一大病。官卑又被人管辖，官高亦有人趋佞。"陈抟强调自己清静自由的人生旨趣，不欲做官，不恋名利。陈抟《睡歌》描述自己独特的睡觉方式，"轰霄击电泰山摧，万丈海水空里坠，骊龙叫喊鬼神惊，臣当恁时正酣睡。"天地毁灭、雷轰电闪都不能动摇他的心念，这其实是一种内丹功夫状态，是心不为物所动的修道功夫，唐朝高道司马承祯有言"不着一物，自入虚无，心乃合道"①。陈抟之睡即为此种心与道合一的状态。陈抟不为世俗功名所动，因为张良、范蠡是兼济天下，功成之后身退，而非享天下，与具有统治天下野心的曹操、刘备不同。他赞扬张良、范蠡不贪功名、全身而退、兼善天下的自由洒脱作风，而不屑于曹操、刘备，认为他们发动战争"只争些小闲气"。

第二，陈抟之睡与凡俗之睡的不同。

关于陈抟流传至今的睡丹诀，主要有三种：第一，《陈抟传张三丰蛰龙吟》，此文收录在清李西月辑录的《张三丰先生全集》中；第二，《陈抟蛰龙秘诀》；第三，《陈抟睡功秘诀》。其中第二、第三录自《大成捷要》。

陈抟之睡与凡人之睡不同，《历世真仙体道通鉴·陈抟传》卷四十七记载陈抟所作两首描写"世俗之睡"和"至人之睡"之区别的诗：

> 常人无所重，惟睡乃为重。举世以为息，魂离形不动。
> 觉来无所知，贪求心欲动。堪笑尘地中，不知身是梦。
> 至人本无梦，其梦乃游仙。真人亦无睡，睡则浮云烟。
> 炉里长存药，壶中别有天。欲知睡梦里，人间第一玄。

世俗之睡会做梦，至人之睡则无梦。世俗之人不能放下名利，因而被名利声色所牵引，以致耗散精气，神志昏聩，入睡则梦境不断。陈抟曰："今饱食逸居，汲汲惟患衣食之不丰，饥而食，倦而卧，鼾声闻于四远，一夕辄数觉者，名利声色汩其神识，酒醴膏膻昏其心志，此世俗之睡也。"至

---

① （唐）司马承祯：《坐忘论》，《道藏》第 22 册，第 893 页上栏。

人之睡无梦，无呼息，是一种修道方式。至人之睡"留藏金息，饮纳玉液"，"真气运转于丹池，神水循环乎五内"。^① 陈抟之睡有真气运转，实则是修炼丹道，其睡无梦。

陈抟的睡实为内丹修炼，假借睡而修真，实为内丹的一种功法。睡功又叫作蛰龙法，"睡功丹理，虽云睡功，实为内丹法诀，假借睡卧之中修炼内丹耳，丹书所谓'借假修真'"^②。

陈抟的丹道修行深受丹道人士的赞誉，其睡功得到后学的追随。署名吕洞宾的《咏蛰龙法》赞赏陈抟之睡功："高卧终南万虑空，睡仙长卧白云中。梦魂暗入阴阳窍，呼吸潜施造化功。真诀谁知藏混沌，道人先要学痴聋。华山处士留眠法，今与倡明醒众公。"^③ 白玉蟾为道教南宗的领袖，其诗云："白云深处学陈抟，一枕清风天地宽。月色似催人早起，泉声不放客安眠。甫能蝴蝶登天去，又被杜鹃惊梦残。开眼半窗红日烂，直疑道士夜炼丹。"^④ 白玉蟾为刘海蟾、张伯端的嫡传弟子，他极有可能得到陈抟的睡丹诀，诗中明显对陈抟持景仰的态度。据传张三丰得到陈抟睡功真传，《张三丰全集》中存有《陈抟传张三丰蛰龙吟》一文，内容即是关于陈抟的睡丹诀，其中有："图南一派俦能继？邈遏道人张丰仙。"^⑤（详细内容见第九章第五节"后学张三丰"）由此可见陈抟功法对内丹道产生较大影响。

陈抟是当代道教学者陈撄宁（1880～1969 年）最为景仰的道门人士。他称"最钦仰的神仙家，是宋代的陈希夷"，认为陈抟修道的要旨在于"守中抱一，心息相依"。^⑥ 道教"西派"的创始人清人李涵虚如此诠释心与息在修行中的关系："修功总诀就是将调心和调息有机地结合在一起，以心调息，以息摄心，总名为'心息相依'。"他认为睡与定极为相似，称睡为"相似定"^⑦。

① （元）赵道一：《历世真仙体道通鉴》卷四十七，明正统道藏本。
② 盛克琦：《西派丹法睡功探要》，董沛文主编《天乐丹诀道家大江西派内丹文献汇编及阐秘》中卷，江西人民出版社，2011，第 480 页。
③ 苏华仁、唐明邦等：《华山陈抟丹道修真长寿学》，山西科学技术出版社，2012，第 104 页。
④ 盖建民辑校《白玉蟾诗集新编》，第 142 页。
⑤ （清）李西月：《张三丰全集》之《陈抟传张三丰蛰龙吟》。
⑥ 李养正：《道教经史论稿》，华夏出版社，1995，第 493 页。
⑦ （清）李涵虚著《圆峤内篇道教西派李涵虚内丹修炼秘籍》，盛克琦点校，宗教文化出版社，2009，第 369 页。

睡功修炼的要点是调心、调息，将心、息调理到一定程度，则心、息相忘，达到如睡一样的状态，此睡与平常之睡不同，而与"入定"相似，由此可以理解，陈抟之睡达到很高的功夫境界。

3. 房中

陈抟似乎也通晓房中功法，但陈抟是否亦修炼此术，却有争议。释文莹《湘山野录》卷上述种放向希夷乞"素履之术"一事，"种又乞素履之术，陈曰：'子若寡欲，可满其数。'种因而不娶不媵，寿六十一"。① 此文可推测陈抟通晓房中之术，但不能说明他修炼此术。

现存有署名陈抟的《房中玄机中萃纂要》阐释房中术，据称是明代坎宫道人任东明在明武宗戊辰（1508 年）发现于华山洞府，是"希夷成道内丹，筑基立身，安命大要"的宝典，故抄录下来，并于嘉靖庚戌（1550 年）刊行于世。明代洪基在民间访得此书，收入《摄生总要》的《房术奇书》之中。全书分为八个部分，分述筑基、铸剑、调神、聚财、结女、择地、择鼎和房中方药诸事。② 《摄生总要》有光绪乙巳年（1905 年）重刊本和石渠阁本传世。当代宋书功将该书有关房中术的内容收入《中国古代房室养生集要》一书中，其《铸剑》一节引用了《悟真篇》之语，显然此书为伪书。③

有文献记载陈抟著有《三峰寓言》，此书已佚，有人以为此书演述阴丹修炼术。《正统道藏》存有署名陈抟的《阴真君还丹歌注》，似阐述阴丹功法。然这些书是否为陈抟所作，陈抟是否进行阴丹修炼，对此后世道者聚讼纷纭。

笔者认为，陈抟没有从事房中术修炼。《历鉴》记载陈抟谢绝后唐明宗所赐宫女的故事，"后唐明宗闻先生名，亲为手诏，召先生。至，长揖人主，明宗待之愈谨，赐先生号清虚处士，仍以宫女三人赐先生，先生为表谢上云，赵国名姬，汉庭淑女，行尤婉美，身本良家，一入深宫，久膺富贵，昔居天上，今落人间，臣不敢纳于私家，谨用安之别馆，臣性如麋鹿，

---

① （宋）释文莹：《湘山野录》卷上，明津逮秘书本。
② 胡孚琛主编《中华道教大辞典》，中国社会科学出版社，1995，第 1339 页。
③ 宋书功著《中国古代房室养生集要》，海南出版社，2011，第 229 页。

迹若萍蓬，飘若从风之云，泛如无缆之舸，臣送彼复归清禁，及有诗，上
凭听览诗云，雪为肌体玉为腮，多谢君王送到来，处士不生巫峡梦，空烦
云雨下阳台，以书奏付宫使，即时遁去"。① 陈抟没有收留宫女，他不从事
房中修炼的可能较大。从陈抟修道情况来看，守一、存思之类的功法应该
修炼过，并有所成就。而房中术需要满足法、地、侣、财的四个条件，陈
抟居于山中石室修行，隐居修道之前已将钱财散尽，不能满足地、侣、财
三个条件，不能满足修房中术所要求的择鼎、密室和护法等条件，因而笔
者认为陈抟不曾修炼房中术。然作为修炼丹道的人，陈抟了解如何保精护
精，了解房中术的知识，因此可以向种放提供相关建议。

　　总而言之，服气、辟谷、睡功为陈抟的主要丹道功夫。唐代外丹术流
行，陈抟则不事外丹，其修道方式与老庄道家更为接近，成为一种修身养
性、"以恬默自处"的内丹功夫。陈抟不事王侯，无官一身轻，他将修道功
夫日常生活化，吃饭睡觉皆可用以修道。

小　结

　　道教方面，陈抟处于的唐末宋初之时，上承符箓道派一统天下局面，
下启金元内丹道派的兴起。当时，有组织的道派都属于符箓派，"在金代全
真道问世并传播到全国之先，几乎没有一个道派的组织形式不采取授受和
采用符箓的。"② 早期的太平道、正一道，后来的上清、灵宝、神霄、清微
等等都是符箓派。其时，修炼内丹的人分散在社会各个阶层，没有形成宗
教组织，丹鼎派"基本上是在一个狭小的圈子里师徒秘传，并没有很明确
的宗教组织"，"严格地说甚至不能是一个道派"。③ 有些人被视为隐逸的方
士，如陈抟的师友吕洞宾、李琪等人，他们道行高深，在民间有很高声望，
被视为神仙。如何昌一，修炼内丹兼事符箓，驻在官方管辖的道观，被视
为符箓派的道士。如后文所说的"篾叟酱翁之徒"，他们表面上是隐者，传

---

① （元）赵道一：《历世真仙体道通鉴·陈抟传》卷四十七，《道藏》第 5 册，第 367～368 页。
② 刘仲宇：《道教授箓制度研究》绪论，中国社会科学出版社，2014，第 1 页。
③ 刘仲宇：《道教授箓制度研究》绪论，第 1 页。

承易图，实际上胡渭等人皆明白他们是丹道的修行者，易图的内涵是"丹家之要诀"。①

使内丹道派完成从无宗教组织到大规模宗教组织重要转变的是全真道。全真道的兴起是一个重要事件，金元之际特殊的政治、社会背景下，大量平民入道，改变了内丹道派在"一个狭小的圈子里师徒秘传"的传统内丹修道方式，建立了官方支持和管辖之下的内丹派道观，也奠定了后世道教的文献倾向以全真道为主的叙述方式。

全真道北宗选择吕洞宾为祖师，而非陈抟，缘于钟离权、吕洞宾所创的钟吕丹法更适合改革后的全真道北宗的修炼方式。陈抟与吕洞宾为同时代人，作为全真道兴起之前的道教前辈，陈抟的声望并不比吕洞宾低。而且，在北宋时期，陈抟被帝王征召，与士大夫存在相当多的互动，受到正统儒家知识分子的肯定与推崇，陈抟在当时社会的声望应该是高于吕洞宾的。但在道教方面，陈抟的丹法虽被誉为最上一乘丹法，却不适合资质一般的普通人修道。全真道以钟吕为祖师，是因为钟吕丹法提供了次第分明、便宜可行的修炼方法，适合普通人修行。实际上，作为次第丹法的钟吕丹法的最高层次，与陈抟的丹法趋于一致，理论上与陈抟的丹法并行不悖。

由于全真道之后成为内丹道的主流，吕洞宾的地位在道教内日益提高，而陈抟的地位则相对被忽视。一方面表现在，《玉溪子丹经指要》所列的混元仙派图将王重阳列为吕洞宾的直传弟子，而将陈抟列为吕洞宾的再传弟子。一方面，金元之后的全真道弟子强化了刘海蟾师从钟吕的观点，在本书论及刘海蟾的师承问题上，潘雨廷、蒙文通对刘海蟾师从吕洞宾的说法提出异议。根据史料推测，吕洞宾应该与陈抟为师友关系，蒙文通认为，刘海蟾应该是陈抟的弟子。全真道兴盛后，钟吕传道之说盛行，成为南、北二宗的祖师，陈抟的影响被忽视了。

陈抟传有弟子，却没有开创道派。《诸真宗派总簿》记载了以陈抟为祖师的道派，名为"老华山派"，也是后世所创。全真教郝大通也创立华山派，与陈抟没有关系。当代萧天石于1943年曾拜访岷山派罗门，师礼罗春

---

① （清）胡渭：《易图明辨》卷三。

浦，罗春浦自称为陈抟的嫡传，萧天石"得陈希夷先天道秘诀"。由此罗春浦、萧天石可视为陈抟丹法的当代传人之一。当代苏华仁道长主编有《华山陈抟丹道修真长寿学》一书，其中记载了陈抟的当代丹道传人边智中（1910～1989）、赵中道（1844～1962）、李静甫（1910～2010）。① 此书出版于2012年，其时三位丹道传人皆已过世，收录了关于陈抟丹诀功法诗文、医术、武术等资料。

总体来讲，保存至今的陈抟丹道著作较少，陈抟的丹道传人也是隐逸之人，他们很少出现在人们的视线里。由萧天石和苏华仁道长的事迹来看，虽然陈抟没有创立道派，民间依旧有修道者在传承陈抟的丹道。这些人或秉承着传统"非其人不传"的理念，普通人很难探访到他们。

---

① 根据《华山陈抟丹道修真长寿学》序之《编委会名单》和绪论第2页推算出其生卒年。

第五章　陈抟的易学思想及易学后学

第一节　陈抟的图书易学及传承

陈抟的易学思想为陈抟学术思想的重要组成部分，也是社会影响最为广泛的部分。据《宋史·陈抟传》记载："抟好读《易》，手不释卷。"《玄品录》称："图南淹通群经，尤精《易》学。"① 陈抟的易学老师应该有四位：孙君仿、鹿皮处士、麻衣道者、吕岩。此四人在本书第二章已有考证。

陈抟易学著述丰富，但大多亡佚。根据《道藏阙经目录》，明确属于陈抟的易学著作有《希夷先生直解周易》四卷。《宋史·艺文志》记载著有《易龙图》一卷，此书亡佚，存至今天仅有《易龙图序》。陈抟曾刻《无极图》于华山石壁，② 此图未曾在华山找到。陈抟是《太极图》《先天图》《河图》《洛书》公布于世的关键人物，然各图的版本不一，哪些为陈抟之原图、是否为其所作均存在争议。流传至今的两篇比较完整的著作《正易心法注》和《易龙图序》也曾遭到儒者的质疑。学界普遍认为《先天图》和《易龙图》确系陈抟所撰。关于《无极图》《太极图》，不能确定其最初来源，大多数学者认为是陈抟所传，是研究陈抟思想的重要资料。③

陈抟所传易图主要有三种：《先天图》、《易龙图》和《无极图》。《先天图》为象学代表，讲宇宙万物的演化，目前存在各种版本的先天图。《易龙图》为数学代表，讲述天地之数的变通，其图已佚，存至今天只有

---

① （元）张天雨：《玄品录》，《道藏》第 18 册，第 135 页下栏。
② （清）朱彝尊：《经义考》卷二百八十三，"承师"，清文渊阁四库全书本。
③ 邢春华：《关中易学源流考》，《周易研究》2013 年第 7 期。

《易龙图序》。《无极图》运用易学而阐发丹道修炼，此图顺以解释天地万物的演化，逆以诠释成丹的原理。三种图以《无极图》最为突出，影响也最大。

一　《古今易学传授图》显示的宋代陈抟易学传承表

《道藏》收录元代张理《大易象数钩深图》，其中有一幅《古今易学传授图》，四库全书本杨甲《六经图》卷一中亦录有《古今易学传授图》，其中列出宋代传承表（见图5-1），[1] 系统总结了从孔子以降尤其是宋代陈抟以后的易学的传授路径，可供参考。宋代易学以陈抟为起始，传承如下：陈抟→种放之后，一支传许坚→范谔昌→刘牧→黄梨献；→支传穆修→李之才、周敦颐，其中李之才→邵雍→司马光→于思纯（当为牛思纯），周敦颐→二程、张载。

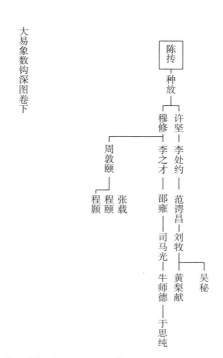

图5-1　《道藏》本元代张理《古今易学传授图》之宋代部分

①　（元）张理：《古今易学传授图》，《大易象数钩深图》，《道藏》第3册，第200页。

《道藏》本与《四库》本比较，《道藏》本相对完整，许坚之下加上了李处约，在刘牧之下加上了吴秘，在司马光和于思纯之间加上了牛师德。

《古今易学传授图》宋代部分列出陈抟后学 17 人，然此列表是相对简单和不完整的，其中没有列出邵雍弟子王豫、张崏、吕希哲、吕希绩、吕希纯、李吁、周纯明、田古、张云卿等人，也没有朱熹、蔡元定、晁说之、邵伯温等人的名字。

二 《先天图》的各种版本

陈抟的《先天图》又被称为《天地自然之图》《太极真图》。胡渭曰："朱子发云，陈抟以先天图授种放，三传而至邵雍，则康节之学，实出于希夷，其所演以为先天古易者，悉本此图可知也，后人谓之天地自然之图，又谓之太极真图。"[①] 可知陈抟《先天图》所阐发的是"先天易学"。

北宋朱长文最先记录了陈抟《先天图》的传承，其《易经解》说："伏羲四图，其说皆出于邵氏，盖邵氏得之李之才挺之，挺之得之穆修伯长，伯长得之华山希夷先生陈抟图南者。所谓先天之学也。"[②] 朱长文此文作于宋哲宗绍圣元年（1094 年），此时，距邵雍去世仅 17 年。稍晚，晁说之《传易堂记》叙述了先天图的流传："有宋华山希夷先生陈抟图南，以《易》授终南种征君放明逸，明逸授汝阳穆参军修伯长，而武功苏舜钦子美亦尝从伯长学。伯长授青州李之才挺之，挺之授河南邵康节先生雍尧夫。"[③] 此文作于北宋徽宗大观年间（1107～1110 年）。

产生影响最大的论述来自朱震，其《汉上易解》曰："陈抟以先天图传种放，放传穆修，穆修传李之才，之才传邵雍。"[④] 与邵雍在同一巷里居住了三十余年的二程称："独先生之学为有传也。先生得之于李挺之，挺之得之于穆伯长。推其源流，远有端绪。"[⑤] 二程向上追溯，只上推到穆修，穆

① （清）胡渭：《易图明辨》卷三。
② （宋）朱长文：《易经解》，明崇祯四年刻本。
③ （宋）晁说之：《嵩山文集》卷十六，四部丛刊续编景旧钞本。
④ （元）脱脱：《宋史·朱震传》卷四百三十五，"列传"第一百九十四，清乾隆武英殿刻本。
⑤ （宋）程颢：《邵尧夫先生墓志铭》，《二程文集》卷四，清文渊阁四库全书本。

修以上则以一句"远有端绪"省略，是确不知晓，还是有意回避道家的陈抟则不得而知。但邵雍之子邵伯温却明确说："先君受易于青社李之才，字挺之。为人倜傥不群，师事汶阳穆修。挺之闻先君好学……于是先君传其学。……伯长，《国史》有传，其师即陈抟也。"①（《易学辨惑》）由此，朱震所说《先天图》的传承顺序，陈抟→种放→穆修→李之才→邵雍，此说是可信的，成为宋代学者普遍的看法。

虽然，陈抟传《先天图》给种放已为共识，但陈抟的《先天图》却没有面世，《先天图》没有一个权威明确的版本。在宋人的著作中，基本上认为《先天图》应当包括"阴阳鱼图"。因为陈抟的《先天图》没有传下来，至少以下版本的图被猜测可能是陈抟的《先天图》（按时间先后顺序排列）。

1. 朱长文的版本

朱长文生于 1041 年，卒于 1098 年，② 他在北宋哲宗绍圣元年所做的《易经解》中，列有伏羲四图。他称"伏羲四图，其说皆出于邵氏……伯长得之华山希夷先生陈抟图南者"③。图 5-2 中四图里，伏羲八卦方位图的中心太极则为阴阳鱼，被认为是陈抟的太极图。关于阴阳鱼太极图的起源，学界看法不一。

2. 朱熹的版本

关于陈抟的《先天图》的来龙去脉，朱熹说采用了朱长文的说法，认为伏羲四图是来自邵雍，从邵雍又向上追溯到陈抟。朱熹所著《周易本义》篇首列有"伏羲八卦方位图"、"伏羲八卦次序图"、"伏羲六十四卦次序图"和"伏羲六十四卦方位图"四图。④ 据王懋竑《朱子年谱》记载，此书成于淳熙四年（1177 年）。⑤ 其图见图 5-3。

与朱长文的版本不同之处在于，朱熹的八卦方位图中心没有阴阳鱼图案。

---

① （宋）邵雍：《邵雍全集》，郭彧、于天宝点校，上海古籍出版社，2015，第 30 页。
② 陈志平：《朱长文散考三则》，中国历史文献研究会编《历史文献研究》总第 32 辑，华东师范大学出版社，2013，第 186 页。
③ （宋）朱长文：《易经解》，明崇祯四年刻本，第 4 页。
④ （宋）朱熹：《新刊四书五经周易本义》，中国书店，1994，第 8~9 页。
⑤ （宋）朱熹：《新刊四书五经周易本义》，"出版说明"，第 2 页。

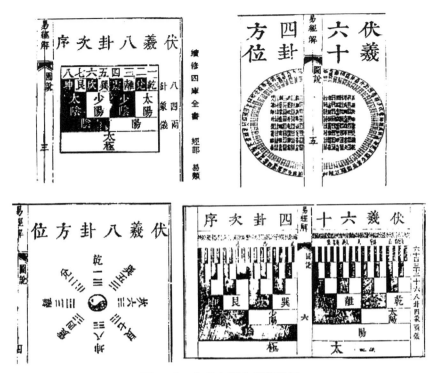

图 5-2 朱长文版本伏羲四图

3. 元代王申子版本

四库全书收录元代王申子《大易缉说》，其卷一列有"希夷先天卦图"。可以看到此图最为明显的特点是中间有一个九字。这一特征在之前的图中不曾出现。

4. 明初赵㧑谦《六书本义》版本

明初赵㧑谦所著《六书本义》中存有《天地自然河图》，图题为"天地自然河图"，文注为"天地自然之图"，赵氏称，"此图世传蔡元定得于蜀之隐者"。①

明末，赵仲全作《道学正宗》，书中载有"古太极图"，这是现存文献中第一次将这张图称为"古太极图"。与赵㧑谦之图比较，在"阴阳鱼"上加了四条线，划分为八个区域。

---

① （明）赵㧑谦：《六书本义》六书今义图考，清文渊阁四库全书本。

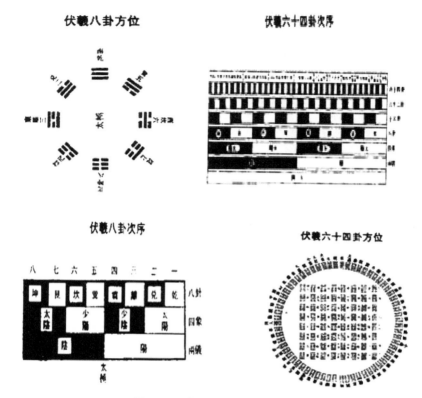

图 5 – 3　朱熹版本的伏羲四图

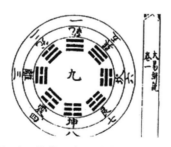

图 5 – 4　元代王申子"希夷先天卦图"

朱熹曾让蔡元定到荆州、四川寻找陈抟所传的三幅易图，三图之一即为《先天太极图》。蔡元定从四川的隐者那里得到三图，出于某种考虑"秘而不传"，朱熹竟"莫之见"，直到明初赵扒谦才将它公布于世。清代胡渭《易图明辨》卷三也记载，朱熹晚年曾令蔡元定入峡，得到三图耳，其中之一应是这幅《天地自然河图》。为了不与当时已被广为接受的《河图》《洛

图 5 - 5　明末赵仲全《古太极图》

图 5 - 6　明初赵㧑谦《天地自然河图》

书》和周敦颐的《太极图》相混淆，阴阳鱼太极图既不称"河图"，也不称
"太极图"，而称"古太极图"或者"先天太极图"。胡渭认为，"先天太极
图"即是陈抟所传之《先天图》。①

　　以上版本，按著者的时代，朱长文最早，其次为朱熹的版本，朱长文
早于朱熹100多年。但是朱长文的刊本为明崇祯刻本，且以孤本流传，难以
服众。时间越晚的版本，问题越多。今人朱伯崑、唐明邦认为明初赵㧑谦的
图即是陈抟的《先天图》。②

三　《易龙图》与《河图》《洛书》

　　第一，陈抟之前，"河图""洛书"其意义与今天不同。

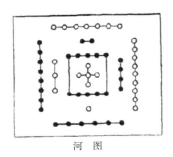

河　图

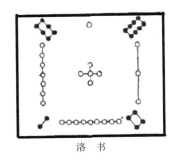

洛　书

图 5 - 7　《河图》《洛书》

---

① 章伟文：《先天图、先天学与道教丹道之关系考察》，《周易研究》2014年第2期。
② 朱伯崑：《易学哲学史》卷二，第14页；唐明邦：《邵雍评传》，第321页。

　　河图、洛书在汉唐之时已失传，较早记载河图、洛书的书籍为《尚书·顾命》："越玉五重，陈宝、赤刀、大训、弘璧、琬琰，在西序；大玉、夷玉、天球、河图，在东序。"公元前 1025 年，周康王即位之时，其中"河图"被视为宝物，但不知是否为一幅图。

　　先秦古籍中对河图、洛书的记载很多，河图作为一种祥瑞之物出现于文献之中。《论语》《墨子》《管子》《礼记》等古籍中都曾提及河图、洛书，如《管子·小匡》："昔人之言受命者，龙龟假河出图，洛出书，地出乘黄，今三祥未有见者。"《论语·子罕》："子曰：'凤鸟不至，河不出图，吾已矣夫！'"《墨子·非攻》："天命周文王伐殷有国。泰颠来宾，河出绿图，地出乘黄。"这里河图、洛书似乎并非被视为图像和书籍，而是一种传说中的吉祥之物。

　　然而，先秦古籍中，却记载了河图、洛书的数序。《墨子》中保存着河图的数字序列，《墨子·迎敌祠》言及四方与数字的关系，与河图全同，即"东为八，南为七，西为九，北为六"。洛书的数字序列在《大戴礼记·明堂》中就有记载，其中明堂按洛书数排列的，它们是"二九四，七五三，六一八"。《管子》四篇中完整保存着"河图""洛书"的图说。西汉之时，亦有九宫图案面世，1977 年，安徽阜阳县双古堆西汉汝阴侯夏侯灶墓出土了"太一九宫占盘"，年代为汉文帝七年（公元前 173 年），该漆木占盘已经有两千多年历史。

　　至东汉末年郑康成，引《春秋纬》合注《大传》之图书，以为"河图八卦是也，洛书九畴是也"。九畴指传说中天帝赐给禹治理天下的九类方法，一般认为，汉代时未赋予"河图""洛书"以"五行生成数图"和"九宫数图"的内容。汉唐至北宋初，"河图为八卦，所谓洛书为九畴，并无改议也"。[①]

　　由上，先秦时期河图、洛书既有类似九宫数图的内容，亦作为一种极为珍贵的宝物存在，甚至将其视为祥瑞之物。但是，汉唐之时，河图、洛书似乎失传，时人已经不能将这些数字序列与河图、洛书联系起来。至陈抟之前，河图普遍被认为是八卦，洛书则被认为是九畴。

----

　　① （元）雷思齐：《易图通变·河图遗论》卷之五，《道藏》第 20 册，第 350 页下栏。

第二，今之意义的河图、洛书，与陈抟有极深的渊源关系。陈抟著有《易龙图》，已佚失。元代道士雷思齐应见过《易龙图》，他说："由汉而唐，《易经》行世，凡经、传、疏、释之外，未有及于图、书之文刊列经首者。迨故宋之初，陈抟图南始创意推明象数，自谓因玩索孔子三陈九卦之义，得其远旨，新有书述，特称龙图，离合变通，图余二十。""内一图谓形九宫，附一图谓形洛书者，则尽去其五生数。"雷思齐指出，由汉至唐，《易经》都是以易传、注疏、解释来研究传承其义理，直到陈抟，作《易龙图》二十幅，而河图、洛书为其中两幅，陈抟用图书象数以解释《易经》的内涵和意义。因而，学者大多认为陈抟是宋代图书易学的开创者。如冷德熙在《河洛之学源头略记》中称："河洛九十数图为五代陈抟所作，虽然先秦两汉已有河图洛书的神话传说，但并无实图。……如果说河图洛书在先秦两汉是神话因素，到两汉则纯粹成为一种政治神话、文明神话。自陈抟之后，河图洛书作为河洛之学，成为象数易学的重要内容。"① 章伟文称"现在所说的河图、洛书，应该指的是宋以后才出现的黑白点河图与洛书"，"黑白点河图、洛书与五代、北宋时期的陈抟有着极深的渊源关系"。②

以清人胡渭为代表，否认陈抟与河洛之学的价值。他说："今欲明易，八卦具在，焉用河图，欲明《范》，九章具在，焉用洛书。""孔安国、刘歆，修人也，陈抟、刘牧，侏儒也，天高几许，岂修人所能知，然必无修人不知而侏儒反知之理。况修人所言，略有端倪，而侏儒所言，无非梦呓，又安得不舍侏儒而从修人邪？"③ 胡渭此言，并无实证，他主观上轻视陈抟等方士，把陈抟视为"侏儒"，而把儒家的孔安国等人认定为"修人"，即高人。这是正统儒家轻视方外之人的一贯立场。朱伯昆认为，胡渭之说"与《东都事略》和朱震所说不符，亦同范谔昌所说龙图易不合，出于其排斥河洛之学的偏见"④。

---

① 冷德熙：《河洛之学源头略记》，刘梦溪主编《中国文化》第 5 期，生活·读书·新知三联书店，1992，第 144 页。

② 章伟文：《河图洛书的道教文化内涵》，《中国宗教》2007 年第 11 期。

③ （清）胡渭：《易图明辨》卷一，清守山阁丛书本。

④ 朱伯昆：《易学哲学史》卷二，第 25 页。

四　无极图

陈抟的《无极图》不传，已不可考是什么样子。黄宗炎作《太极图说辩》曰："考河上公本图名《无极图》，魏伯阳得之以著《参同契》，钟离权得之以授吕洞宾。洞宾后与陈图南（即陈抟）同隐华山，而以授陈，陈刻之华山之石壁。陈抟又得《先天图》于麻衣道者，皆以授种放。放以授穆修与僧寿涯。修以《先天图》授李挺之，挺之以授邵天叟，天叟以授子尧夫。修以《无极图》授周子，周子又得先天地之偈于寿涯。"① 认为周敦颐的《太极图》即为《无极图》，此图源自河上公，传承过程如下：河上公→魏伯阳→钟离权→吕洞宾→陈抟→种放→穆修→周敦颐。

今之学者大多认同周敦颐的《太极图》即为《无极图》。② 朱伯昆解释说："此图式（无极图）是对《参同契》炼丹术的发展，即将炼外丹引向炼内丹。其中的五气朝元图，本于《参同契》的三五至精图；取坎填离图本于《参同契》的水火匡廓图……其最上一圈名为'复归无极'，亦出于《参同契》。""此无极图后被周敦颐发展为太极图。"③ 周氏《太极图》取自《四库全书·易类》记载的南宋朱震《易卦图》，后人由《太极图》推演出陈抟的《无极图》，如图 5 - 8 所示。

第二节　陈抟与宋代形成的图书学派

宋以后易学中的图书易学一派与陈抟有极深的渊源关系。④ 在陈抟之前，古文献关于易图有过记载，但往往过于简单，语焉不详。清毛奇龄《河洛原并编》说："太平兴国之年，忽有华山道士陈抟者，骤出《河图》、《洛书》，并《先天图》古易以示，世称为三宝。"⑤ 清初学者黄宗炎说：

---

① （清）黄宗羲：《宋元学案》卷十二，清道光刻本。
② 束景南：《周敦颐〈太极图说〉新考》，刘大钧主编《百年易学菁华集成初编易学史 4》，上海科学技术文献出版社，2010，第 1495 页。他认为《无极图》与《太极图》是"一图二用"。
③ 朱伯昆：《易学哲学史》卷二，第 24～25 页。
④ 章伟文：《易学历史哲学研究》，中国社会科学出版社，2012，第 216 页。
⑤ 郑万耕：《易学与哲学》，上海科学技术文献出版社，2013，第 404 页。

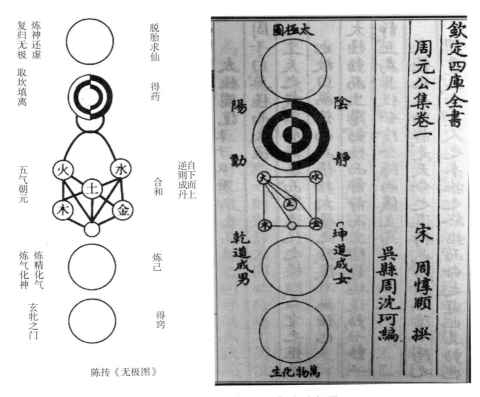

图 5 - 8　陈抟《无极图》与太极图

"图学从来，出自图南。"① 宋代图书学派的开启始自陈抟。元代道士雷思齐曰："由汉而唐，《易经》行世。凡经传疏释之外，未有及于图书之文刊列经首者，迨故宋之初，陈抟图南始创意，推明象数，自谓因玩索孔子三陈九卦之义，得其远旨，新有书述，特称《龙图》，离合变通，图余二十，是全用《大传》，天一、地二至天五、地十、五十有五之数，杂以纳甲，贯穿易理。"② 依雷思齐的记载，陈抟的易图称为"龙图"，包括《河图》《洛书》等二十余幅。这些图由陈抟传出，由陈抟的后传弟子公开，从而开创了易学象数学的发展。陈抟的"龙图易"直接导致了宋以后易学史上图书易学的兴盛，以黑白点河图、洛书来阐释《周易》的原理，包括解释八卦

① （清）朱彝尊：《经义考》卷六十五，清文渊阁四库全书本。
② （元）雷思齐：《易图通变》卷五，清文渊阁四库全书本。

的起源、天地之数、大衍之数、太极、两仪、四象等易学史的重要问题的风气蔚然成风。陈抟之后，北宋刘牧著《易数钩隐图》《易数钩隐图遗论九事》，系统地阐发了河图、洛书、太极等，对世界的结构、形成与演变问题，形上之道与形下之器的关系等哲学问题从易学的角度进行思考，促进了易学哲学化的发展。① 自从周敦颐作《太极图说》之后，《太极图》日益受到重视，在后人的易学著作中，易图成为《周易》的重要组成部分，各种各样的演绎图式纷纷出现。南宋朱熹撰《周易本义》，将《河图》《洛书》等九幅易图列于卷首，使易图成为学问为世人认识。朱熹"先天图下"说："伏羲四图，其说皆出邵氏（即邵雍）。盖邵氏得之李之才挺之，挺之得之穆修伯长，伯长得之华山希夷先生陈抟图南者，所谓先天之学也。"② 在邵雍、周敦颐、刘牧、朱熹等人的推动下，宋代形成了图书学派。

李远国认为"陈抟创立的先天易学，开创了宋明以来易学研究的规模与传统"③。陈抟的易图也得益于宋代儒者的重视与推崇而发扬光大。同时，陈抟所传的易图亦影响了宋明理学的创建与发展。

陈抟的易学后学（见第六章第二节之二《蒙文通考陈抟学术传承表》）多为儒生，陈抟的学术经过种放、穆修，传到道教之外的知识分子，列表中有种放、李溉、许坚、李处约、范谔昌、穆修、刘牧、祖无择、苏舜钦、苏舜元、尹源、尹洙、李之才、周敦颐等24人。陈抟的后学当不止表上之人，然传承陈抟易学最具贡献者当属种放、穆修、李之才、邵雍、周敦颐。陈抟的贡献不仅仅为将几张道教修炼之图传给后学，更为重要的是，陈抟不局限于儒家周孔的权威，指导后学思考图书之外的易学真义。他传图而不立文字，实施不言之教，其言行影响深远，影响了理学的创立者周敦颐和邵雍。

第三节　陈抟与宋代理学的初步建立

宋代之前的传统儒家重人道，轻天道。传统儒家在自然天道领域缺乏理

---

①　章伟文：《宋元道教易学初探》，第238页。

②　（宋）朱熹：《周易本义》周易下经第二，宋咸淳刻本。

③　李远国：《试论陈抟的历史地位及其影响》，《社会科学研究》1988年第3期，第76页。

论建树，经历唐末社会动荡之乱，儒家面临道家道教和佛教思想的强烈冲击，迫切要求儒学在理论上的突破和创新，以应对来自道、释两家的挑战。

陈抟的《无极图》《先天图》《河图》《洛书》等图，成为五代北宋理学的理论基础。《四库全书总目》卷三《经部·易类》三朱震《汉上易集传》云："叙图书授受，谓陈抟以《先天图》传种放，更三传而至邵雍。放以《河图》《洛书》传李溉，更三传而至刘牧。穆修以《太极图》传周敦颐，再传而至程颢、程颐。厥后，雍得之以著《皇极经世》，牧得之以著《易数钩隐》，敦颐得之以著《太极图说》《通书》，颐得之以述《易传》。"这段话比较全面地阐明了陈抟对宋代理学的影响。黄宗炎曰："周茂叔之太极图，邵尧夫之先后天图，同出于陈图南。"[1] 陈抟的易图先后传到理学奠基人邵雍、周敦颐手中。陈抟的《无极图》有顺逆两种解释。顺指宇宙发生论，逆指丹道修炼过程。"周子得此图，而颠倒其序，更易其名，附以大易，以为儒者之秘传。盖方士之诀，在逆而成丹，故从下而上，周子之意，以顺而生人，故从上而下。"[2] 陈抟的《无极图》其主旨意在丹道修炼，其诠释方式为由下而上。周敦颐则用以解释宇宙产生过程，其诠释方式为由上至下，与丹道修炼无关。周敦颐的《太极图》与陈抟的《无极图》存在渊源关系，奠定了理学的基础。另一位理学的开创者邵雍以"先天易"而闻名，其学与陈抟易学也存在传承关系。周敦颐作有《太极图说》，张载作有《太和论》，邵雍作有《皇极经世》，为理学的开创提供了理论基础。

当代学者多认同陈抟与宋代理学存在重要关联。冯友兰《中国哲学史新编》考证朱熹关于道学的创立者观点，朱熹认为宋朝道学的创立者为二程，周敦颐和邵雍是二程的老师，在周、邵之前他又上溯到陈抟，关于"陈抟将数学传给穆修，经李之才传给邵雍"与"陈抟把象学传给种放，可能传给周敦颐"，此两说朱熹认为是可信的。朱熹将道学同道教联系起来，又不署真名而署名类似道士的名字作《参同契考异》和《周易启蒙》，说明朱熹"本人的思想就和道教相接近的"，他"隐约推崇陈抟又不明说"，原

---

① （清）朱彝尊：《经义考》卷十六，清文渊阁四库全书本。
② （清）黄宗羲：《宋元学案》卷十二，清道光刻本。

因为"象学"和"数学"以及道教所讲的修炼的方法，都和提高人的精神境界没有直接的关系，所以都不是道学真正的内容。① 冯友兰先生实际上指出了源于陈抟的道学与陈抟致力的道教修炼的区别。孔又专同样指出，陈抟的易学其终极目的是"从象数运用中性命双修，从而达到先天层次"，而理学的目的"开成一套宇宙模式和道德修养体系"。② 儒家之理学与道家之丹道其思想虽有共同的渊源，但其主旨有根本的不同。

当代萧天石认为，"周敦颐之太极图与陈抟之无极图完全相同，只是在文说上颠倒其序而已"。陈抟的无极图学、先天图学开两宋理学之先河。③ "不论是邵雍的百源易学，还是周敦颐、二程、朱熹、张载，宋代濂洛关闽四派理学大师的思想体系，均受陈抟的启示而构建，并且在陈抟思想的影响下从论述宇宙万物的生成而展开他们的思想论说。"④ 与陈抟有重要关联的宋代理学，使儒家在哲学范畴、命题和内容各方面发生根本性的改变，完善了儒家哲学。

蒙文通研究陈景元时发现"伊洛所论者，碧虚书殆已有之。其异其同，颇可见学术蜕变演进之迹。其有道家言而宋儒未尽抉去，翻为理学之累者，亦可得而论。皆足见二程之学，于碧虚渊源之相关"⑤。蒙先生在校理陈景元《老子注》《庄子注》时发现，陈景元与二程理学有共同的关联，都渊源于陈抟。他因而对陈抟的学术传承问题做相关研究，列出《陈图南学谱》图式，揭示理学家邵雍、周敦颐、程颢、程颐等人的学术思想都来源于陈抟。

詹石窗《新编中国哲学史》将陈抟列为宋代理学的初步建立的关键，⑥认为陈抟与宋代理学的产生有密切关系。以往所做哲学史，虽承认陈抟之《无极图》与《先天图》对宋代理学有影响，但在哲学史上没有为陈抟立一席之地。詹石窗版本哲学史强调，北宋理学的重要特征之一为融儒、释、

---

① 冯友兰：《中国哲学史新编》第五册，第 51~52 页。
② 孔又专：《陈抟道教思想研究》，第 36 页。
③ 萧天石：《道海玄微》，第 478 页。
④ 范立舟：《两宋道教内丹学的发展与成熟》，《中国道教》2004 年第 12 期。
⑤ 蒙文通：《道书辑校十种》，《蒙文通文集》第六卷，巴蜀书社，2001，第 716 页。
⑥ 詹石窗：《新编中国哲学史》，中国书店，2002。

道于一体，对宋代理学有重要影响的"河图""洛书"本自陈抟。

束景南认为陈抟"既传《无极图》，又传《太极图》，一图两用，表明逆施成丹与顺行造化的思想已经形成，陈抟二传至张伯端，他在《悟真篇》中对此做了理论上的阐述和总结。陈抟之学传到张伯端和周敦颐，一个被奉为紫阳派祖师，列为五祖之首，尊为紫阳真人，一个被奉为理学开山，一代道统圣人。可谓二水分流、双峰对峙了"①。他提出陈抟的学术传承如下：②

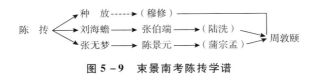

图 5 - 9　束景南考陈抟学谱

张辂《太华希夷志》认为陈抟："其言简而理深，使观者有所自得。"③唐明邦认为陈抟之《先天图》是邵雍的《先天八卦图》的底本，认为此图不一定是陈抟首创，其创意根源在《周易参同契》，陈氏只是一位传授者，而且强调此图长期以来秘密传授。陈抟未立文字，而有口头传下的言与意，其后传弟子形之于图与文字，从而开创了易学象数学发展的新时期。④

由上，可知陈抟对理学的影响：第一，陈抟的《先天图》《无极图》成为理学的重要依据。陈抟的《先天图》与周敦颐的《太极图》仅在说明上颠倒次序，由逆则成丹，诠释为顺则宇宙万物生成之理。第二，理学理论创建者均对陈抟的易图有所传承。第三，陈抟"以无字教人"实为不言之教，他虽未立文字，但应有口头传下言与意，其易学思想的意义在于提供一种具有思想解放作用的世界观和方法论，其超越周孔易学权威的主张对理学理论的创建具有重要引导作用。正因于此，邵雍的先天易与周敦颐的太极图才有可能打破儒家易学传统的窠臼，多有创新和自悟成分。

① 束景南：《周敦颐〈太极图说〉新考》，刘大钧主编《百年易学菁华集成》4，上海科学技术文献出版社，2010，第1495页。
② 束景南：《周敦颐〈太极图说〉新考》，刘大钧主编《百年易学菁华集成》4，第1499页。
③ （元）张辂：《太华希夷志》卷下，明正统道藏本。
④ 唐明邦：《邵雍评传》，第324~325页。

第四节　陈抟的易学思想

现存陈抟的易学著作主要是陈抟所传的易图和《正易心法注》。《正易心法》旧本题宋麻衣道者撰，又题"宋希夷先生受并消息"。《四库全书总目》中有《正易心法》一卷提要。据宋代释志磐《佛祖统纪》卷四三记载，《正易心法》是麻衣道者口述，由陈抟记录、整理并加注释而成。编辑明《正统道藏》时误认为已亡佚，而写入《道藏阙经目录》。

《正易心法》一书，自宋代即有真伪之辨。《文献通考》载李潜序，称得之于庐山异人，马端临注认为异人可能为许坚。又载张栻跋，认为是陈抟所传。朱熹斥《正易心法》"伪陋"，此后，陈振孙、胡应麟等均沿袭朱熹此说，订此书为伪书。而李潜、陈显微等十分推重此书，认为是陈抟所撰，朱熹的弟子冯椅也认为是陈抟所撰。当代学者李远国、陈进国、刘国梁等人均认为《正易心法》是陈抟的一部重要著作。① 笔者倾向于这一观点，从内容上看，《正易心法》反对周孔，不会出于儒家，其理念与陈抟的相符，应该是经过陈抟的记录整理，代表陈抟的观点。

一　陈抟易学反传统周孔之学的束缚

首先，陈抟认为周孔之言仅为一家之言，反对将周孔权威化。陈抟说"正易者，正谓卦画，若今经书正文也"，而周、孔等人的系辞与传，则并非正文主旨，只是"注脚"。② 意即周、孔之言仅为一家之言。陈抟此语，并非批评周、孔，只是客观地看待周孔易学。一方面，陈抟肯定了周、孔在易学传承中的重要性。《正易心法》中说"易道不传，乃有周孔"。周文王演易、周公作系辞和孔子作传对于揭示卦象、卦义有积极意义，为远古的易学得以传承做出了贡献。一方面，后世学者树周孔为圣人并迷信周、孔易学权威，才导致易学偏离本来的方向。其对"周孔孤行，易道复晦"

① 李远国：《〈正易心法〉考辨》，《社会科学研究》1984年第6期。
② （宋）麻衣道者著，陈抟注《正易心法》第一章，萧吉撰《五行大义》2，中华书局，1985，第1页。

注说："学者浅识，一著其辞，便谓易止于是，而周孔遂自孤行，更不知有卦画微旨。只作八字说，此谓之买椟还珠，由汉以来皆然。《易》道胡为而不晦也。"① 宋之前儒生崇敬膜拜周公、孔子，将其神圣化，儒者以周孔之易学为权威，迷信于周孔之词，跳不出周孔之学一家之言的框架，抛弃了易学的象数基础，只论易理在人事上的应用。儒家传统的易学家以周孔为标榜，不敢质疑周孔。陈抟此言对于儒者而言无异于"离经叛道"。

其次，陈抟打破周孔之权威，并非借以树立另外的权威，而是指导后学者学易首先要回归到卦画本身。陈抟打破周孔的权威的目的，并不是标榜自己的正确，或者把自己或其他"高人"树立成新的权威。唐明邦认为陈抟的先天易学特征为以图解《易》，"辞外见意"，陈抟指导后人要把握文字之外的真意。陈抟只传《易》图，不落文字，"意在重新树立象数易学的权威"②。

陈抟认为，人们对《易》的领悟结果各不相同的原因在于"惟人所入"。陈抟说："《易》之为书，本于阴阳。万物负阴抱阳，何适而非阴阳也，是以在人惟其所入耳。"比如"文王周公以庶类入，宣父以八物入，斯其上也。其后，或以律度入，或以历数入，或以仙道入。以此知《易》道无往而不可也"。人们对易的认识因人而异，也因人已受到的成见而异。所以陈抟要求学易者不要受"圣人"、前辈的成见干扰，主张"活法"与"自悟"。应该说陈抟教后学学易如此，教后人学道也是如此。陈抟后学种放、钱若水、张咏等人的思想由儒向道都是顺其自然的"自悟"过程，陈抟之易图本渊源于道教，而邵雍、周敦颐等人均是自悟而有所变通方归于儒家。

陈抟主张追溯"画前之易"，陈抟其实打破了周孔权威，也打破卦画的权威。陈抟并非认为图书、卦画即体现了最终的易理，他指引后学者领悟卦画之外的意义。周孔系辞与卦画皆作为理解易理的工具，而非易理本身。陈抟认为"卦象示人，本无文字"，"观卦画之象，悟其象意"。伏羲之易起

---

① 《正易心法注》第四十二章。
② 唐明邦：《邵雍评传》，第 326～332 页。

初没有文字，人们观卦象而领会其中意义。陈抟启示人们寻求文王、孔子之前，超越文字的《易》所暗含的真理，而"先天""环中""无极而太极"等寓意超出象数之外，非有形有象的物，非文字可以表达，带有一种寻根求源、终极探索的精神。

陈抟反对周孔权威归因于其道家本位。儒家注重人道，即人伦、政治等层面的"道"，以三皇五帝和周公、孔子为圣人。孔子"罕言性与天道"，儒家之道实则是以人类为中心的道。道家注重具有本体意义和宇宙生成意义的"道"，此"道"非以人类为中心，庄子曰："以道观之，物无贵贱，以物观之，自贵而相贱。"道家将人与万物平等对待，由天道出发，推衍至人伦层面，所谓"人法地，地法天，天法道，道法自然"，人之道即在天道面前不具有权威性。《庄子·天运》记有子贡见老聃之事，子贡以三皇五帝为圣人，而老聃却认为"三皇五帝之治天下，名曰治之，而乱莫甚焉"。老聃对仁义和三皇五帝之治的批判，实则从政治和哲学的层面表达了道家之天道与儒家之人道的不同。

在陈抟看来，《易》可以揭示内丹道之理。《正易心法注》一方面讲天地自然变化之易，一方面讲人体"血气流行"的生命之易，天地造化与人的生命运化在易理上是统一的，此与内丹学"修丹与造化同途"之理路一脉相承。陈抟注"阴阳运动，血气流行"（《正易心法注·第二章》）时，一方面讲"一阳为复"至"六阳为乾"的变化，一方面将之与人体生命相关联，"血气流行，若一、六为肾，二为肺，三为脾，四为肝，五为心"等；陈抟称"阴阳运动，血气流行，其所施为，皆自然之理也"[1]。在陈抟那里，宇宙万物化生、阴阳消长与人和社会都遵循自然无为的"道"，不局限于政治社会人伦之理。"天地万物，理有未明，观于卦脉，理则昭然"[2]，此处"天地万物"涵盖了自然、社会与人，陈抟认为通过观卦画可以从中领悟一切奥妙，其中亦包含了通过丹道修炼及修道、悟道的原理。

唐明邦认为陈抟"用老庄思想解《易》理"，"将易学进一步道学化"，

---

[1] 《正易心法注》第2章，第5章。
[2] 《正易心法注》第7章。

"按照道家思想原则和道教教义的需要，特别是道教内丹术的需要，着力改造《易》学"①。笔者基本赞同唐先生的观点，但不认为陈抟刻意将其改为丹道理论。他认为《易》能反映宇宙万物的生化消长之理，而内丹道仅为其中之一而已。因而陈抟的易学可以打破儒家易学传统，首倡象数易学，而开创先天易学，使宋代易学研究的水平，无论是在义理上还是在象数方面，都进入了新的境界。

二　易图研究与象思维

为了更好地理解陈抟的易学思想，此处借助"象与象思维"的相关理论。王树人认为"中国易、道、儒、禅经典都主要是'象思维'产物"②。他认为《周易》《老子》《庄子》等中国哲学文化经典并非诉诸西方逻辑概念思维，而主要是诉诸"象思维"。逻辑概念思维表现为理性，坚守主客二元，走向主体性与客观性之确定，所把握者为实体，属于静态局部。而象思维主要表现为悟性，通过比兴、象征、隐喻等方式，进行象的流动与转化，所把握者为非实体，属于动态整体，趋向"天人合一"或主客一体之体悟。

陈抟的易图表现为一种象，更加适合以象思维的方式研究，运用西方逻辑概念思维方式难以领会陈抟的易学思想。首先，陈抟易学中的"太极""道""环中"等概念难以成为精确定义、判断、推理的实体。依照逻辑思维方式，研究者和研究对象是主客二分的，主客对立的。而对于陈抟而言，太极、阴阳与道等既非实体，也不是主客二分的，"要体悟太极或道，则必须进入物我两忘的境界。如果非要提到主客，那么，在太极或道那里就是主客一体"③。易图中的太极、阴阳、五行、八卦等是一个有机的整体，象思维涵盖的是一个动态的、创生的整体，以象思维方式理解陈抟的易图，个体立于易图整体之中而与整体相融相通，与此整体合一成为其中有机的

---

①　《正易心法注》第 7 章。
②　王树人：《中国哲学与文化之根——"象"与"象思维"引论》，《河北学刊》2007 年第 27 卷第 5 期。
③　王树人：《中国象思维与西方概念思维之比较》，《学术研究》2004 年第 10 期。

一部分。

由象思维的角度，陈抟的易学与丹道修持存在内在联系。陈抟强调"当知活法，要须自悟"，"辞外见意"，首先要挣脱周孔之学乃至任何概念思想框框的局限，其后方能"自悟"。他又说"大道无中生体用"①，"无"的状态是人的本真状态，此状态与老子"复归于婴儿"，"致虚极，守静笃"，与庄子"心斋""坐忘"，同样意指一种天人合德、混沌未开的人与道合一的状态，与丹道所言"炼神还虚，体道合真"有相通之处。老子在《道德经》中曰："人法地，地法天，天法道，道法自然"，亦是主张摒弃世俗成见，使个人小宇宙与天地大宇宙相通为一。

陈抟之易图涵盖了宇宙与人的演化规律。以象思维观之，体悟易图背后的真理，首先应去除各种教条的局限，包括被树立为不可冒犯的权威周孔思想，力图回归本真，使个人与易图融为一个整体，个人与天地宇宙融为一个整体。个人越接近本真，其与易图、天地自然融合越深，产生的领悟也越深刻。

由此来看，陈抟的易学具有解放思想的作用。他没有直接参与理学的创建，但对理学的开创具有内在推动作用。

三　陈抟易学与丹道关系

陈抟之先天易学系以易理阐述丹道。唐明邦指出，陈抟先天易学的主导思想并不在经邦济世，亦不在协调人际关系，而在于指导羽林进行内丹修炼，以期人与自然同一，而达于真人之境。② 孔又专认为，陈抟易学思想的影响在于"汲取《老》、《庄》之学，本《易传》之旨，将汉代易学从道教宇宙生成模式及炼养理论方面进行融合、改造和发掘，宋代新儒学则又通过道教这一中间环节演绎其性理之学和象数学，形成一套宇宙象数模式和道德修养体系"③。孔又专指出，除内丹修炼之外，宋代理学借陈抟易学形成自己的宇宙模式及道德修养体系。朱越利认为："陈抟的易学图式对参

---

① 萧天石：《道海玄微》，第 475 页。其中引用苏澄隐《玄门杂拾》《对答》的内容。
② 唐明邦：《邵雍评传》，第 326～332 页。
③ 孔又专：《论陈抟易学思想的影响》，《四川大学学报》2008 年第 6 期。

同内丹术的发展产生了巨大影响。具体表现为：参同内丹术的成仙理论更加强调逆则成丹，大药理论更加强调先天后天之分，火候理论更加强调阴阳周期消长，玄牝之门、炼精化气、炼气化神、五气朝元、取坎填离、炼神还虚、复归无极等理论被参同内丹术普遍采用，并作为划分修炼步骤的标准。总之，陈抟将《老子》的'无极'和《易传》的'太极'结合在一起，以这样一种图式阐述宇宙生成和炼丹原理，开创了新的易学，并使内丹理论更加系统和精致。"① 朱越利认为陈抟使内丹理论更加侧重逆则成丹，将《老》《易》结合，开创新的易学，也使内丹理论受其影响发展得更为系统完整精致。

陈抟的易图中，以《无极图》最能体现他的内丹理论，此图与《道藏》中《上方大洞真元妙经图》所记载的《太极先天之图》极为相似（见图5-10）。② 清朝朱彝尊曰："陈抟居华山，曾以《无极图》刊诸石。为环者四，位五行其中。自下而上：初一曰'玄牝之门'；次二曰'炼精化气，炼气化神'；次三五行定位曰'五气朝元'；次四阴阳配合曰'取坎填离'；最上曰'炼神还虚，复归无极'。故谓之'无极图'，乃方士修炼之术尔。相传抟受之吕岩，岩受之钟离权，权得其说于（魏）伯阳，伯阳闻其旨于河上公。"③ 清黄宗羲曰："周子得此图，而颠倒其序，更易其名，附以大易，以为儒者之秘传。盖方士之诀，在逆而成丹，故从下而上，周子之意，以顺而生人，故从上而下。"④ 清代朱彝尊考证，陈抟的无极图确实用于内丹修炼，陈抟从吕洞宾处得来，其渊源上溯至河上公。清黄宗羲确认周敦颐之《太极图》来自陈抟的《无极图》并按"顺而生人"的原则做了修改。"炼精化气""炼气化神""炼神还虚""取坎填离"等都是丹道术语，陈抟之易图与丹道修炼密切相关成为学界公论。

那么，在陈抟之前，易图与丹道在道教史上是如何发展的？在道教史上，"河图"出现天师道受法的经目之列始于唐代。据日本学者小林正美所

---

① 朱越利：《宋元社会与阴丹术的流行》，《宗教学研究》2008 年第 1 期，第 1~12 页。
② 佚名：《上方大洞真元妙经图》，《道藏》第 6 册，第 707 页中栏。
③ （清）朱彝尊：《曝书亭集》卷第五十八，"考辨原"，四部丛刊景清康熙本。
④ （清）黄宗羲：《宋元学案》卷十二，清道光刻本。

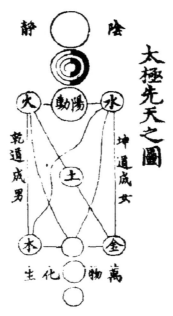

图 5 - 10　太极先天之图

言，"到了唐代，在梁末所形成的受法教程中，又在洞真部的上清经箓前面新加上了'五法'、'河图'经箓，并制定了传授这些经箓的道士法位"①。也就是说，"河图"作为道教内传承的经箓，唐之前未见记载，是到了唐代才新加进去的。

张万福在《太上洞玄灵宝道士受三洞经诫法箓择日历》（HY1230）中列举了天师道受法的经箓，其受法法目由低到高依次为：

①正一仙灵符箓等；②阳平、鹿堂第二十四治，及游散宿治；③老君、金钮及经目并经等；④神祝符契图经等；⑤洞神三皇符图经等；⑥洞玄灵宝自然券、中盟经、真文二箓、灵策、神杖等；⑦五法；⑧河图宝箓；⑨上清七券经目及经，三箓诸法，太素玄都紫纹交带等。②

其中第八项为"河图宝箓"，但并无河图的图或文。小林正美认为，梁代初期到北宋初期，天师道的受法教程和道士的位阶制度的基本形态是根据三

---

① 〔日〕小林正美著《唐代的道教与天师道》，王皓月、李之美译，第 96 ~ 97 页。

② 转引自〔日〕小林正美著《唐代的道教与天师道》，王皓月、李之美译，第 83 页。

洞四辅说而构造的，道士依次被传授正一部治箓、太玄部经箓、三洞部经箓，按照洞神、洞玄、洞真的经箓顺序实行，由此可知，河图宝箓处于较高的地位。然无河图宝箓的图文，无法考证其与陈抟所传授的"河图"的联系。

章伟文指出，唐代道教中人施肩吾《西山群仙会真记》中《识法》篇对"天地之数"有过说明，此书引用了刘海蟾之语，刘海蟾为陈抟的弟子，因而此书的编成年代当与陈抟同时而略晚。① 章伟文考查了《道枢》、《混元八景真经》、《太上长文大洞灵宝幽玄上品妙经》、《阴符经》、《太上九要心印经》和《黄帝九宫经》等唐宋间道教经书，认为陈抟的《龙图易》不是空穴来风，而是有其历史渊源的。虽然天地之数、五行、八卦、九宫等概念具体在什么时候被引入道教经书，难以做出一个确定的判断，但陈抟之前，道教经书已经对这些概念进行运用，则是可以确定的。②

宋代符箓派亦用以进行丹道修炼，以《度人经》为例，此经原出于符箓道派，共61卷，第一卷为本文，出于刘宋之前，系东晋前期古灵宝诸经之一，后六十卷出于北宋之后。③ 刘仲宇认为，"宋萧应叟撰《元始无量度人上品妙经通义》，将《太极图》与内丹修炼图等同观之，又将《度人经》的宇宙理论与二图所示原理统一起来"，"《太极图》经《度人经》的中介，又回到了道门法术"。宋代符箓派将《太极图》视为内丹修炼之图，并与符箓派经典相互诠释，"至于先天学等，本从内丹学中孕育而成，又早已是内丹火候的标志，随着内丹成为雷法的基础，此类精深的常理，也皆进入雷法"④。陈抟之《无极图》，本是源自丹道修炼，然一直在少数隐逸的修丹人士之中传承，经周敦颐作《太极图说》后，方显现于世。宋代的符箓派亦兼修内丹，并重视《太极图》在内丹修炼方面的应用，而陈抟的先天之学亦被引入雷法。

四　陈抟易学隐秘的传承方式

种种迹象表明，陈抟的易学除了在种放一系传承之外，还继续以隐秘

---

① 章伟文：《宋元道教易学初探》，第 219 页。
② 章伟文：《宋元道教易学初探》，第 219～224 页。
③ 任继愈主编《道藏提要》，第 3 页。
④ 刘仲宇：《道教授箓制度研究》，第 112 页。

的方式在民间传承着。

首先，陈抟的易学老师，无论是吕洞宾、麻衣道者，还是鹿皮处士、孙君仿，他们都是隐士，陈抟本人亦是隐士。

其次，陈抟易图的渊源，与隐逸之士有关。宋人程大昌在《易原》中曾疑惑为何河图、洛书在宋之前的儒家不曾流传，刘歆与孔安国"在汉皆号精博"，而刘歆"专佐符命正使，汉家秘藏有之，歆何以不得而见，此不可晓也"。① 汉代时，刘歆与其父刘向负责整理校订国家收藏的书籍，有机会接触到各种书籍，而不见河图、洛书，图书在儒家已失传。

学者多认为陈抟之学源于《参同契》，《参同契》的著者为道家隐士魏伯阳。朱熹称："先天图传自希夷，希夷又自有所传。盖方士技术用以修炼，参同契所言是也。""魏伯阳参同契，恐希夷之学，有些自其源流。""先天图直是精微，不起于康节，希夷以前元有，只是秘而不传。次第是方士辈所相传授底。"② 朱熹认为陈抟之易图来自方士，方士用以修炼丹道，并认为之所以不传于世，是因为方士的丹道修炼本是隐秘的修炼体系，讲究"次第"，不对普通人传授。胡渭曰："或问朱子，谓希夷之学，源出参同契。"③ 以朱熹为代表的儒者认为陈抟之学出自《参同契》，并指出与方士修炼有关。此处方士意指隐于民间或山林进行丹道实践的修道者。道教人士认同此观点，明代道教天师张宇初曰："故谓伯阳《参同》，恐希夷之学，出其源流。盖其卦位布置，皆与《参同》默符。"④《参同契》成书于东汉，被道教界称为"万古丹经之王"，可见陈抟易学源于丹道学派为主流观点。

陈抟之易、河图、洛书未能传于世的原因，可能与道家隐逸之士将之作为修丹之秘有关。胡渭称："举参同千言万语之玄妙，而括之以一图，微而着约而赅，丹家安得不私之为秘宝，而肯轻出示人耶，自种放之后，儒者受此图，皆有所变通，恢廓而非复希夷之旧，唯蜀之隐者，得其本真，私相授受，以为丹家之要诀，箧叟酱翁之徒是也，故虽朱子之博洽，亦不

① （宋）程大昌：《易原》卷一，清武英殿聚珍版丛书本。
② （宋）黎靖德：《朱子语类》卷第一百、卷第六十五，明成化九年陈炜刻本。
③ （清）胡渭：《易图明辨》卷三之《先天太极》。
④ （明）张宇初：《岘泉集》卷一《先天图论》，《道藏》第33册，第192页中栏。

得见，而必属季通入峡求之。""先天图虽丹家修炼之诀，然亦必得其人而传之，非其人则不传也，故宋初唯种放、穆修受希夷之学，而他无闻焉。其后穆修授李之才，之才授邵雍，而天下始知有象数之学，即上所列二图是也，亦曰太极图，或谓之河图。"① 由胡渭之语可知：①陈抟之学源出参同契，举参同千言万语概括成一图。②蜀之隐者得陈抟本真之义，隐者为"箴叟酱翁之徒"，以为丹家之要诀，传承方式为私相授受。③先天图为丹家修炼之诀，必得其人而传之，非其人则不传，是造成种放穆修之后没有其他人知道的原因。④儒者对此图有变通，不再用以诠释丹道。

明初赵㧑谦所著《六书本义》中存有《天地自然河图》，称："此图世传蔡元定得于蜀之隐者，秘而不传，虽朱子亦莫之见。今得之陈伯敷氏，尝熟玩之，有太极含阴阳，阴阳含八卦之妙。"② 亦说明陈抟的易图一直在隐者中秘密传承，隐者显然遵守某种规则刻意"秘而不传"，蔡元定虽然受朱熹之命寻到易图，竟然也不出示给朱熹，以至于朱熹竟不得一见。

从丹道的角度，传统丹派对于重要丹经和丹诀的传授极为慎重，不允许在社会上公开流传。《参同契》艰涩难懂，且多用隐语，陈抟《先天图》只用图示，而少有文字说明，亦应有此因素。萧天石认为："盖此图（无极图）在于功夫授受，重口诀而无文。至先生恐其久而湮也，遂刻之于华山石壁，因得以广事流传不绝。"③《先天图》若是作为修炼之诀，则遵守道教"非其人不传"的传统，丹道经典中"所传非人，必遭天谴"的语句比比皆是，所传之人必须有一定修道根器之人。为保密起见，丹诀传承通过师徒口传心授，往往不落文字，这或许是陈抟的易图在社会上长期隐没不显，却在隐士中秘密传承的原因。

陈抟之易图传入儒家后，其主旨有所变通，不再作为丹道修炼用途，其传承方式也相应有所改变。胡渭称种放之后的儒者对陈抟之图"皆有所变通"，"非复希夷之旧"，此处提到一个线索，即陈抟的易学在儒家和隐士中的传承方式是不一样的。儒者对陈抟的图有所变通，不再是陈抟旧图的

---

① （清）胡渭：《易图明辨》卷三。
② （明）赵㧑谦：《六书本义》六书今义图考，清文渊阁四库全书本。
③ 萧天石：《道海玄微》，第479页。

样子，只有在隐者中，还保持的"私相授受"的传承方式和本真的面目。且不论儒家如何变通陈抟之易，可以肯定的一点是，儒家易图不再作为修炼的丹诀。也有一种可能，自陈抟或者种放时，已经将部分易图作了非丹道的诠释，才敢将易图传出，至周敦颐时，周氏将这些诠释和自己的自悟总结成文字，形成《太极图说》。

华山附近的方士、隐者应保留有陈抟易学的原旨。陈抟的易学意在服务丹道修行，向陈抟请教易学的修道者很多。萧天石称"先生居华山，远近闻之，愿屈节操几杖，执弟子礼，终身随侍左右者，不可计数，先生在山好为人讲易，尤喜以无字教人"①。"四川易学之发达，复多散在隐士中，如箍桶翁，卖酱翁等，均受先生之影响甚大也。"② 陈抟在华山吸引了很多人，其中相当部分是和陈抟一样的隐士，因而陈抟之学亦在当地的隐者中延续。他们或为山林修道者，或表现为普通百姓，如箍桶翁、卖酱翁、郎中、算命先生等，他们传承的易学应保留了陈抟的原旨。朱熹、蔡元定就是因此到四川去寻找陈抟的易图，蔡元定也确实从隐者那里找到，只是由于隐者的传承方式与儒家不同，蔡元定遵守隐者的规定，不能向朱熹展示。

由于隐者的圈子很小，且采用秘密的传承方式，隐者虽得陈抟易学的本真，然容易失传。反观之，陈抟易学在隐士之中的传承由陈抟传至种放之后，易图的传承进入儒家，并被改造成理学的重要理论，易图成为公开传播的资料而得以保存。

小　结

陈抟的图书易学其主要目的为服务于丹道。但由陈抟将图书传出后，其易图沿两条不同的学术方向发展。邵雍、周敦颐等儒者借用陈抟之图，主要阐发天道自然之理与社会人伦秩序的建立存在的联系，其目的在于"人极"即人道的建立。老庄之道家则主张精神的绝对自由，超越世俗价值

---

① 萧天石：《道海玄微》，第 470 页。
② 萧天石：《道海玄微》，第 461 页。

而逍遥。道教内丹派则致力于夺造化之机，悟道而修仙。陈抟思想是道家与丹道的结合，一方面，易学与道家精神的结合，陈抟之人生符合易之遁卦，不仕王侯，高尚其事，选择隐逸；一方面，陈抟易学与丹道相结合，将天道自然之理与人的内丹修炼相融通，用以指导修道者修炼丹道。因此，陈抟之易学的道教传承者多为修炼丹道的隐者，未曾致力于对易学进行社会伦理秩序的理论建设。而陈抟易学的儒家传承者则通过先天图等图书，启发了理学形而上宇宙生成论、本体论理论的创建，"启发了宋儒构建明体达用、贯通形上与形下的新儒学体系，在宋明学术史上有其重要的价值；在道教发展史上，则为隋唐道教外丹学向宋元内丹学的过渡，作了重要的理论铺垫；而对于易学史本身的发展而言，因其开启了有宋一代图书易学的学术流派，这就极大地丰富了易学史的研究内容"①。

---

① 章伟文：《先天图、先天学与道教丹道之关系考察》，《周易研究》2014 年第 2 期。

下 篇

陈抟后学

第六章　陈抟后学的界定

第一节　陈抟后学的界定问题

早在帝王征召陈抟之前，陈抟就与隐逸高士交往，以道行高深闻名。随着历代帝王对陈抟的征召与笼络，作为隐士的陈抟既以高寿闻名，亦以其高尚的道德闻名，又以其高深莫测的道术闻名。民众和士大夫拜访陈抟，欲从其学道者众多，"海内无贤不肖闻其风而慕之，其愿操几杖以师事之者不可胜数"①。但资料显示，陈抟不轻易招收弟子。

关于陈抟学术的传承谱系，后人有多个版本，主要有：南宋李简易《混元仙派图》中所列陈抟的直传、再传弟子共 11 人，其中没有陈抟的易学弟子；朱震《汉上易解》仅列陈抟的易学后学为 11 人；蒙文通《陈抟学术表》的版本中陈抟后学为 54 人，蒙文通指出陈景元之学源于陈抟；周敦颐、邵雍与刘牧之学亦出自陈抟而皆以象数为学，又自附于儒家；刘海蟾为南宗之祖，其学出于陈抟。② 据笔者所搜集资料，此表尚不够完整。总共超过 70 人被列入陈抟的后学，其中得陈抟亲授者为种放、穆修、刘海蟾、张无梦、杨宸、付林、李挺、张四郎、皇甫、涂定辞、贾德升、钱若水、张咏等人，其他为后传者。以上的各个版本都不是完整的，《道海玄微》记载"常从希夷游者，尚有刘守拙、张虚白、混沌道士等"，"华山道士，无有不从学于希夷先生者"。③ 从学于陈抟者很多，种放、穆修等人的学生亦

---

① （元）张辂：《太华希夷志》卷上，明正统道藏本。
② 蒙文通：《蒙文通文集》第六卷，第 715～717 页。
③ 萧天石：《道海玄微》，第 475 页。

远多于蒙文通先生所列。由于没有直接资料证明陈抟收何人为弟子（直接资料是指陈抟以弟子相称、弟子以陈抟为师和证明陈抟举行过收徒仪式的资料），以上版本多是根据现象上有传承陈抟学术的事实而确定传承谱系的，因而就有个人的主观因素。虽然各个传承谱系不尽相同，却各有一定的影响，得到普遍认可，因此，得到一张完整而准确的陈抟后学列表是很难做到的，本书所研究的"陈抟的后学"即以前人的传承谱系为基础，加以整理和厘定而成。

陈抟虽然没有通过正式的仪式招收弟子，但确实很多人向其求学并深受其影响。分析这些被视为陈抟弟子和后传弟子的后学，发现他们并不属于同一个学术领域。他们之中，或有专修内丹而无理论撰述的隐士，或有修炼丹道并兼事符箓的宫观道士，或致力于经世致用被归为儒家的知识分子，包括宋明理学理论奠基者、易学研究者，或有致力于命理、星相、堪舆术等术的民间术士。陈抟在剑术、书法等方面也有造诣，也有其崇拜者。为何陈抟的后学归属于不同的学术领域？由此推测，把陈抟的思想归属为有限的几个学术领域是不确切的。笔者认为，传道而不立教应该是陈抟思想传承的重要特点，而陈抟之道既有具体的道术，更重要是有"一以贯之"[①] 的世界观和方法论。道教典籍记载陈抟之语"大道无中生体用"，"先生直得老子神髓，居恒以无字教人。并曰：'我此门中，一字也无，道亦不立。当无之极，便自无中有物，无中有象矣。'"[②] 这或许是陈抟学术的总纲。《论六家要旨》云："道家无为，又曰无不为，其实易行，其辞难知。其术以虚无为本，以因循为用。无成执，无常形，故能究万物之情。"因为道家"无成执，无常形"，不落窠臼，不适合用语言文字形成固定的教条教义，因而陈抟如老、庄一样，无意立言、创教。陈抟秉承道家这种打破樊篱、不守陈规的思维模式应该是陈抟给予后学最可贵的精神财富，也是其学跨越多个学术领域的重要因素。

本书以陈抟的弟子及后传弟子为重要研究对象，统称他们为陈抟的后

---

① 引自陈抟语舍道子所言。见萧天石《道海玄微》，第 470 页。
② 此语出自萧天石《道海玄微》，第 475 页，其中称见于苏澄隐《玄门杂拾》，《对答》所记。

学。首先，称他们为陈抟的弟子是不合适的。"其亲授业者为弟子，转相传授者为门生。"① 陈抟为隐士，与世俗社会交往很少，没有确凿证据证明陈抟曾收何人为弟子。关于陈抟的资料多是由拜访他的人所记载。朱长文《易经解》、晁说之《传易堂记》（《嵩山集》卷十八）、朱震《汉上易传·进易说表》、邵伯温《易学辨惑》、程颢《邵尧夫先生墓志铭》都讲到陈抟的学术传承。这些传承关系皆是由第三方的认定，陈抟本人没有留下言语称何人为弟子，倒是有很多事例说明陈抟没有收他们为弟子，如种放、钱若水、张咏等人，都有向陈抟求道之意，陈抟因各种原因没有收他们入道成为弟子，后人所认可的陈抟弟子，其本人鲜有文字说明他们是陈抟的弟子。

其次，称他们为陈抟的门生也是不合适的。宋代之前，门生往往与老师形成人身依附关系，即使到了宋代，不再有人身依附关系，门生与老师的关系还是密切的。陈抟的超心物外的隐逸作风不会与他人建立人身依附关系，也不会产生密切的世俗联系，因而门生的称呼也不合适。

因而，本书使用后学统称陈抟的直授弟子和间接传授弟子。列入后学至少应满足以下条件之一：一、与陈抟有学术传承关系，其学术思想在源头上可追溯至陈抟，如种放、穆修、周敦颐、邵雍等人传承了陈抟的先天图、太极图、河图洛书、易学等；二、曾求学于陈抟，在陈抟的指导下规划人生，如种放、钱若水、张咏等人，他们表现为儒家，而最后以道家为归宿；三、随从陈抟学习丹道者，如刘海蟾、张无梦、贾德升等人。

陈抟的思想确实通过其后学得以传承，并影响深远。然所列陈抟的后学众多，限于篇幅不可能一一列出，本书侧重研究陈抟的直传后学和虽非直传却明显受陈抟影响并产生重要影响的后学。

第二节　陈抟后学的版本

1. 朱长文所言陈抟易学传授次序

关于陈抟的易学传授，最早提及的是朱长文。朱长文字伯原，生于

---

① （宋）欧阳修：《后汉孔宙碑阴题名》，《欧阳文忠公集》卷第二，四部丛刊景元本。

1041 年，卒于 1098 年。① 朱长文生活年代距陈抟离世不远，于 1059 年中进士，《宋史》文苑六有传，称他"著书阅古"，"名动京师"，② 可以说朱氏是一位博览群书、知古达今的名士。

朱长文所作《易经解》曰："伏羲四图，其说皆出于邵氏，盖邵氏得之李之才挺之，挺之得之穆修伯长，伯长得之华山希夷先生陈抟图南者。所谓先天之学也。"③ 朱长文据邵雍所言，认为伏羲四图的传授为：陈抟→穆修→李之才→邵雍。朱氏广闻博识，他引用邵雍之言，说明他认为此说是有依据的，可信的。

2. 晁说之所言陈抟易学传授次序

晁说之，生于 1059 年，卒于 1129 年。早年投于司马光门下，与刘恕、苏轼相识，苏轼"以著述科荐之"④。他曾学文于曾巩，"博极群书，尤长于经术"⑤。晁氏著述丰富，有二百卷数十种之多，大部分著述已佚，然从其著述目录上来看，关于易学的著作有七本。⑥ 可知晁氏涉猎极广，且对易学颇有研究。

晁说之《传易堂记》叙述了陈抟易学的流传："有宋华山希夷先生陈抟图南，以《易》授终南种征君放明逸，明逸授汝阳穆参军修伯长，而武功苏舜钦子美亦尝从伯长学。伯长授青州李之才挺之，挺之授河南邵康节先生雍尧夫。"⑦ 可推出陈抟易学的传承关系：

陈抟→种放→穆修→苏舜钦、李之才→邵雍

晁氏此说应是在其博览群书、采纳众人之言所形成的结论，并且得到邵雍之子邵伯温的认可。据其《太极传后序》所言，晁氏先是从洛阳杨老那里"得康节先生自为易图二"，然后"入洛与先生之子伯温游，得先生之

---

① 陈志平：《朱长文散考三则》，中国历史文献研究会编《历史文献研究》总第 32 辑，华东师范大学出版社，2013，第 186 页。

② （元）脱脱：《宋史·朱长文传》卷四百四十四，"列传"第二百三，清乾隆武英殿刻本。

③ （宋）朱长文：《易经解》，明崇祯四年刻本。

④ （宋）陈思：《两宋名贤小集》卷六十七，"景迂小集"，清文渊阁四库全书本。

⑤ 《四库全书总目·景迂生集》。

⑥ 张剑：《晁说之传》，傅璇琮主编《宋才子传笺证北宋后期卷》，辽海出版社，2011，第 346～348 页。

⑦ （宋）晁说之：《传易堂记》，《嵩山文集》卷十六，四部丛刊续编景旧钞本。

遗编残稿"。① 而其《康节先生谥议后记》中言"遇先生门人洛阳杨宝贤",② 则杨老即是邵雍的门人杨宝贤,门人即门生、弟子,晁说之确实从杨氏那时得到邵雍的两幅易图。晁氏既与邵雍的弟子有交流,也与邵雍的后人有交往,并皆有所传授。《宋元学案》列晁说之为邵雍的私淑弟子,而晁说之是晁迥的玄孙,晁迥则被列为刘海蟾的弟子(见第九章第二节)。因而,晁说之的家学与陈抟也有重要渊源,他本人又得邵雍之学的传授,其所言的陈抟易学传承关系是有依据的。

3. 朱震所言易学传授次序

朱震(1072～1138年)是程颐的大弟子谢良佐即上蔡的门人,是程氏的再传弟子。朱震是宋代著名的易学大家,曾为宋高宗讲解《周易》,著有《周易集传》,又称为《汉上易传》,《宋史》列其传记。

朱震称:"陈抟以《先天图》传种放,放传穆修,修传李之才,之才传邵雍;放以《河图》、《洛书》传李溉,溉传许坚,许坚传范谔昌,谔昌传刘牧。穆修以《太极图》传周敦颐,敦颐传程颢、程颐。"③ 由此列表为:

先天图传授　　河图、洛书传授　　太极图传授

陈抟　　　　　种放　　　　　穆修
↓　　　　　　↓　　　　　　↓
种放　　　　　李溉　　　　　周敦颐
↓　　　　　　↓　　　　　　↓
穆修　　　　　许坚　　　　　程颢、程颐
↓　　　　　　↓
李之才　　　　范谔昌
↓　　　　　　↓
邵雍　　　　　刘牧

图 6 - 1　朱震所言易学传授次序

根据此传授表,李之才、周敦颐为穆修的弟子,而邵雍、程颐、程颢则是穆修的再传弟子,他们的易学渊源皆来自陈抟。朱震的说法流传最广,影响最大。

---

① (宋)晁说之:《太极传后序》,《嵩山文集》卷十七,四部丛刊续编景旧钞本。
② (宋)晁说之:《康节先生谥议后记》,《嵩山文集》卷十八,四部丛刊续编景旧钞本。
③ (元)脱脱:《宋史·朱震传》卷四百三十五,"列传"第一百九十四,清乾隆武英殿刻本;同见于(宋)陈振孙《直斋书录解题》卷一。

4. 陈振孙所言陈抟学术传承关系

宋代陈振孙《直斋书录解题》卷一同样记载了朱震《汉上易传》所叙述的易学源流。该书卷十七则记载了穆修的学术传承，其《穆参军集》一条称穆修"师事陈抟，传其易学以授李之才，之才传邵雍，而尹洙兄弟亦从之学古文，且传其春秋学，或曰太极图亦修所传于陈抟、种放者"①。可得以下传承次序表：

易学传承：陈抟→穆修→李之才→邵雍

太极图：陈抟→种放→穆修

穆修的古文与春秋学：穆修→尹洙兄弟

陈振孙所记两条书录所述传授次序与朱震所言相符，补充了穆修的学术传人。

5. 邵伯温所言陈抟易学传授次序

邵雍之子邵伯温说："先君受易于青社李之才，字挺之。为人倜傥不群，师事汶阳穆修。挺之闻先君好学……于是先君传其学。……伯长，《国史》有传，其师即陈抟也。"②可得易学传授次序为：

陈抟→穆修→李之才→邵雍

6. 混元仙派传授图之陈抟弟子表

陈抟为修道人士，其道教方面的弟子众多。李简易为南宋道士，生于1203年。③其所著《玉溪子丹经指要序》首页列有《混元仙派之图》（本书第四章第一节对混元仙派有说明），总计罗列五代至元初98位高道，其中列有陈抟的道教弟子，分别为：鸿蒙君（张无梦）、张乖崖（张咏）、付林、李挺、张四郎、皇甫、涂定祥（应为涂定辞之误）、王衮、种放，再传弟子有陈仙（元）、贾得升。贾得升也有作贾德升，在陈抟晚年时曾侍奉陈抟，应该是陈抟的直传弟子，列为再传弟子是不合适的。这个学术传承表的亮点之一是将种放、张咏列为陈抟的道教方面弟子，成为混元仙派传人。张咏能文能武，是宋代名臣之一，《宋史》有传，虽然也有很多

① （宋）陈振孙：《直斋书录解题》卷十七，清武英殿聚珍版丛书本。
② （宋）邵伯温：《易学辨惑》，清文渊阁四库全书本。
③ 李显光：《混元仙派研究》，第338页。

史籍列张咏为陈抟的后学，但只有这个学术表列其为道教弟子。种放是宋初著名隐士，虽然他从学于陈抟，临死之时换上道服，但很少有材料将其视为道教弟子。

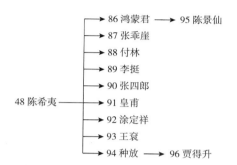

图6-2 混元仙派传授图之陈抟弟子列表

此表来自李显光《混元仙派研究》。

7. 南宋刘克庄所认同的陈抟弟子

刘克庄（1187～1269年），字潜夫，自号后村居士，莆田人。刘克庄认为，钱若水、种放皆为其弟子，其诗《题四贤像·陈希夷》中云："钱子非仙者，种郎岂隐哉。先生闭门睡，弟子下山来。"① 刘克庄的诗篇幅有限，但其认为钱若水与种放为陈抟弟子这一点是确定的。

8. 元代辛文房所认同的陈抟弟子

辛文房，元代西域人。他在《唐才子传》中曰："洛阳潘阆逍遥、河南种放明逸、钱塘林逋君复、巨鹿魏野仲先、青州李之才挺之、天水穆修伯长，皆徒学先生（陈抟）。"② 按辛文房观点，潘阆、种放、林逋、魏野、李之才、穆修，都是陈抟的学生。

值得注意的是辛文房将魏野、潘阆列为陈抟的后学。笔者尚未发现潘阆从学于陈抟的相关资料，关于魏野为陈抟的后学也只有辛文房的一家之言，然魏野似乎与陈抟确有联系。魏野生卒年为960～1019年，与陈抟为同时代人，略晚于陈抟，同样是宋初著名隐士。首先，魏野与陈抟学生种放

---

① （宋）刘克庄：《后村集》卷十八，四部丛刊景旧钞本。

② （元）：辛文房：《唐才子传》卷十，清佚存丛书本。

的弟子有交往，据《宋史·薛田传》记载："薛田，字希稷，河中河东人。少师事种放，与魏野友善。"① 薛田是陈抟的弟子种放的学生，并与魏野有交往。种放的另一学生张荷，同样与魏野为友，《渑水燕谈录》亦记载："青州寿光张荷若山，早依田告为学。告卒，入终南，师事种放，而吴遁、魏野、杨朴、宋澥皆友也。"② 而田告是陈抟的学生，"尝学诗于希夷先生，先生以诗评授之③"。其次，魏野对隐逸修道者是感兴趣的，作有《寻隐者不遇》："寻真误入蓬莱岛，香风不动松花老。采芝何处未归来，白云遍地无人扫。" 魏野既有心访问修道隐者，又与陈抟的再传弟子多有来往，则魏野曾拜访陈抟，学于陈抟，是可能的。

9. 近人易心莹所认同的陈抟后学

近代学者易心莹所作《道教三字经》第十《柱史玄妙传》，叙述其学术传承为："尊柱史，号犹龙。越唐宋，至三丰。关令尹，第一传。著九篇，述渊源。希夷君，隐太华。木岩集，史文嘉。六祖张，号隐仙。会南北，玄要篇。希夷下，道学兴。第三传，尧夫承。观物篇，经世书。大圆理，合虚无。第六传，濂溪继。太极图，宗老易。"④ 易心莹之文，列张三丰为陈抟的道教传人，指出宋明理学与陈抟存在渊源关系，将其代表人物邵雍的观物篇、周敦颐的太极图之宗旨归于老子、易经。

10. 近人蒙文通考陈抟学术传承表

蒙文通先生所作陈抟学系表（见图 6-3）是目前人数最多的陈抟谱系表，共有 54 人，与之前传承表不同，蒙氏的列表综合了陈抟在易学、理学、丹道方面的后学。⑤ 此表对陈抟的道教弟子收集不全，缺少张四郎、涂定辞两位直传弟子。

第三节　本书所研究的后学

本书所考述的陈抟的后学，以蒙文通先生所作陈抟学系表（见图 6-3）

---

①　（元）脱脱：《宋史》卷三百〇一，"列传"第六十，清乾隆武英殿刻本。

②　（宋）王辟之：《渑水燕谈录》卷第六，清知不足斋丛书本。

③　（宋）王辟之：《渑水燕谈录》卷第四，清知不足斋丛书本；同见于江少虞《新雕皇朝类苑》卷第四十一，日本元和七年活字印本。

④　易心莹：《道教三字经》，上海古籍出版社，2010，第 61 页。

⑤　蒙文通：《蒙文通文集》第六卷，第 721 页。

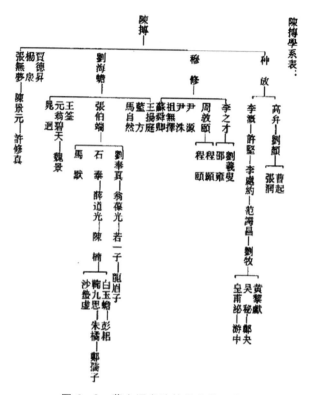

图 6-3　蒙文通考陈抟学术传承表

为基础。在此基础上，对陈抟的直传弟子进行了考证。关于陈抟的直传弟子，在蒙先生的表中，缺少陈抟的两位道教直传弟子——张四郎、涂定辞。此表还缺少张咏、钱若水，他们和种放一样，可视为陈抟道教之外的弟子。

另外，本书对重要的直传弟子的学生进行梳理。

第一，本书对种放的弟子进行梳理，有明显历史资料记载的种放弟子至少有 13 人，他们是：陈尧佐、杨偕、薛田、高弁、高怿、韩退、刘孟节、张荷、李迪、穆修、李溉、范谔昌、刘牧。（见表 8-1）

第二，本书对刘海蟾的弟子进行梳理，刘海蟾主要的弟子有：蓝养素、马自然、晁迥、王筌、李练、张虚靖、张仲范、张伯端。（见第九章第一节之二）

第三，本书对穆修的弟子进行梳理，穆修的弟子主要有：祖无择、尹洙、李之才、苏舜钦、苏舜元、周敦颐。（见表 10-1）

此外，由于陈景元、张三丰继承发扬了陈抟的思想真髓，并产生重要影响，本书对此二人设有专节考述，见第九章"陈抟的道教后学"。

邵雍与周敦颐不是陈抟的直传弟子，他们被视为理学的重要开创者。由于他们的学术思想与陈抟有重要关联，笔者同意蒙文通先生的意见，将他们列为陈抟的学术传承者。

小　结

按时间顺序，朱长文、晁说之、朱震、邵伯温四人关于陈抟易学传授的叙述最有影响力。值得注意的是，朱长文之言为最早，称其说"皆出于邵氏"，即其说出自邵雍之言。之后的晁说之师从邵雍门人，他结交邵雍之子，并得其书稿与易图，晁说之本人也是邵雍的学生。之后的朱震则为程颐的再传弟子，程颐太极图来自周敦颐，论其学皆可以溯至陈抟。概而论之，邵雍、晁说之、朱震、邵伯温四人皆可视为陈抟的后学，他们所言的易学传承谱系基本上是一致的，可以互相印证，是可信的。

根据以上陈抟后学的各个版本，总共有 70 人被列入陈抟学术的传承者，其中得陈抟亲授者为种放、穆修、刘海蟾、张无梦、杨宸、付林、李挺、张四郎、皇甫、涂定辞、贾德升、钱若水、张咏等人，其他为后传弟子。依笔者所搜集的资料，从学于陈抟者很多，种放、穆修等人的学生也远远多于蒙文通先生所列。由于陈抟到底是一位隐士，并没有正式的收徒仪式，以上版本中的后学多是从现象上认可他们有传承陈抟学术的事实而确定其为陈抟的后学，因而就有个人的主观因素，各个传承谱系不尽相同，却都具有一定的影响力，得到普遍认可，由此可以说，得到一张完整而准确的陈抟学术传承谱系表是很难的，本书所研究的"陈抟的后学"即以前人的传承谱系为基础，在此基础上加以整理与考证。

对比陈抟的师友与后学，可以发现陈抟后学与陈抟的关系存在以下相同与不同之处。相同之处在于，陈抟与老师们只有道术传承的记载，而没有正式的拜师记载。陈抟的后学同样没有正式的拜师记载。

值得注意的是不同之处。①陈抟的师友多为隐逸的修道者，没有官方入道的系列程序，他们之中极少为宫观之内的道士，更多的是不受世俗规则拘束的方外之士，其资料多为隐约其词的传说；而陈抟的后学中则更多的是知识分子，他们一般被视为儒生，入仕为官，他们的生平事迹存在于各种史籍中，材料可靠，详尽可查。②陈抟的师友多在丹道修养方面具有很深的造诣；陈抟的后学致力于丹道修行者占少部分，大部分后学不具有道士身份，而以易学、理学或古文闻名。

陈抟是丹道实践者，他的后学则不一定是丹道实践者。陈抟始终以道家为本位，隐居华山，却不限制后学处于不同的领域，与弟子的联系往往只表现为学术上的传承关系，几乎不存在社会关系的联系。陈抟与其后学的关系，不似日后具有严谨教规、大规模教团组织的全真道，没有规则化的拜师仪式，没有门派的传承谱系，也没有师父对弟子的监管与约束。陈抟对直传后学，没有表现师父的威严，而像普通朋友一样平等。陈抟与其后学关系，也不同于当时的道教符箓派，没有教阶制度、法位制度、经戒法箓制度。陈抟与其后学的关系，也不同于儒家。儒家重视学派与道统。陈抟没有在世俗社会中传道，然不拒绝别人拜访求教，许多宋代文人到华山拜见陈抟，成为其学术的传承者。这种松散的社会关系与老师和门生之间密切的社会关系有显著的区别，也与儒家、释家强调门派和宗派不同。陈抟的后学，如种放、张无梦、张咏、钱若水等，被列入后学的原因并非源于道教文献的记载，更多的是源于非道教文献的记载。

由上，陈抟似乎无意立言、立教，他作为高道云集的华山学术圈中的集大成者，其学术思想并不限于在修道者内部的传承，而是传播到道教之外。陈抟的后学从他那里各有所学，并在不同的领域（如丹道、易学、理学、相术学等领域）中得到发展。陈抟学术的流传似乎不是刻意为之，而是自然而然发生的。

第七章 陈抟与士大夫的交往

第一节 北宋举隐逸贤良政策

宋代官方重视隐士，是士大夫与隐士交往的官方因素。唐代王维有诗曰："圣代无隐者"，一个昌明的太平盛世，不应该有大量的隐士，因而历史上有各种招隐逸的举措。宋代有一系列招隐政策，《全宋文》收录大量有关"举遗逸""举贤良方正"的诏文，宋王朝多次发布诏书要求官员发现隐逸之才士，把它作为考核官吏政绩的一个重要方面。士大夫的一个重要使命就是要向皇帝或朝廷推荐品德高洁、才华出众的隐士。并且，朝廷要求地方官员定期地拜访这些隐逸之士，发现隐士的困难要及时向朝廷报告。以种放为例。种放隐居之时，"陕西转运宋惟幹言其才行，诏使召之"，种放不仕，太宗"诏京兆赐以缗钱……有司岁时存问"，这里的"岁时存问"就是要求当地官员定时关照的意思。种放母亲去世后，"翰林学士宋堤、集贤院学士钱若水、知制诏王禹偁，言其贫不克葬。诏赐钱三万、帛三十匹、米三十斛以助其丧"①。正是由于当地官员对隐士的关照，发现种放的为难之事，及时向政府报告，政府因而赐财物给种放。除此之外，兵部尚书张齐贤以贤良方正举荐种放。② 宋真宗分别在咸平四年、咸平五年，两次下《召种放诏》，"赐缗钱五万，令京兆府以礼遣赴阙"③，"今遣供奉官周旺赍

---

① （元）脱脱：《宋史》卷四百五十七，"列传"第二百一十六，清乾隆武英殿刻本。
② （宋）张齐贤：《请举种放贤良方正奏》，曾枣庄、刘琳主编《全宋文》第 5 册，第 374 页。
③ （宋）宋真宗：《令京兆以礼遣种放赴阙诏》，《全宋文》第 11 册，第 16 页；又见《宋大诏令集》卷 158。

诏召汝赴阙，赐帛百匹，钱十万"。① 可以看出，朝廷对隐士的笼络与厚赐正是通过作为地方官的士大夫完成的。

正是由于官方对隐士的重视，士大夫与隐士交往成为职责分内的事情，因而宋代许多隐士的事迹通过士大夫的记载保留下来，陈抟的许多重要材料即出自宋代文人笔记的记载。

第二节　北宋士大夫的命运观与陈抟的"善人伦风鉴"

与陈抟面对宋太宗不同，陈抟面对宰臣、士大夫时，一方面为士大夫的修身养性提出建言，一方面则勉励他们与君王协心同德，兴化致治，为百姓建立太平盛世。陈抟对士大夫的建言被很多宋人书籍记录。陈抟被诏至阙下时，有士大夫到陈抟居处"愿闻善言以自规诲，陈抟曰：优好之所勿久恋，得志之处勿再往。闻者以为至言"②。陈抟的后学邵康节对此句极为欣赏，"康节尝诵希夷之语曰：得便宜事不得再作，得便宜处不可再去。又曰：落便宜是得便宜。故康节诗云：珍重至人尝有语，落便宜处得便宜。盖可终身行之也"③。此处称陈抟为至人，陈抟此语让士大夫保持天性的本真朴素，不贪婪，不妄求，指导士大夫在仕途生活中从容进退。

"庆历新政"的发起者之一范仲淹与陈抟存在关联。范仲淹的爷爷范赞时和陈抟有交流，曾有诗《赠华山陈希夷》，其中有曰"纷纷诏下忽东去，空使蒲轮倦往还"④。记载了陈抟回避皇帝征召的事迹，或许受爷爷影响，范仲淹也景仰、尊重陈抟，成为收集陈抟文集的发起人和组织者，据《太华希夷志》载，陈抟逝后，"有弟子曾孙武尊师，因文正范公指教，得《入室还丹诗》于京师凝真院，得《三峰寓言》于太华李宁处士，得《指玄篇》

---

① （宋）宋真宗：《召种放诏》，《全宋文》第 11 册，第 55 页；又见《宋大诏令集》卷 158。
② （宋）张师正撰《括异志·倦游杂录》，傅成、李裕民校点，上海古籍出版社，2012，第 120 页；同见朱熹《五朝名臣言行录》卷第十，四部丛刊景宋本。
③ （宋）邵伯温：《闻见前录》卷七，清文渊阁四库全书本。
④ （宋）范公偁：《过庭录》，明稗海本。

于赤城张无梦，得《钓潭集》于张中庸进士，共三百篇余。乃纂先生传集并养生要旨及李真人服饵法"①。可知，范仲淹应读过陈抟的著作，对陈抟的著作与思想非常熟悉。在为政上，范仲淹曾主持庆历变法，敢于破除旧例，勇于革新，与张咏、钱若水相似，或有陈抟思想的影响。

与儒家罕言性与天道不同，道家有超越世俗的宇宙观、天道观，士大夫与陈抟的交往也对士大夫的人生观、世界观产生了重要而深刻的影响。宋代很多士大夫崇尚隐逸，修习道术，日常生活中以穿道服为时尚，范仲淹作有《道服赞》②，以表达"清其意而洁其身"之意，陈抟的后学种放死亡之前特意换道服，钱若水亦有"被道士服，佯狂归嵩山"③的记载，一些士大夫"除见道人外，不接客"④。

陈抟在宋人笔记中，往往作为一个高明的相士出现。陈抟之所以在宋代就享有盛名，与他"善人伦风鉴"⑤有重要关系。陈抟的相术与他的丹道修行一样，在世人眼中均是高深莫测。命运问题，其实是哲学问题，它不仅解释人从哪里来到哪里去，而且具体指出尚未发生的人生轨迹。陈抟能预知命运，这对任何人（包括士大夫）都充满了诱惑力。陈抟本来以道术闻名，又多被帝王诏见，宋太宗时，陈抟两赴京城，宋太宗礼遇陈抟，赐予官职、紫衣，封先生号，使陈抟成为万众景仰的活神仙。

陈抟与士大夫的交往内容大多体现在陈抟对他们命运的预测，这些预测流传极广，被宋代典籍广泛记录，且很多记载进入正史。陈抟曾预言种放、钱若水、张咏三人，本书列有专门章节分析，此处不再赘言。现举主要事例。

一 预言郭延卿、吕蒙正、张齐贤

宋代《括异志》记载，郭延卿为洛阳人，"吕公蒙正、张公齐贤未第时，皆以师友事之。太平兴国中，陈抟自华州被召，抟素以知人名天下，

① （元）张辂：《太华希夷志》卷下，明正统道藏本。
② （宋）范仲淹：《范文正公别集》卷第四，四部丛刊明翻元刊本。
③ （宋）韩淲：《涧泉日记》卷上，清武英殿聚珍版丛书本。
④ 曾枣庄、舒大刚主编《三苏全书》第15册，语文出版社，2001，第97页。
⑤ （宋）邵伯温：《易学辨惑》，邵伯温：《闻见前录》卷七；（宋）朱熹：《五朝名臣言行录》卷第十。

及道西洛，三人者皆进谒，抟倒履迎之，目吕曰：'先辈当状元及第，位至宰相；张先辈科名虽在行间，而福禄延永又过于吕。'然殊不言延卿。于是二人相与言曰：'郭君文行，乡里所椎，辛与一目。'抟曰：'固知之，然亦甚好。'遂草草别去，抟送之门，顾张吕二君：'今晚更过访。'及期往，抟曰：'二君前程，某固已言，然所惜延卿禄薄，伺吕君作相，始合得一命，张君作相，当得职官耳。'既而吕果状元中第，及为相，荐延卿得试校书郎。及张作相，益念郭之潦倒，一夕语其子宗诲曰：'为我作奏札子，荐郭延卿京官。'及翌日造朝，遽索奏札，宗诲草奏，误书京字为职字，及书可，降制乃职官，皆如抟言也"①。《古今类事》卷五异兆门下有"延卿职官"条同样记载了此事。②

宋代王铚所著《默记》卷上记载了相同的故事，只是将预言者由陈抟换成了道士王抱一。③ 张师正生于1016年，而王铚生卒年不详，绍兴九年（1139年）"以元祐八年补录，及七朝史上之诏，进右宣议郎"④，说明张师正早于王铚，此故事大概是王铚错把陈抟记录为王抱一。

《括异志》作者张师正去陈抟与种放的生活年代不远，"抟素以知人名天下"，说明陈抟当时以知人善相闻名天下。这些故事虽然有事后附会嫌疑，然而吕蒙正、张齐贤有可能拜访过陈抟，张齐贤曾以"贤良方正"推荐陈抟的学生种放。由此，张齐贤、种放相交程度非同一般。张齐贤、吕蒙正都曾成为宋代宰相，而陈抟则作为一德高望重之师长，为帝王所看重，亦为高官和文人所看重，由此可见陈抟之影响。

二　预言陈尧佐父子三人

陈尧叟、尧佐、尧咨为三兄弟，未第时同父亲到华山拜访陈抟，《宋史·陈尧佐传》记载了陈抟对陈尧佐兄弟三人的预言："陈抟尝谓其父曰：

---

① （宋）张师正撰《括异志·倦游杂录》，傅成、李裕民校点，第21页。
② （宋）佚名：《古今类事》卷五，"异兆门下"，清文渊阁四库全书本。
③ （宋）王铚：《默记》卷上，清知不足斋丛书本。
④ （清）陆心源：《宋史翼》卷二十七，"列传"第二十七，清光绪刻潜园总集本。

君三子皆当将相，惟中子贵且寿。"① 此故事宋代文献多有记载，《东都事略》《隆平集》《方舆胜览》记载陈抟曰"三子皆将相，中子伯季，所不逮也"。② 历史上的陈尧佐三兄弟确实都成为将相之才，《宋史》中列有他们的传记。

有资料表明，尧佐、尧咨同陈抟均有交往。陈尧佐是陈抟弟子种放的学生，《宋史·陈尧佐传》称其"从种放于终南山"，作为种放的弟子，则陈尧佐有可能见过陈抟。本书第二章第二节之二介绍吕洞宾一节中，援引《太华希夷志》记载，陈尧佐在华州为官时，曾拜访陈抟，并见吕洞宾，已分析过陈尧佐见过吕洞宾是可能的。

《历世真仙体道通鉴》则记载陈尧佐的弟弟陈尧咨在陈抟处见钟离权的事迹，"陈康肃公尧咨既登第，过谒先生，坐中有道人，捽髻，意象轩傲。目康肃公，连言曰'南庵'，语已，径去。康肃公深异之，问曰：'向来何人？'先生曰：'钟离子也。'康肃公惘然，欲去追之，先生笑曰：'已在数千外矣。'康肃公曰：'南庵何谓也？'先生曰：'他日自知之。'其后康肃公转漕闽中，巡行过墟里间，闻田妇呼其子曰：'汝去南庵，趣汝父归。'康肃公大惊，问南庵所在。视之，则废伽蓝也。有偈云：某年月日南庵主入灭，祠其真身于此。乃康肃公生时也。"③ 此文具有神话色彩，没有其他材料佐证，可信度不高，存疑不论。

综上，陈抟曾预言陈尧佐兄弟三人，而且陈尧佐曾学于陈抟的弟子种放。陈尧佐兄弟在及第之后与陈抟可能有后续往来。

三　预言王曾、钱若水、张咏

宋代韩淲《涧泉日记》记载："王公曾、张公咏、钱若水，微谒华山陈希夷求相，欲以学仙者。"④ 此条记载王曾、张咏、钱若水三人向陈抟求相，其目的是"欲以学仙"。钱若水、张咏另设章节讨论，现仅就王曾进

① （元）脱脱：《宋史》卷二百八十四，"列传"第四十三，清乾隆武英殿刻本。
② （宋）王称：《东都事略》卷四十四《陈尧佐传》；（宋）曾巩：《隆平集》卷五；（宋）祝穆：《方舆胜览》卷六十七。
③ （元）赵道一：《历世真仙体道通鉴》卷四十七，明正统道藏本。
④ （宋）韩淲撰《涧泉日记》卷下，清武英殿聚珍版丛书本。

行分析。据《宋史·王曾传》记载，王曾亡于宝元元年（1038 年），享年 61 岁。① 则他生于 977 年，而陈抟逝于 989 年，王曾拜访陈抟时，最多不过 12 岁，此条可疑。钱若水、张咏与陈抟确有来往，王曾见陈抟之事当是误传，或是后人附会。

四　预言耿全斌

宋代名将耿全斌的父亲也曾携子拜谒陈抟，《宋史·耿全斌传》载："耿全斌，冀州信都人。父颢，怀顺军校。全斌少丰伟，颢携谒陈抟，抟谓有藩侯相。"耿全斌为宋代著名将领，"全斌在军中有能名，真宗尝召问边事，全斌口陈利害，甚称旨。"② 作为官修的正史，《宋史》记载此事说明此事来源较为可信，或者此事在宋代流传很广。

五　预言王世则、韩见素等

王世则为宋太宗太平兴国八年（983 年）癸未科状元，《渑水燕谈录》第三卷《知人》记载王世则、韩见素、赵谏三人曾拜访陈抟，"希夷先生陈抟，语人祸福，合若符契。王世则与韩见素、赵谏同诣先生，世则伪为仆，拜于堂下，先生笑之曰：'侮人者，自侮也。'揖世则坐于诸坐之右：'将来科名，君为首冠，诸君之次，正如此会。'明年，世则举进士第一，余如坐次"③。《古今类事》④、《太华希夷志》⑤、《历世真仙体道通鉴》卷四十七⑥都有类似的记载。

王世则是一位敢于谏言的官吏。他中状元后，曾以右正言出使交州（今越南河内），因请立元僖为储嗣，忤怒太宗，被贬知蒙州。真宗时，王世则得以官复原职。1007 年，46 岁的王世则卒于东京（开封）。

韩见素为太平兴国八年进士，⑦ 同钱若水类似，也是以过早致仕而闻

---

① （元）脱脱：《宋史》卷三百一十，"列传"第六十九。
② （元）脱脱：《宋史》卷二百七十九，"列传"第三十八，清乾隆武英殿刻本。
③ （宋）王辟之：《渑水燕谈录》卷第三，清知不足斋丛书本。
④ （宋）佚名：《古今类事》卷五，"异兆门下"，清文渊阁四库全书本。
⑤ （元）张辂：《太华希夷志》卷下，明正统道藏本。
⑥ （元）赵道一：《历世真仙体道通鉴》卷四十七，明正统道藏本。
⑦ 《宋登科记考》卷二，"太平兴国八年"。

名。韩见素、王世则等人曾拜访过陈抟。宋真宗咸平元年，任监察御史的韩见素时年仅 48 岁，上表请求致仕。真宗见他齿发尚少，"遽求致仕，何也？"宰相吕端曰："见素性恬退，喜修炼。"① "上默然，乃授刑部员外郎致仕。见素，凤翔人，退居华山，年八十余乃卒。"② 韩见素要求退职的原因是"喜修炼"，而且，韩见素是凤翔人，"退居华山"。此处值得注意的是韩见素喜修炼与退居华山，陈抟即隐居华山，韩见素等人见过陈抟，他过早致仕并退居华山修炼可能受陈抟的影响，或许韩氏就是"无有不从学于希夷先生"③ 的华山修道者之一。

然并无更多资料可证明韩见素与陈抟的关系，因而此处仅做出推测，并不列韩氏为陈抟的后学。

六 陈抟与其他士大夫的交往

此外，陈抟尚预言侯璨、张观中进士之事，称"侯张二生，今年登科不如来年。是年春省点其名，明年中第，皆如其言"④。许仲宣为北宋大臣，《宋史》有传，陈抟预言许仲宣不出职官之事。⑤ 廖执象以诗闻名，深得宋太宗赏识，却在赴省试时突然死亡，有史籍记载："初，陈抟见执象，谓曰：子谪仙人也，弟恐尘世不能久留耳。"⑥

宋代文献记载与陈抟有来往的士大夫还有很多，其中有些记载可能符合事实，有些则是后人附会。与陈抟来往的士大夫，很多身居要职，如吕蒙正、张齐贤、陈尧佐父子、耿全斌、种放、钱若水、张咏等人，皆是将相之才，在未发达之前陈抟就已预言了他们以后的仕途。他们大多正直敢言、富有才华，为政上锐意革新。还有一部分文人，有明显的由仕到隐的过程，如种放、韩见素、钱若水、张咏等人。

① 《续资治通鉴》卷第二十，"宋纪二十"。
② （宋）李焘：《续资治通鉴长编》卷四十三，清文渊阁四库全书本。
③ 萧天石《道海玄微》称"华山道士，无有不从学于希夷先生者，有之则唯丁少微"，第 475 页。
④ （元）张辂：《太华希夷志》卷下，明正统道藏本。
⑤ （宋）佚名：《古今类事》卷五，"异兆门下"，清文渊阁四库全书本；《太华希夷志》卷下。
⑥ （明）陈道：《（弘治）八闽通志》卷六十九，"人物"，明弘治刻本。

小　结

研究陈抟，最大的困难是材料及其处理问题。因为陈抟不仅是一名隐士，而且是一名修道丹道的隐士。一方面，隐士的资料往往语焉不详，可信度低。对于普通人，关于他的口述、记传等材料是可利用的史料，依然难于还原真实的史实。隐士刻意淡出世人的视野，世人难以深入了解他们的生活与思想。历史上道家（包括道教）长期处于边缘化状态，有关修炼丹道的隐士材料更加稀少。有学者认为不存在真正的隐士，如鲁迅认为真正的隐士是"声闻不彰，息影山林的人物。但这种人物，世间是不会知道的。"① 依鲁迅的观点，凡是被人知道的隐士，就不可能是真隐士，材料越多、越有名的隐士，越不可能是真的隐士。依此逻辑，隐士是难以用历史学的方法证明其存在的，因为"证据的充分与史料的还原，只能悖论地证明其相反的结论。"② 另一方面，认为隐士不具有正面价值。鲁迅说"隐士历来算是一个美名，但有时也当作一个笑柄。""登仕，是咳饭之道，归隐，也是咳饭之道。"③ 鲁迅将所有被人所知的隐士视为假隐士、伪君子。

本章解释了为什么陈抟作为隐士，却留下了大量相对可信史料的重要原因，这个关键因素就是宋代制定了一系列举隐逸贤良政策。正是由于招隐政策，宋王朝要求官员发现并举荐隐士，并把它作为考核官吏政绩的一个重要方面。宋王朝还要求官员定期拜访这些隐士，报告、解决隐士的困难。因而，官员与隐士交往成为职责分内的事情，宋代许多隐士的事迹通过士大夫的记载保留下来，陈抟是官方最为重视的隐士之一，关于他的记载大多来自官方、儒生，大量出现在正史和宋代文人笔记中，是较为可信的。

宋代尊重隐士，《宋史》设有《隐逸传》。中国隐逸文化源远流长，自

---

① 鲁迅：《且介亭杂文》二集，译林出版社，2013，第 8 页。
② 胡晓明：《真隐士的看不见与道家是一个零？——略说客观的了解与文学史的编写》，《北京大学学报》（哲学社会科学版），2010 年 5 月。
③ 鲁迅：《鲁迅杂文选·隐士》，外文出版社，2006，第 380 页，第 382 页。

古以来就受到上层统治者的重视。《后汉书》设有《逸民传》,《晋书》《唐书》《明史》等设有《隐逸传》,《南齐书》设有《高逸传》,《清史稿》有《遗逸传》。史家认为隐士是一个道德高尚的群体,他们虽然以不参与政治为主旨,但是对政治产生不可忽视的影响,对社会教化有积极作用。

近现代,隐士的存在和正面价值受到质疑。蒋星煜于《中国隐士与中国文化》称"凡是隐士,不是个人主义者,就是失败主义者","丝毫没有服务的观念,对于人类全体的生活和宇宙继起的生命,只是用一种漠不关心的态度去对付。只知道盲目地为着自己生活着,盲目地珍惜着自己的物质生命。"①鲁迅、蒋星煜的观点具有代表性,他们论隐士"几乎全是从统治术的角度"和"思想史上道统(即士君子传统)的观察角度。"② 中国二千年来儒家文化一直是主流,儒家用世入世的文化传统毕竟与隐士传统相隔阂,加之鲁迅先生处在国家生死存亡的时代,难以接受隐士置身事外的超然态度。

陈抟与士大夫的交往表明,作为隐士的陈抟具有社会担当的一面,他并非将此作为人生追求的全部。陈抟与士大夫的互动材料很多,但被广为流传主要是他为士大夫们相面的故事。本章所记的士大夫们大多功成名就,包括很多宋初重要的官员,可推测与陈抟有过交往的文人数量巨大。种放、钱若水、张咏本属于士大夫阶层,因他们被列为陈抟的后学而另列章节详述。这些人不仅对宋代政坛影响巨大,而且还多为贤良之士。由此可见陈抟对宋代政治、文化的重大影响力。

由陈抟的事例,可反映当代对隐士的认识存在误区。当代多从政治关怀的角度诠释隐士的历史材料,隐士多被视为反抗专制、争取个人自由的斗士。文青云的《岩穴之士—中国早期隐逸传统》具有代表性,此文以翔实的历史资料展现了从春秋开始到汉朝为止的隐逸文化,被视为一部重要的、具有开创性的研究,"为读者提供了迄今为止所有语种已经发表的对隐士问题的最好的论述。"③ 但文青云的研究把在荒野从事宗教活动的人包括

---

① 蒋星煜:《中国隐士与中国文化》,上海人民出版社,2009,第16页。
② 胡晓明:《真隐士的看不见与道家是一个零?——略说客观的了解与文学史的编写》,《北京大学学报》(哲学社会科学版),2010年5月。
③ 史飞翔:《终南隐士》,陕西人民出版社,2013,第98页。

方士、道士排除在隐士之外，他的理由是方士、道士把荒野当作类似工作场所，而不是出于"拒绝仕途发展和逃离公共事务的背景下，或者是出于一种在自我和社会的虚伪价值或腐败影响之间保持距离的愿望。"① 依照文青云的理解，方士与道士和社会是割裂的，方士（道士）只考虑自己，没有社会担当的理念。

隐士研究的历史说明，研究者应当充分了解隐士及其所支撑的文化体系。修炼丹道的隐士难以进入史家视野，陈抟是极为特别的一位。通过分析陈抟与士大夫的交往，我们应当重视道家隐士承担社会责任的方式和教化民众的方式。

---

① 〔澳〕文青云（AatVeivoom）著《岩穴之士：中国早期隐逸传统》，徐克谦译，山东画报出版社，2009，导论第 11 页。

第八章　陈抟的儒家后学

与陈抟交往的士大夫，部分有学于陈抟，但表面上仍以经世致用为主。他们既被视为儒生，也被视为陈抟的弟子和后学。被视为陈抟后学的最为典型的士大夫尚有种放、钱若水、张咏等人。

第一节　种放的仕与隐

一　早期的儒家式隐逸

种放（955～1015 年）为宋初著名隐士之一，字明逸（又为名逸），河南洛阳人，是陈抟最为重要的弟子之一。种放一生主要受儒、道两家文化影响，不喜佛学，《宋史》载，种放"性不喜浮图氏，尝裂佛经以制帷帐"。

种放幼年时就表现与众不同，《宋史·种放传》云："放沉默好学，七岁能属文，不与群儿戏。父尝令举进士，放辞以业未成，不可妄动。每往来嵩、华间，慨然有山林意。"可见，种放自幼就不喜欢科举与仕途，早年就有山林之志，但种放的父亲、兄弟都秉承积极入仕的儒家作风，种放的父亲官至吏部令史，几个兄弟也"皆干进"。

种放应该是受母亲的影响较深，其母亲是一个具有道家色彩的隐士。种放自幼与母亲隐居在终南山豹林谷。种放母亲崇尚隐逸，不愿种放为官。宋太宗时曾诏种放为官，其母亲言："常劝汝勿聚徒讲学，身既隐矣，何用文为？果为人知而不得安处。我将弃汝深入穷山矣。"[1]《涑水记闻》亦记

---

① （元）脱脱：《宋史·种放传》。

载："种放隐于终南山豹林谷，讲诵经籍，门人甚众，太宗闻其名，召之，放辞以母老不至。"①

种放的隐士生活清苦而自得其乐，"结草为庐，仅庇风雨"，"放得辟谷术，别为堂于峰顶，尽日望云危坐……幅巾短褐，负琴携壶，诉长溪，坐磐石，采山药以助饮，往往终日"。② 表面上看，其闲情逸致的生活情趣像道家式隐逸。

实际上，种放也有儒家式隐逸的因素，也就是他早期的隐逸是待时而隐，他尚期望能施展抱负。其所作《端居赋》如此解释自己隐逸的原因："鲸鹏虽大，无风波而何益，胡粤万里，舍舟车而奚适？……故孟轲有言：虽有镃基，不如逢乎有年，颜氏几圣，乐在陋巷。"③ 其中讲无风波、无船车等事都暗喻自己并非无志于仕，而是没有"逢乎有年"，没有条件实现自己的抱负。

种放所著《退士传》云："幼时拘父兄教以章句奇偶之学，干于时不遂志，已而尽弃昔之所学，退居空山穷谷中，取九经六籍诸史百家之言合于道者恣读之，然后知皇王大中之要，道德仁义之本。"④ 种放父兄以儒家书籍作为启蒙教育他，种放因为"时不遂志"而弃父兄之教，由"皇王大中之要，道德仁义"之语来看，种放还是尊儒家的。

种放隐居终南山讲学，弘扬儒家道德仁义。《宋史》记载种放著有《蒙书》和《表孟子上下篇》等，"人颇称之"。种放之《退士传》亦称："著《蒙书》十二篇，大抵务黜邪反正……使学者窥之则有列圣道德仁义之用……或有称技术卜相，候察浮屠死生幻化之说者，必正色引经诘以斥之。"⑤ 种放尊崇道德仁义、不语怪力乱神与儒家的宗旨是一致的。

因而种放早年并非没有出仕之志，其隐居的原因一方面认为没有机遇；一方面则是其母反对他进入仕途。

---

① （宋）司马光：《唐宋史料笔记丛刊·涑水记闻》，中华书局，1989，第 124 页。
② （元）脱脱：《宋史》卷四百五十七，"列传"第二百一十六，清乾隆武英殿刻本。
③ （宋）种放：《端居赋》，吕祖谦主编《宋文鉴》卷第一，四部丛刊景宋刊本。
④ （宋）种放：《退士传》，吕祖谦主编《宋文鉴》卷第一百四十九，四部丛刊景宋刊本。
⑤ （宋）种放：《退士传》，《全宋文》第 10 册，第 221 页。

二 师事陈抟而趋于道家式隐逸

种放遇到陈抟，是他由儒家的待时而隐转向道家式隐逸的原因。王辟之《渑水燕谈录》卷4《高逸》载，"种放少举进士不第，希夷先生谓之曰'此去逢豹则止，他日当出于众人'。初莫知其意，故放隐于南山豹林谷。真宗召见，宠待非常，拜工部侍郎，皆符其言"。《湘山野录》《玉壶清话》《宋朝事实类苑》《贵耳集》《闻见前录》《东轩笔录》等大量宋代文献记载种放曾以樵夫装扮拜访陈抟，"陈抟曰：'君岂樵者，二十年后当为显官，名闻天下。'明逸曰：'某以道义来，官禄非所问也。'希夷笑曰：'人之贵贱，莫不有命……君首相当尔，虽晦迹山林，恐竟不能安，异日自知之。'"① "子贵为帝友，而无科名，晚为权贵所陷。"② 种放在尚未发迹时，曾以樵夫的形象拜见陈抟，陈抟却预言了种放日后将名闻天下及被权贵所害的命运，此事在宋代流传甚广，确实是种放一生的真实写照。

尚无直接资料证明陈抟收种放为弟子，然而种放曾经求学于陈抟是可以肯定的。据朱震《汉上易解》所言，陈抟的《先天图》《无极图》皆由种放传于后人，此说当时无人反驳。刘克庄之诗《题陈希夷》认为种放为陈抟弟子。③ 四库全书本杨甲《六经图》卷一和《道藏》都录有《古今易学传授图》，种放被列为陈抟易学的传人。道教文献中也有种放从学于陈抟的记载，南宋道士彭耜曰："（张无梦）入华山与刘海蟾、种放结方外友，事陈希夷先生。"④ 此言出于北宋道士贾善翔所著《高道传》，此文现已遗失，《宋书·艺文志》和《道藏阙经目录》都列有书目，可信度较高。蒙文通先生考证的陈抟学谱也列种放为陈抟的弟子。⑤

道家素来重视传承，选择徒弟的标准很严格，必得其人而传之，非其

---

① （宋）邵伯温：《闻见前录》卷七，清文渊阁四库全书本；（宋）魏泰：《东轩笔录》卷二，明刻本，两者所记略同。
② （宋）释文莹：《玉壶清话》卷第八，清知不足斋丛书本；（宋）张端义：《贵耳集》卷上，清文渊阁四库全书本；（宋）江少虞：《宋朝事实类苑》卷第四十二。
③ （宋）刘克庄：《后村集》卷十八，四部丛刊景旧抄本。
④ （南宋）彭耜：《道德真经集注杂说》卷上，《道藏》第13册，第255页。
⑤ 蒙文通：《古学甄微》，巴蜀书社，1987，第376~377页。

人则不传。种放能够从学于陈抟，说明以道家的标准，他具备一定的道德与智慧基础。种放受陈抟影响主要表现如下。

第一，陈抟为宋代最为著名的隐士，曾数次被帝王诏见并赐官，均坚辞不仕。种放为陈抟的学生，他最终归于道家当受陈抟思想影响。

第二，种放也是宋代争议较大、名动天下的隐士，他终生未娶，且修辟谷术。如果仅仅作为普通的隐者，则不必不娶妻，其兄弟都娶妻生子，唯种放不同。《宋史》记载种放修炼辟谷术，还"尽日望云危坐"。独身不娶、修辟谷术、尽日望云危坐皆不似一般的休闲行为，而陈抟即以"辟谷炼气"而闻名，此等迹象无疑表明种放实际上实践道教内修之术，而其术或源自陈抟。

第三，作为陈抟学术的嫡传，种放对陈抟易学有传续学脉之功，是将陈抟之学由道教向儒学转换的关键人物。他传河图洛书，至刘牧而创象学。他传先天图，至邵雍而创先天之学；他传无极图，至周敦颐而作《太极图说》《通书》，至二程而创洛学。陈抟的易学由种放而传至儒家，河图、洛书、先天图、无极图的传承与种放皆有重要关联，因而，种放是陈抟后学中最重要的人物之一。

第四，《邵氏闻见录》记载种放为陈抟立碑，并言陈抟"明皇帝王伯之道"[①]。种放既为陈抟立碑，则其关系应当非同一般，他也传承陈抟的治国理念。

综上所述，种放为陈抟的学生，且传承了陈抟的部分道家修炼之法与治世之道。

陈抟对种放在道术上有所传授，却仍支持种放入朝为官。陈抟从修道的角度，认为他不适合在山中隐居修道，而应该在世俗中修道。陈抟写给种放诗曰："事不关身皆是累，心源未了几时闲。须将未了并身累，分付他人入旧山。"[②]"心源未了"是种放的症结，陈抟看种放的面相时说"虽晦迹山林，恐竟不能安"也是此原因。《道海玄微》言陈抟语种放"此去蓬莱无多路，华山岁月与人同"[③]。陈抟曾告知种放，在华山与在尘世是一样的，都是修行的道场，心如能自在，则天地间无处不是圣地。陈抟既预知种放

① （宋）邵伯温：《邵氏闻见录》（卷七），李剑雄、刘德权点校本，中华书局，1983，第69～70页。
② （宋）蔡正孙：《诗林广记》后集卷九，清文渊阁四库全书本。
③ 萧天石：《道海玄微》，第463页。

"贵为帝友",也预知他会名闻天下,对他最重要的告诫是警戒声名所带来的副作用,"子他日遭逢明主,不假取迹,动天阙,名驰寰海。名者,古今之美器,造物者深忌之,天地间无完名,子名将起,必有物败,可戒之"①。告诫他不要为名所累。《湘山野录》收有陈抟写给种放的诗《赠种放》:"槛内有客白髭多,槛外先生识也么?只少六年年六十,此间阴骘莫蹉跎。"② 这首诗暗示了种放的寿命为六十,告诫他不要虚度人生时光,亦有勉励建立人间功德的意思。

以种放的著作来看,他大力地宣扬儒家思想。种放著有宣扬儒家学说的《蒙书》《嗣禹说》《表孟子上下篇》等,"人颇称之"③。尤其是种放继韩愈之后对孟子之学的推崇,对宋代理学的影响颇为深远。《宋史》记载种放在终南山授徒传业,宋初的穆修、尹洙、李之才、祖无择、苏舜钦、欧阳修都和种放有着衣钵相传的关系。

三 徘徊于仕与隐之间

种放学于陈抟,但陈抟并不支持他归隐,因而种放一生五仕五隐,徘徊于仕与隐之间。真宗朝时,种放母亲去世,种放"贫不克葬",真宗诏赐财物以助其丧。咸平五年,宋真宗又一次诏见种放,"张齐贤知京兆府,表荐,召为左司谏,直昭文馆,赐五品服"④。这一次,种放没有拒绝,曰:"病居山林,天恩累加礼聘,岩猿溪鸟之性,固不敢以禄仕为意。然主上虚怀待士,旰食忧人之心,亦不敢以羁束为念。"种放有感于皇恩浩荡,有感于真宗的真诚相待,决定开始仕途生涯,时年 47 岁,已经"隐居三十年,不游城市十五载"⑤。

---

① (宋)邵伯温:《闻见前录》卷七,清文渊阁四库全书本;(宋)魏泰:《东轩笔录》卷二,明刻本;(宋)释文莹:《玉壶野史》卷八;(宋)江少虞:《宋朝事实类苑》卷四一,所记大致相同。
② (宋)释文莹:《湘山野录》卷上,明津逮秘书本。
③ 《宋史·种放传》。
④ (宋)江少虞:《新雕皇朝类苑》卷第四十二,日本元和七年活字印本。
⑤ (宋)佚名:《宋朝大诏令集》卷一百五十八,"政事"十一,清钞本;(元)脱脱:《宋史》卷四百五十七,"列传"第二百一十六,清乾隆武英殿刻本。

　　种放的《端居赋》与《退士传》中已有表达他初期隐逸的原因没有"逢乎有年"，此时则条件具备。第一，种放不再有母亲的阻拦。第二，真宗皇帝助其葬母，仁、义、礼皆为儒家所注重，孟子之学最注重仁与义，种放存在因重仁重义而选择出仕报答君王的因素。第三，种放具有的儒家观念根本上是反对隐士思想的，不支持在太平之世选择隐逸，于情于理于义，种放出仕都是合情合理的。

　　真宗对种放十分信任，礼遇有加。《宋史》记载，种放初担任左司谏一职，先后升任为右谏议大夫，判集贤院，跟随真宗封禅泰山，拜给事中，拜工部侍郎。种放几次归山，真宗亦设宴赋诗送别，并让大臣陪伴赋诗，有些诗作流传至今。《渑水燕谈录》《宋朝事实类苑》记载："真宗优礼种放，近世无比。一日，登龙图阁，放从行，真宗垂手援放臂上，以顾近臣曰：'昔明皇优待李白，御手调羹，今朕以手援放登阁，厚贤之礼，无愧前代矣。'"① 宋真宗以唐明皇优待李白，比拟自己优待种放，对种放无疑是极大的荣耀，种放果然一时名动天下。

　　种放生于中国历史上最为昌明的时期之一，且得到帝王的知遇与信任，他本应"有道则现"，积极施展自己的抱负建功立业，然而种放却"屡至阙下，俄复还山"②。盛名之下的种放，当然会招致他人的忌恨，陆游言种放"虽骤登侍从，眷礼优渥，然常惧谗嫉"③。种放有诗《寄怀》视出仕为"中途失计"，诗《寄二华隐者》云："我本厌虚名，致身天子庭。不终高尚事，有愧少微星。北阙空追悔，西山羡独醒。秋风旧期约，何日去冥冥。"诗中既期望摆脱官场、名利而归隐，又觉愧对帝王，这种矛盾的心理是造成反复仕隐的原因。

　　种放的盛名招致了大臣的忌恨。史料记载，大臣杨亿"讥其循默"，真宗以种放所作"十三议"拿给杨亿看，杨亿才知所言不妥。④ 但并非所有的

---

① （宋）江少虞：《新雕皇朝类苑》卷第七，日本元和七年活字印本；《渑水燕谈录》卷四。
② 《宋史·种放传》。
③ （宋）陆游：《老学庵笔记》卷五，明津逮秘书本。
④ （宋）吕中：《宋大事记讲义》卷七，"真宗皇帝"，清文渊阁四库全书本。亦见于《谈苑》《湘山野录》《宋人轶事汇编》等。

非议都能得到化解，大臣杜镐竟然在宴会上公开诵读《北山移文》嘲讽种放。① 种放对此只是回应："野人焉知大丈夫之出处哉？"② 种放的志向与抱负得不到理解。

对种放的非议不仅在朝堂之上，民间也广泛流传对他的各种非议。《湘山野录》记载，当时有"世上何人最得闲？司谏拂衣归华山"的笑谈，就是嘲笑种放忽仕忽隐的事。另外，《宋史》记载种放"晚节颇饰舆服"，"门人族属依倚恣横"，种放本人被传生活奢侈，其亲族难免有仗势欺人之举。又因醉酒得罪了执守京兆的王嗣宗，王嗣宗对种放十分反感，专门针对他，"屡遣人责放不法"，"时议浸薄之"，种放一世清名终于毁于一旦。

儒家对种放的评价以《宋史》最具代表性。《宋史·隐逸传》序言将种放视为以隐逸求仕途发展的伪君子、假隐士，即所谓"终南捷径"，这种观点成为评价种放的主流观点。种放在世时曾受到当面的嘲讽，后世的议论也是贬斥多于褒扬。明代于慎行《谷山笔麈》称种放为"盗名而欺世"，明代敬虚子《小隐书》称种放"庸非小隐乎"，明代朱明镐《史纠》更直接言种放"以终南一山为仕宦之快捷方式"，"恬不知耻，本属常秩一流，不必入隐逸传"。③ 清代王士禛《香祖笔记》之卷五云："（种放）穿窬小人，而无识者犹载之《隐逸传》，不大谬耶？"

四　归于道家

世人对种放的非议并非完全属实，但他却无意辩驳。《宋史》记载种放"终身不娶，尤恶嚣杂"，每每回归山中，"私居终日，默坐一室"。由杨亿"讥其循默"看，种放在朝中为官谨慎。有人寄书信嘲笑种放的出处，种放亦沉默不答，显示出他对隐逸生活的眷恋及对官场争斗的隐忍。

正是世人对他的态度，使他洞穿人情世态，归于道家的意向更加明确。《宋史》记载种放之死的情形："忽取前后章疏稿悉焚之，服道士衣，召诸

---

① 《北山移文》作者孔稚珪，此文旨在揭露和讽刺那些伪装隐居以求利禄的文人。
② （宋）王明清：《玉照新志》卷一，明沈士龙等刻本；《宋人轶事汇编卷五》亦有引用。
③ （明）于慎行：《谷山笔麈》卷之五，"臣品"；（明）敬虚子：《小隐书》；（明）朱明镐：《史纠》卷五；等等，皆有类似之语。

生会饮于次，酒数行而卒。"此中透露几个信息，其一，种放似是知道自己的死期将至，此非一般人所能为，往往具有较高修为的高僧或高道才有这种能力。其二，种放烧掉了所有写给皇帝的奏文，有决然遗弃的意味，显示他跳出了社会义务、政治关系及世俗价值的束缚。其三，种放穿道士衣服，并以饮酒结束生命，表现了率性、洒脱的道家精神，象征他归于道家的最终选择。种放在仕与隐五次权衡思考之后，为自己选择的精神归宿是道家。

种放的选择与宋初众多隐逸者一样，其隐逸行为并非对社会人生的逃避，而是建立在理性基础上的自我意识的觉醒。"宋初隐逸之士超越了政治关系、实用观念、功利目的和世俗的矛盾纠纷，冲破了前代隐逸文化心理所形成的仕与隐的无奈与矛盾。"① 种放融会儒、道两家之说，又结合了自己的生活实践。他的选择摆脱了传统的羁绊，摆脱了世俗的标准。

五　成就及后学

种放的主要成就如下。

第一，据言种放以先天图传穆修，以河图、洛书传许坚，之后此图传至周敦颐和邵雍，成为开创宋明理学的过程中必不可少的一环。

第二，种放著《蒙书》，普及教化，培养了大量后学，据不完全统计，仅《宋史》明确记载师从种放的就有陈尧佐、杨偕、薛田、高弁、高怿、韩退等人，《渑水燕谈录》记有刘孟节、张荷，《邵氏闻见前录》记有李迪，以上皆是以才德闻名而被记录史籍，学于种放者而不知名者其数量已不可考证。

第三，种放影响宋真宗实施仁政。他阻劝皇帝出外游历，为真宗写有十三议（一说为十议，均佚失），题目分别为：议道、议德、议刑、议器、议文武、议制度、议教化、议赏罚、议官司、议军政、议狱讼、议征赋、议邪正，由目录可见其关注范围之广，可见种放治国思想首要原则是尊道贵德，由道、德指导各项具体制度、教化等国家事务，其思想是系统的、宏大的。种放对工作是尽职尽责的，主流社会对种放的评价是有欠公允的。

---

① 李蕊芹：《论北宋文人的隐逸思想》，《求索》2007 年第 6 期。

表 8-1　种放的学生列表

姓名	依据来源	从种放传承的学术	备注
陈尧佐	《宋史·陈尧佐传》	从政，官至宰相	"从种放于终南山" 陈抟尝谓其父曰："君三子皆当将相，惟中子贵且寿。"后如抟言
杨偕	《宋史·杨偕传》	从政，"尤喜古今兵法"	"少从种放学于终南山"
薛田	《宋史·薛田传》	从政	"少师事种放"
高弁	《宋史·高弁传》儒林二	从政，"所为文章多祖《六经》及《孟子》"	"弱冠，徒步从种放学于终南山"
高怿	《宋史·高怿传》隐逸	不仕，处士 《东都事略》"诗清淡有古风"	"闻种放隐终南山，乃筑室豹林谷，从放受业""梦道士持素书聘为白鹿洞主"
韩退	《宋史·韩退传》隐逸	隐嵩山，不仕	"师事种放"
刘孟节	《渑水燕谈录》	终身坚辞不仕，"笃古好学，酷嗜山水"	"少师种放"
张荷	《渑水燕谈录》	才高不仕，与隐士为友	"师事种放"
李迪	《邵氏闻见前录》	从政，官至宰相	"为学子时，从种放明逸先生学"
穆修	《贵耳集》 晁说之《嵩山集》卷十八《传易堂记》 《汉上易解》 《直斋书录解题》 《太华希夷志》	《贵耳集》称先天图，太极图。《嵩山集》称易学。《汉上易解》称先天图。《直斋书录解题》称太极图	《易经解》《直斋书录解题》《易学辨惑》认为陈抟亲授穆修
李溉	释志磐撰《佛祖统纪》，朱震《汉上易解》	易学，河图洛书之诀	自署"散原道人""与种放同隐终南山，习河洛理数"
范谔昌	晁说之《传易堂记》	易学	"有庐江范谔昌者，亦尝受《易》于种征君。"弟子有黄晞、陈纯臣、刘牧等
刘牧	《四库全书提要》	图书易学	"牧在邵子之前，其首倡者也。牧之学出于种放，放出于陈抟"

种放的弟子，由其所学内容主要分为两类。一类为易学，穆修、李溉传承其易学。一类没有明确所学，多在年少时曾师从种放，学习地点为终南山。其中高怿、杨偕、刘孟节可能传承种放古文。高弁可能传承

其孟子之学。韩退、刘孟节、张荷坚持隐居不仕，具有道家式隐逸特点。

种放是陈抟思想的重要传人，通过种放、李溉、许坚、李处约、范谔昌、刘牧、黄晞、陈纯臣、穆修、苏舜钦、李之才、邵康节等人对陈抟的学术有所传承。

第二节　钱若水的进与退

钱若水（960~1003年），字澹成（也有称字淡成），[①] 一字长卿，河南新安人，于雍熙二年（985年）考取进士，经太宗朝和真宗朝，历任同知观察使、同知审官院、同知枢密院事等职，曾奉诏主持《太宗实录》的修撰。钱若水有才学，有胆识，能断大事，知人善任，懂兵法。四十岁即致仕，咸平六年（1003年）春天，身患重疾，两脚溃烂出血，身体越来越瘦弱。有一天，与僚友们会食，假寐而卒，年仅44岁。

一　学于陈抟

刘克庄认为，钱若水、种放皆为陈抟弟子，其诗《题四贤像·陈希夷》中云："钱子非仙者，种郎岂隐哉。先生闭门睡，弟子下山来。"[②] 刘克庄的诗篇幅有限，但其认为钱若水与种放为陈抟弟子这一点是确定的。

宋代大量文献记载了钱若水见陈抟之事。《宋人轶事汇编》卷四、《湘山野录》卷下、《太华希夷志》、《东都事略》、《闻见录》、《宋名臣言行录》等均记录钱若水见陈抟之事。宋文献《涧泉日记》记载了钱若水、王曾和张咏三人一起拜见陈抟之事，目的是"求相，欲以学仙者"。释文莹撰《湘山野录》卷下、《太华希夷志》记载钱若水是为"求相骨法"而谒见陈抟。

---

① （宋）曾巩《隆平集》卷九与王称《东都事略》卷三十五"钱若水传"皆称"钱若水，字淡成"。
② （宋）刘克庄：《后村先生大全集》卷之十八，上海涵芬楼藏赐砚堂抄本，四部丛刊集部·初编集部。

钱若水的面相显示他有很深的修道根基。称他"美风神",风姿俊美,雍容文雅,陈抟见后称"子神清,可以学道;不然,当富贵,但忌太速尔"①。《东都事略》记载"华山陈抟一见,以为有仙风道骨"②。宋代《苕溪渔隐丛话前后集》称:"本朝名臣传云:钱若水额有异骨,山庭月角姿仪英秀,少过华山,见陈抟,大加赏叹,以为目如点漆,有仙风道骨。"③ 可见钱若水气质清新脱俗,以至于陈抟认为他具有修道的资质。记载此事的文献很多,钱若水确实被广为传诵为"仙风道骨",也说明陈抟在世人眼中俨然神仙一般。

其中,最值得注意的是钱若水自己对这件事的解释。有关此内容出自《东坡诗集注》引宋初钱希白所作《洞微志》中的记载。宋陈振孙《直斋书录解题》和元《文献通考》都收有《洞微志》题录,此书被至少二十种宋代其他文献引用。作者钱易,字希白,与钱若水为同时代之人,二人关系交好。此文记载钱若水自己陈述见陈抟与麻衣之事,"尧卿钱希白《洞微志》曰:上即位初,邓州观察使钱太傅若水,雍容文雅,亦近世奇士,坚乞罢枢务,遂拜礼部贰卿,充集贤院学士。其日晚,予往谒贺,诸客退,独相留后厅再坐。因云:某之此命,盖亦前定,夜来方思二十年前,白合道者之言,固不虚矣。予询之,乃曰:某初应举,欲求解,遂往华阴谒陈先生,通刺后,蒙倒屣相迎,近世见士大夫之重名者,未尝有此优礼,院人皆惊。坐定数日,某欲有所问,而中辍者数,四宾主情未相洽,每日相会,但啜茶而。即退,及临出,执手约后十日却相访。至期,径往迎入,山斋地炉中,已先见一僧拥衲对坐。某揖之寒暄之礼,亦甚简傲,少年壮气颇不平之。良久,僧熟视某而谓陈曰:无此骨法。二公皆微笑,虽惊异其言,而不敢询问,更有他客至,乃逡巡先退。次日,某独往见陈,且问僧名及言者何事。陈曰:此即白合道者也,道行高洁,学通天人。至于知人,尤为有神仙之鉴,欲劝留学道中,心不决,遂请道者质疑。他云,见足下非神仙骨法,学道亦不能成,但却得好官,能于急流中

① (元)脱脱:《宋史·钱若水传》卷二百六十六,"列传"第二十五,清乾隆武英殿刻本。
② (宋)王称:《东都事略》卷三十五,"列传"十八,清文渊阁四库全书本。
③ (宋)胡仔:《苕溪渔隐丛话前后集》卷十九,清乾隆刻本。

勇退耳"①。

《宋人轶事汇编》等史籍所记略同，可以肯定，钱若水曾去华山拜见陈抟，陈抟起初认为若水"有仙骨"，"欲劝留学道中"，然不能确定，让一僧再为观看。《洞微志》与其他资料相比，主要有以下几点异同。

第一，此文钱若水称他因应试举人，而到华阴拜见陈抟求解。释文莹撰《湘山野录》卷下、《太华希夷志》等记载他是求"相骨法"。

第二，《洞微志》记载僧为"白合道者"，其他典籍多记载僧为麻衣道者。因而后世多认为，白合道者与麻衣道者为同一人。

此文突出了陈抟的收徒规则。陈抟收徒首先观其相，查看是否具有神仙之才，《宋史》记载陈抟初曾认为若水"子神清，可以学道"，《湘山野录》曰"吾始见子神观清粹，谓子可学神仙，有升举之分"。神仙之才的外在表现是"神观清粹"，虽然钱若水已经是难得一见的具有仙风道骨的人才，但仍不足以学道，所以陈抟"故不复留"。由是观之，做陈抟的道门弟子需要具备极高的天分，普通人难以达到。

陈抟没有收钱若水为道门弟子，并非意味着将他推到大道之外。与对待种放一样，陈抟认为修道并非只是在山中离世弃俗，而是与人世间的生活混为一体。在钱若水的事例中，钱若水不适合在山中修道，陈抟或会传授在世俗社会中修道的原则，使他在履行世俗社会责任的同时，逐渐领悟。钱若水做官之后，年仅四十就要求致仕，正如宋人所言："急流中勇退，去神仙不远矣。"② "能勇退于富贵急流，去得道不远矣，世无神仙，则已有则，必此流为之。"③ 若水在世俗中做官的过程，也是悟道的过程，悟道首先是放下富贵之心，正如张耒所言，世上要么没有神仙，有神仙也必是此类人，"急流勇退"是悟道的一种表现。

二 "急流勇退"

钱若水为宋初名臣，政绩斐然。钱若水的主要事迹有草诏赵保忠文，

① （宋）苏轼撰，王十朋集注《东坡诗集注》卷十七，四部丛刊景宋本。
② （宋）邵伯温：《闻见前录》卷七，清文渊阁四库全书本。
③ （宋）张耒：《张右史文集》卷四十八，四部丛刊景旧钞本。

修纂《太宗实录》,谨慎侦破富民失女奴案,两次上御边之策等。史籍称他"有器识,能断大事","所至推诚待物,委任僚佐,总其纲领,无不称治。汲引后进,推贤重士,襟度豁如也"。① 钱若水能力超群,胸怀坦荡,提携后进,举荐贤士,仕途顺利。

钱若水判案谨慎公正,《涑水纪闻》记载有一富民家的女奴逃亡,负责办案的州录事曾向富民借钱不成,就借机陷害富民,称其父子杀了女奴,富民也屈打成招,被判死罪。此案众人皆以为然,"若水独疑之,留其狱数日不决",只有钱若水产生怀疑,而不做最后的决断,办案的录事污蔑他受了富民家的钱财,想为富民免除死罪。若水说:"今数人当死,岂可不少留?"并派人查找到女奴,救了富民一家数人。富民一家上门感谢,若水不受谢,"闭门拒之"。知州因为钱若水为数人雪冤,免于枉死,想为他邀功,若水坚持拒绝道:"若水止求人不冤死耳,论功非本心也,且置录事于何地?"此事不仅表现了钱若水办案公正、谨慎,恪尽职守,更显示其高尚的人品,他没有为自己邀功,还为办案的录事着想,没有义正词严地训斥其他人,而是不彰己功,不论人过,其德行操守令时人叹服,"知州叹服曰,如此尤不可及矣。"②

宋代抑武重文,钱若水是文臣中较少通晓兵法之人,两次上御边之策。真宗朝时,西北边事烽警不断,钱若水随真宗到大名府,以陈御敌安边之策和备边之五要而史册垂名。若水通晓兵法,带兵有度,"深为戍将推服",真宗对左右说:"若水儒臣中知兵者也。"③《玉壶清话》《新雕皇朝类苑》记载真宗说:"朕尝见儒人谈兵,不过讲之于尊俎砚席之间,于文字,则引孙吴述形势,皆闲暇清论可也,责之于用,则罕见有成效者,今若水亦儒人晓武,深可嘉也。"④ 意即宋真宗见证钱若水不同于普通文人的纸上谈兵,他是真正具有用兵才能,其建议是可实用的,在实践中是卓有成效的。

---

① (元)脱脱:《宋史·钱若水传》卷二百六十六,"列传"第二十五,清乾隆武英殿刻本。
② (宋)司马光:《涑水纪闻》卷二;同见《续资治通鉴长编》卷三十一。
③ (元)脱脱:《宋史·钱若水传》卷二百六十六;《东都事略》卷三十五,"列传"十八,清文渊阁四库全书本。
④ (宋)江少虞:《新雕皇朝类苑》卷第十,日本元和七年活字印本;释文莹《玉壶清话》卷第七。

以钱若水出众的才干，又受到宋真宗的器重，他本应青云直上，但大量资料记载若水确实是"急流勇退"，早早地请求退休。《宋史·钱若水传》记载，真宗即位数月后，钱若水"以母老上章，求解机务"，文末又说"精术数，知年寿不永，故恳避权位"。真宗即位时为997年，时年若水年仅37岁，正是大展宏图的时期，他为什么这么年轻就要求解除机务呢？"母老"不应该是充分的理由，预知自己短寿也是不合情理的理由。关于钱若水如何"急流勇退"，主要有三种说法。

第一，源于吕端罢相事件

宋《旧闻证误》记载，"钱若水为枢密副使时，吕相端罢，太宗明日谓辅臣曰：'闻吕端命下，哭泣不已。'钱公厉声曰：'安有此？'退语诸公曰：'我辈眷恋爵禄，上见薄如此。'遂力请罢"①。此条表达了钱若水不想做官的原因，通过吕端罢相事件，钱若水有感于太宗皇帝认为大臣们贪恋爵禄而愤怒并心生退意。作者李心传考证说："按钱公以至道元年正月，除同知枢密院事，四月吕公相，三年三月太宗崩，六月，钱公罢，咸平元年十月，吕公免相，皆与此不合。"也就是说，吕端罢相时，太宗已崩，钱若水已经不是枢密副使了，而且钱若水罢官在前，吕端罢相在后。因而此条内容有误。

第二，源于王曾罢相事件

类似的记载也见于《涧泉日记》，内容与《旧闻证误》记载类似，只是被罢相者为王曾。钱若水对真宗称"王曾以道去国，未见有持禄意，陛下料人何薄耶，顾臣等弃此如土芥耳，愤而出，即日毁裂冠带，被道士服，佯狂归嵩山"②。此条记录钱若水对真宗所言反应十分激烈，"毁裂冠带，被道士服"归山，与种放临死时"取前后章疏稿悉焚之，服道士衣"有异曲同工之处。王曾罢相发生在宋天圣七年（1029年），而钱若水死于1003年，此记有误。

第三，源于吕蒙正罢相事件

宋《耻堂存稿》卷二引《国朝名臣言行录》，记载罢相者是吕蒙正。③

①　（宋）李心传：《旧闻证误》卷一，清文渊阁四库全书本。
②　（宋）韩淲：《涧泉日记》卷上，清武英殿聚珍版丛书本。
③　（宋）高斯得：《耻堂存稿》卷二，清武英殿聚珍版丛书本。

李焘考辨钱若水辞位之事，认为一些记载"颇颠倒"，他亦认为被罢相者是吕蒙正，当朝皇帝为宋太宗。

宋代很多文献涉及此内容，说明钱若水确实曾为某人罢相之事而激愤，萌生退意。比较可信的是，《长编》记录了钱若水为两位被罢相者做辩解，一位是刘昌言，一位是吕蒙正。《长编》又记载刘昌言罢官时，太宗说"当进用时，不能悉心称职，一旦斥去，即汍澜涕泗"，吕蒙正罢官时，太宗对若水说"人臣当思竭节以保富贵，蒙正前日布衣，朕擢为宰相，今退在班列，想其目穿望复位矣"，钱若水为刘昌言及吕蒙正力挽知识分子的人格与尊严，称刘昌言没有涕泗流泪，"蒙正固未尝以退罢郁悒，当今岩穴高士，不求荣爵者甚多，如臣等辈，但苟贪官禄，诚不足以自重，太宗默然"[1]。宋太宗轻视士大夫的思想由来已久，《长编》记载："太宗为若水言，士之学古入官，遭时得位，纡金拖紫，跃马食肉，前呼后拥，延赏宗族，此足以为荣矣，岂得不竭诚报国乎？若水对曰，高尚之人，固不以名位为光，宠忠贞之士，亦不以穷达易志操，其或以爵禄荣遇之故，而效忠于上，中人以下者之所为也，太宗然其言。"[2] 以太宗的观点，他招知识分子做官是与其做了交易，他给知识分子名利，知识分子为其尽命。钱若水则强调知识分子的道德操守，高尚之人不是以名利的目的而为官，也不以名利、穷达而"易志操"。君不侮臣是古代知识分子所看重的，君王尊重臣子的人格，臣子方愿尽心效力，宋太宗此言伤害了知识分子的报国之心。

值得注意的是，钱若水辩解时，提到了"岩穴高士"，可见隐士这个群体在钱若水心中占据有道德制高点。虽然在君臣关系上，孟子也有言："君视臣如手足，臣视君如腹心；君视臣如犬马，臣视君如国人；君视臣如粪土，臣视君如寇仇。"[3] 钱若水反驳宋太宗时，没有援引孔孟，而是援引隐者，而据所见资料，与钱若水有接触的"岩穴高士"以陈抟最为可能。联系《宋史·钱若水传》称他"精术数，知年寿不永"，则更与陈抟可能相关。

① （宋）李焘：《续资治通鉴长编》卷四十一，清文渊阁四库全书本。
② （宋）李焘：《续资治通鉴长编》卷四十一，清文渊阁四库全书本。
③ 《孟子·离娄下》第三章。

综上，钱若水辞官之事虽然在细节上有出入，然可以断定确有其事，其中涉及"毁裂冠带，被道士服""岩穴高士"等，隐约透露若水在弃官的事情上与道家和陈抟存在联系。钱若水的君臣观念不同于一般的儒者，他认为君臣各有职责，作为臣子，只是尽其职责。钱若水维护知识分子的人格和尊严，由于宋太宗视知识分子为名利之徒，引发钱若水弃官的念头。对于一般的儒者，在有道的天下，就要入世担当，无道的天下才需要隐逸，而宋太宗、宋真宗之时，正是中国历史上较少有的治世。而且，引发钱若水弃官的原因并非太宗做出的残酷无道的事情，而仅仅是宋太宗对士大夫的某些看法，宋太宗和宋真宗对钱若水都是欣赏和重用的。钱若水弃官更多因为由此而发生的思想认识的改变。或许之前，他有达济天下的志向，但他发现在君主们看来，他们之间不过是名和利的交易，君王可以把名位爵禄给予任何人以换取他们的臣服，君王视士大夫为名利而来，而不给予应有的尊重与尊严。

钱若水急流勇退暗示他哲学思想的转变。先秦诸子思想，包括儒家，"基本倾向都强调或注重家庭与社会的群体性和整体性功能，以建立和维系团体或家庭、社会秩序为宗旨，往往忽视个体的存在和生命价值"①。"而道家主张尊重人性，重视个体的生命价值。儒家强调个人对社会的意义，这一点决定了儒家积极入世的态度，儒家认为人是社会的一分子，不能脱离社会，放弃家庭和社会的责任。"② 而道家启发人们消除世俗之累，追求精神自由。儒家在根本上，是反对隐逸的，而若水在年仅 37 岁就请求致仕，尽管君王一再挽留，在他的坚持下，40 岁就已致仕，这在儒生中是少有的。

三　所传承的陈抟学术

《宋史·钱若水传》称他"精术数，知年寿不永，故恳避权位"。似乎若水与陈抟和种放一样，知道自己何时将死。尚不知钱若水通多少术数，可以查到的术数主要是相术。

---

① 李中华：《中国人学思想史》，北京出版社，2005，第 116 页。
② 李中华：《中国人学思想史》，第 116 页。

钱若水和陈抟一样"善人伦"。《东都事略》称他"评人贵贱寿夭多验，自知不寿，故恳辞"。① 欧阳修曾说："钱副枢若水尝遇异人，传相法，其事甚怪。钱公后传杨大年，故世称此二人有知人之鉴。"② 钱若水的老师无名无姓，"异人"往往指深藏不露的隐者。

钱若水相过的人主要有王旦。王旦为北宋名相，《宋史》《长编》记载钱若水确实向真宗推荐王旦，"上问近臣谁人可大用者，若水言中书舍人王旦有德望，宜任大事，上曰，此固朕心之所属也"③。钱若水为何举荐王旦呢？有资料称他善相，《隆平集》记载，"若水善人伦，常曰王君（王旦）凌霄耸壑，栋梁材也，非吾所能及"④。《湘山野录》也称钱若水"风鉴最高"，他给王旦看相说："王子明既贵且寿，吾进用虽在其先，皆所不及也。"⑤ 他像陈抟一样，能预知人的才能与贵贱，才推荐王旦。

那么钱若水的相术从哪里学的呢，欧阳修说是遇"异人"，释文莹撰《湘山野录》、张辂《太华希夷志》都记载"钱文僖公若水少时谒陈抟求相骨法"，虽然陈抟认为钱若水没有学道的骨相，但可能具有学相术的资质，陈抟有可能传其相术。

钱若水或有丹道实践。杨亿《武夷新集》收录有钱若水的墓志铭，显示钱若水有丹道实践，晚年接近佛理。《武夷新集》云："每燕居私第，角巾东道，叩虚课寂，味兹玄关，近年深信佛乘，雅习禅观，隐几终日，陶然自得。"⑥ 由此墓志铭，可知他常常独自静坐，"玄关"一词似乎与道家丹道修持有关。联想种放，做官之前常常"望云危坐"，做官之后常常"私居终日，默坐一室"。二人在这方面也有相同之处，钱若水当从陈抟处学习了相术和丹道。

---

① （宋）王称：《东都事略》卷三十五，"列传"十八，清文渊阁四库全书本。
② （宋）江少虞：《新雕皇朝类苑》卷第四十八，日本元和七年活字印本；（宋）欧阳修：《欧阳文忠公集》卷第一，四部丛刊景元本。
③ 《宋史·钱若水传》；《长编》卷四十一。
④ （宋）曾巩：《隆平集》卷四，清文渊阁四库全书本。
⑤ （宋）释文莹：《湘山野录》卷上，明津逮秘书本。
⑥ （宋）杨亿：《武夷新集》卷九，"墓志"一，福建人民出版社，2007，第151页。

第三节　张咏的躁与静

一　儒、道文化熏染

张咏，字复之，自号乖崖，谥号忠定，也称张忠定、张乖崖，张咏生于后晋出帝开运三年（946 年），卒于真宗大中祥符八年（1015 年），享年七十岁。1006 年，张咏六十岁，其自题画像曰："乖则违众，崖不利物，乖崖之名，聊以表德。"① 张咏以"乖崖"自号，表明不以世俗为羁绊的性格特点，后人多以张乖崖称之，并且将其文集也命名为《乖崖集》。张咏是北宋太宗、真宗两朝的名臣，真宗时，官至礼部尚书。张咏以治蜀著称，其主要成就为平定王小波、李顺起义，北宋仁宗时期，士大夫将他与赵普、寇准并列，认为是宋兴以来功绩最大的三位名臣，《宋史》卷二百九十三为张咏立传。

记载张咏生平的两种重要资料包括钱易为张咏所做的《宋故枢密直学十（士）礼部尚弓（书）赠左仆射张公墓志铭》和韩琦所做的《故枢密直学士礼部尚书赠左仆射张公神道碑铭》。墓志铭和神道碑是对人一生的盖棺论定，应该是权威之言。钱易是真宗朝时著名的才子，韩琦为北宋名将，历经北宋仁宗、英宗和神宗三朝，为相十载，号称贤相，此二人对张咏的生平记叙具有重要价值。据钱易为张咏所做的墓志铭称，张咏曾、祖二代皆"潜德不耀，肥遁丘园"②，其曾、祖二代在五代动乱之时曾隐居自保，张咏的家庭有隐逸因素。至他的父亲张景则有所改变，"以儒行自富"③，官至太常卿。

张咏幼年以儒学启蒙，长大后学于百家。张咏"幼负奇骨，不见儿戏"，自称"某幼专事儒"，④ 可见张咏幼年受儒家文化熏染。稍长，开始四

---

① （宋）韩琦：《张忠定公咏神道碑》，（宋）杜大珪：《名臣碑传琬琰之集》上卷十六，四库全书版。
② （宋）钱易：《宋故枢密直学十（士）礼部尚弓（书）赠左仆射张公墓志铭》，《全宋文》第 10 册，第 314 页。
③ （宋）韩琦：《故枢密直学士礼部尚书赠左仆射张公神道碑铭》，《全宋文》第 40 册，第 122 页。
④ （宋）张咏：《乖崖集·与苏员外书》卷第七，清文渊阁四库全书本。

处游历，"不事产业，聚典百家近万卷，博览无倦"，"至于卜筮医药种树之书，亦躬自详校"，可见张咏自幼博览群书，四处游历，到处访学，其志趣并不局限于儒家，而是涉猎百家，即使儒家轻视的"卜筮医药种树"之类的书籍也认真学习。张咏与一般的文弱书生不同，他精于剑术，"自少学剑，颇得妙术，无敌于两河间。好弈棋，精射法……恶人诋事，不喜俗礼。""终存仁恕之道"。① 张咏不是一般的儒生，能文能武，剑术高超，他没有成为一个逞凶恃强的匪徒，儒家的"仁恕"之道成为他的修身之要。

儒家、道家的修身与治国之道在张咏的哲学思想中占有重要地位，他曾经教诲门人李畋曰："子异日为政，信及于民，然后教之；言及于义，然后劝之；动而有礼，然后化之；静而无私，然后民安而乐业矣。行斯四者，在乎先率其身，不然则民退，必有后言矣。"② "仁恕"、礼、义、信是儒家的范畴，"静而无私"又有道家无为而治的政治理念，可以说张咏融摄儒道两家修身、治世之道。

张咏晚年患头疮，他略通医术，曾为自己寻药。《宋史》记载张咏死于脑疮，张咏自己曾制药，依据是《普济方》卷二五六收录《张忠定公咏进火枚草方表》，江少虞撰《宋朝事实类苑》卷四九也录其全文；另外，宋张杲撰《医说》卷三"豨莶丸"、宋许叔微撰《类证普济本事方》卷七、《证类本草》卷十一均记载了张咏《进稀莶丸表》。伍联群则认为张咏死于"服食丹药"，他认为张咏的头疮应是服此草方所致，并死于服食，"虽然并无文献记载张咏是因服用丹药致疾而亡，但从服用丹药之人中毒而生脑疾的普遍情况来看，其情形理应大致如此"③。笔者不赞同，首先，没有证据证明张咏的脑疮是服食丹药导致的。火枚即是豨莶，④ 是一种药草，与道教服食的丹药不同。其次，《本草纲目》称此草药"生捣汁服则令人吐，故云有

① （宋）钱易：《宋故枢密直学十（士）礼部尚弓（书）赠左仆射张公墓志铭》，《全宋文》第 10 册，第 315～316 页。
② （宋）张咏：《乖崖集》卷第十二，清文渊阁四库全书本。
③ 伍联群：《论张咏与道教之关系》，《世界宗教研究》2014 年第 3 期。
④ （宋）陈耆卿：《（嘉定）赤城志》卷三十六风土门一，清文渊阁四库全书本，言"豨莶，一名火枚草"。

小毒；九蒸九暴则补人，去痹，故云无毒"①。没有确切的文献证明张咏所服的是有毒的。张咏生有脑疮，钱易所作墓志铭称张咏参习医药之书，张咏自己查医用药是治病行为，不属于丹药服食。

二　师事陈抟，由躁到静

张咏本是儒生，陈抟对其一生影响巨大，是张咏的思想由儒转道的关键人物。陈抟的独特之处在于，他并非支持张咏弃官出世修道，相反主张他做官建功德，而在思想上，却使张咏越来越接近入道。

张咏曾师事陈抟，目的是"求相""欲以学仙"。关于张咏与陈抟的交往，大量宋代文献都有记载。陈世隆撰《北轩笔记》："张乖崖咏布衣时与陈希夷交，师事之。"② 宋胡仔《苕溪渔隐丛话前后集》云："乖崖少喜任侠，学击剑，尤乐闻神仙事，为举子时，常从陈希夷。"③ 宋代韩淲《涧泉日记》记载王曾、张咏、钱若水三人向陈抟求相，其目的是"欲以学仙"④。

然而，陈抟没有收张咏修道，而是推其"入闹"。陈抟有诗《赠张乖崖》："自吴入蜀是寻常，歌舞筵中救火忙。乞得金陵养闲散，也须多谢鬓边疮。"⑤ 这首诗预言了张咏以后治理蜀地之事，他常扮演盛世中平叛乱、救百姓于水火的角色，而他最终可以得以休息，还要感谢染上了头疮的缘故。李焘《湖北漕司乖崖堂记》云："复之本不欲仕，希夷子谓当拯民于水火，不宜辄自肥遁，复之乃仁，攘袂缨冠，诚非得已，凡所与交，多方外佚人，视弃轩冕犹弃敝屣耳，其至大至刚，以直之气，一生未始少屈，至今凛然也，画象服饰悉如隐者。"⑥ 《涧泉日记》亦称，陈抟"纸笔遗之，张曰：悟矣，推吾入闹中耶?"⑦ 宋胡仔《苕溪渔隐丛话前后集》、吴处厚

---

① （明）李时珍：《本草纲目》卷十五，清文渊阁四库全书本。
② （元）陈世隆撰《北轩笔记》，清知不足斋丛书本。
③ （宋）胡仔：《苕溪渔隐丛话前后集》卷十九，清乾隆刻本。
④ （宋）韩淲：《涧泉日记》卷下，清武英殿聚珍版丛书本。
⑤ （宋）蔡正孙：《诗林广记》后集卷九，文渊阁四库全书本；又见宋李颀《古今诗话》；《梦溪笔谈》卷25；《诗话总龟》卷31；《诗林广记》后集卷9；《张乖崖事文录》卷1。
⑥ （宋）李焘：《湖北漕司乖崖堂记》，《乖崖集》卷第十二，清文渊阁四库全书本。
⑦ （宋）韩淲：《涧泉日记》卷下，清武英殿聚珍版丛书本。

《青箱杂记》云："抟以宣毫十枝，白云台墨一剂，蜀笺一角为赠。公谓抟曰：会得先生意，取某入闹处去。"① 张咏本无意仕途，是陈抟让他拯救黎民百姓的苦难，他才不得不出仕。他内在的期望是过隐士一样的生活，所交往的人多是如陈抟一样的隐士和方外之人，他自己的画像装扮体现了他的愿望——做一个隐士。

张咏虽入仕，其生活方式像修道者，结交方外之人，画像是隐者的形象，无不显示陈抟对其的影响。张咏"性极清介，居无媵妾，不事服玩，朝衣之外，燕处惟纱帽皂绦一黄土布裘而已"，张咏尚有诗寄陈抟，表达他"回头惭愧华山云"，② 可见张咏身在官场，心在华山，深受陈抟的影响。

《湘山野录》关于张咏与陈抟的交往记载最详，传播最为广泛。张咏在太平兴国三年科场考试，写下《不阵成功赋》，意欲夺魁，却因为对偶不够工整而落选状元，"愤然毁裂儒服，欲学道于陈希夷抟"，"以弟子事之"，陈抟有相人之术，拒绝收他为弟子，预言他"当为贵公卿，一生辛苦"，并说他"性度明躁，安可学道"。③ 陈抟不仅预言他以后征战吴蜀两地，还预言他会得脑疮。

综合以上记载，张咏曾拜访陈抟，并期望师事陈抟学道，当属无疑。张咏自幼年喜欢神仙之事，尚未入仕之前，就曾拜访陈抟"欲以学仙"。《湘山野录》称张咏是因为考进士失利而打算弃儒从道。陈抟拒收张咏为道门弟子，含有建议他在世俗社会中建功立业之意。张咏做官是受陈抟的指引，他一生均崇敬陈抟，向往在华山修道。陈抟对张咏的指导表现了陈抟的修道思想是治身与治国的统一，是出世与入世的统一。

张咏"性度明躁"是他不能学道的重要原因。张咏性情急躁易怒，早年科场不利，愤激得撕裂儒服。《湘山野录》记载张咏吃馄饨，头巾上的带子几次掉入碗里，张咏大怒，把头巾抛入馄饨碗里，喝道："你自己请吃个够罢！"

尤其令人难以理解的，是张咏的任性杀人行为。《宋史·张咏传》称张

---

① （宋）吴处厚：《青箱杂记》卷十，明稗海本。
② （宋）胡仔：《苕溪渔隐丛话前后集》卷十九，清乾隆刻本。
③ （宋）释文莹：《湘山野录》卷下，明津逮秘书本。

咏"刚方自任，为治尚严猛"，曾有小吏顶撞张咏，张咏惩戒他，给他上枷锁，小吏生气地说：除非杀了我，这个枷锁不会脱下来，而张咏"怒其悖，即斩之"。有一读书人因故被他的仆人要挟，想强娶他的女儿为妻。张咏得知后，借口带这个仆人一同外出，在树林中，"斩之而还"。另，有一管库房的小吏在头巾上沾有一枚钱，败露了从库房偷钱的事，张咏命令下属打了他，小吏很恼火地说："拿一枚钱有什么大不了的，就杖责我？你能够用杖打我，但是你不能够斩我。"张咏判道："一天偷一钱，一千天就是一千钱，绳锯木断，水滴石穿。"自己拿剑斩了小吏。

如果说，以上的杀人行为尚有可理解之处，则张咏斩杀无知的小孩子则令人无法接受。《宋名臣言行录》记载："（张咏）镇成都，一日，见一卒抱小儿在廊下戏。小儿忽怒扯其父，公见之，集众语曰：'此方悖逆，乃自习俗，幼已如此，况其长成，岂不为乱？'遂杀之。"① 由之看来，张咏性格确实暴躁，甚至会意气杀人。张咏的性格可能与其幼年学剑有关，学武之人性情刚硬，有侠义之心却自控能力差。张咏也明白自己的缺陷，试图以律法和圣人之言自律，他曾对友人说："张咏幸生明时，读典坟以自律，不尔，则为何人耶？"② 张咏明白自己的缺点，像他这样刚直暴躁的性格，如果没有儒、道文化的浸染，他可能是一个无情无义、滥杀无辜的杀手。陈抟是尽其才而用，引导他将这种戾气转向服务于社会的途径，磨炼他的性情，使之造福于民。

如上，陈抟没有收张咏学道，是由于他的心性尚达不到修道的要求，不适合在山中修道。陈抟"推其入闹中"即是指引张咏修道的方法，而并非将张咏推到道门之外，事实上张咏始终受陈抟的影响，他世俗中的种种经历均是悟道的历程。张咏治蜀时有诗《过华山怀白云陈先生》云："性愚不肯林泉住，强要清流拟致君。今日星驰剑南去，回头惭愧华山云。"③ 后

① （宋）张咏：《乖崖集》卷第十二；（宋）朱熹：《五朝名臣言行录》卷第三，四部丛刊景宋本。
② （元）脱脱：《宋史·张咏传》卷二百九十三，"列传"第五十二，清乾隆武英殿刻本。
③ （宋）张咏：《乖崖集》卷五；蔡正孙编《诗林广记》后集卷九，"寄陈希夷"，前两句略不同，"性愚不肯住山林，刚要清流拟致君。"

自成都诏还，又有诗："世人大抵重官荣，见我西归夹路迎。应被华山高士笑，天真丧尽得浮名。"① 宋人晁说之记录了张咏此诗，稍有不同，"儿童不惯锦衣荣，故我归来夹路迎，不免旧溪高士笑，天真丧尽得虚名"，并称一位太学生读此诗并作和诗，其中有"辜负江山好明月，闲来此地趁虚名"，受张咏启发，这位太学生之后也"拂袖而去"。②

可见张咏虽然为官，却一直视陈抟为崇敬的高士，他一方面为武官，平镇四川，建立令人瞩目的功业；另一方面，却神往陈抟那样的道家隐士生活方式。这种矛盾与陈抟"推其入闹"的传言相符，显示陈抟以此特别的方式引领着张咏，"天真丧尽得浮名"一语，反映张咏向往自然本真之性，反对世俗名利对本真之性的异化，这正是道家所主张的。由此，张咏有一个由儒到道的转变过程。

陈抟有高深的丹道功夫，张咏的生活方式也有似修道人的生活方式。宋元之人皆称张咏薄情寡欲，无声色之好。韩琦应张咏的后人所要求作《神道碑》，可信度较高，文中称张咏极为简朴，"寡薄俭陋，虽寒士不若也。公退辟静室，焚香燕坐。聚书万卷，往往手自较正。旁无声色之好"③。宋祁《张忠定公咏行状》云："无摺膺之妾，无杂吊之宾，终齐事而乃瞑，取禅书而颂德。"④《梦溪笔谈》记载张咏镇四川时，"士女环左右，终三年未尝回顾"⑤。据说李顺乱蜀之后，张咏单人赴任，做益州知州平定蜀乱，部属都不敢娶妾侍。张咏于是买了几名侍姬，下属于是敢纳妾侍。张咏离任时出钱为众侍姬择配嫁人。时人才知道，他的侍姬都是处女。韩琦《神道碑》讲"公退辟静室，焚香燕坐"，其清苦的生活方式与静室焚香燕坐相联系，与道教的丹道修行相关。当代学者伍联群认为，"张咏如此摒弃声色，绝情寡欲，实际上与道教要求清心寡欲的修炼有密切的关系"⑥。极俭

---

① （宋）王辟之：《渑水燕谈录》卷第二，清知不足斋丛书本。
② （宋）晁说之：《晁氏客语》，宋百川学海本。
③ （宋）韩琦：《神道碑》，《全宋文》第 40 册，第 125 页。
④ （宋）杜大珪：《名臣碑传琬琰集》中卷四十四，宋刻元明递修本；吕祖谦：《宋文鉴》卷第一百三十七。
⑤ （宋）沈括：《梦溪笔谈》卷二十五，四部丛刊续编景明本。
⑥ 伍联群：《论张咏与道教之关系》，《世界宗教研究》2014 年第 3 期。

的生活方式，常常静坐，无声色之好，如此种种不似一个儒生或官员的做派，更像一个清苦的宗教修行者，与种放、钱若水极为相似。

在宋人为张咏所做的《神道碑》中，陈抟的相术又显示了神奇的准确性。如种放一样，陈抟预示了张咏的一生，说明陈抟对张咏的影响是其后人普遍接受并广为人知。

与陈抟一样，张咏多与隐士和道人交往。韩琦《神道碑》记载影响张咏的逸人主要有两人，一人是傅霖，张咏有诗《寄傅逸人》。① 另一人就是陈抟，张咏自叙"尝访三峰陈先生抟"②。张咏向往隐逸，也是期望挣脱官场、世俗的束缚，有诗曰："莫道安邦是高致，此身终约到蓬瀛。"③ 他一心向往身心自由的生活，不愿为官，有心修道。此外，据苏辙撰《龙川别志》记载，张咏曾与隐逸道士神和子相遇，求见另一位隐逸神仙人物孙知微而不可得。④ 其诗文有《送马道人归天台》《送魏道士》《答刘道人》《送别祝隐士》《怀张白逸人》等，其中《送马道人归天台》一诗云："绝顶要归终久住，此时无计伴师行。"⑤ 此处称马道人为师，表达想要一起归隐的意愿。其诗《回路逸人卷书》云："当浮海上，与赤松子游，未为晚矣。"⑥ 传说赤松子为上古仙人，张咏向往道家神仙，并与道士、隐士、逸人等交往，说明其身份虽然为官员，但其思想已不属儒家。

由上观之，张咏虽然为官，其目的不是获得功名利禄，也不是为了践行儒家礼义仁爱的人生理想，其哲学思想的归属是道家。陈抟是著名的隐士，张咏的画像也是像隐士。张咏敬重隐士，也推荐高尚有才的隐士为官，"凡所荐辟，皆方廉恬退之士。尝曰'彼好奔竞者，将自得之，何假吾举'"⑦。

---

① （宋）张咏：《寄傅逸人》，《乖崖集》卷五。
② 曾枣庄、刘琳主编《全宋文》第40册，第125页。
③ （宋）张咏：《登黄鹤楼》，《乖崖集》卷三。
④ （宋）苏辙：《龙川别志》卷下，中华书局，1982，第99页。
⑤ （宋）张咏：《送马道人归天台》，《乖崖集》卷三。
⑥ （宋）张咏：《乖崖集》卷第七，清文渊阁四库全书本。
⑦ （宋）韩琦：《神道碑》，《全宋文》第40册，第126页。

三 所传承的陈抟学术

1. 张咏的黄老政治思想。

张咏给其弟的《劝学》诗云："大化不自言，委之在英才，玄门非有闭，苦学当自开，世上百代名，莫遣寒如灰。"[1] 古代常称道教为"玄门"，此诗中不似儒家式的劝诫，而与道家哲学相契合。

张咏《詹何对楚王疏》一文即是体现黄老政治治国的原则，其中曰："楚王问詹何治国之法，何对曰，治身，重询之故，又曰，未有身治而国乱者也。"[2] 首先，张咏认为治国之法如同治身。"求其治身，必先治心，治心之本，在乎中正。"其次，认为治身必先治心，心中正，则身可治。"若是，则精神以宁，贪欲不生，心定身休，何往为咎"，治身成功，而精神宁静，不生贪欲。"由此治国，则忠让之入，若百川蹈海，无与逆也，仁政之施，若时雨流，天无与止也，以此选贤，淳直是前，以此授职，无滥厥官，以此治民，本正化均，以此治兵，谋猛相成"，由治身的方式治国，则仁政自然实施，以此治民，都相应自然而成。张咏认为，儒家的先圣尧舜禹汤，就是因得"治身之要"，"国用化焉"，国家才兴盛，历史上昏乱国家的君王，就是因"失治身之要，邪僻入焉"。

身国同构、身国同治是道教始终坚持的基本教义，张咏把儒家的圣人尧舜禹汤的治功归为"因得治身之要"而得以治得天下的做法，是融会儒家又试图合于道家的努力。张咏的治心之说，与道家丹道修养理论相通。伍联群认为，"张咏的治心之说，当发端于陈抟内丹修炼之论"[3]。张咏的治身治国之说，与陈抟的治国理念相符，其身国同治的理路，与道教一向的主张是一致的。其治心之说，与陈抟的易学和内丹修炼理论相一致，详见下文。

2. 张咏的易学。

尚无直接资料证明张咏从陈抟学《易》，后人根据张咏阴阳之说类似于陈

---

[1] （宋）吕祖谦：《宋文鉴》卷第十四，四部丛刊景宋刊本。
[2] （宋）张咏：《詹何对楚王疏》，《乖崖集》卷第六，清文渊阁四库全书本。
[3] 伍联群：《论张咏与道教之关系》，《世界宗教研究》2014 年第 3 期。

抟与受陈抟影响的周敦颐，因而推测陈抟可能向张咏传授过易学。张咏的易学，主要表现在与门人李畋的对话中。他与李畋谈论阴阳，称"凡百公事，未着字前则属阳，阳主生也，通变由之，着字后属阴，阴主刑也，刑贵正名，名不可改"①。朱熹承认张咏阴阳之说有源于陈抟的可能性，"此说全与濂溪同。忠定见希夷，盖亦有些来历云云"②。又云："尝见张乖崖云未押字时属阳，已押字属阴。此语疑有得于希夷。"③ 又云："又读张忠定公语而知所论希夷、种、穆之传，亦有未尽其曲折者。按：张忠定公尝从希夷学。而其论公事之有阴阳，颇与图说意合。窃疑是说之传，固有端绪。"④ 朱熹认为，张咏阴阳之说与周敦颐相同，张咏见陈抟，故而其阴阳之说亦源于陈抟。甘节认为："此人曾见希夷来，言亦似太极图。"⑤ 甘节认为张咏之言类似太极图，而太极图又源于陈抟的先天图、无极图，因而认为陈抟对张咏在易学上有所传授。

明人蔡清认为张咏阴阳之说已窥其太极变化天地之德。蔡清撰《易经蒙引》卷九下："曰：周子所谓太极，是天地人物万善至好的表德。又曰：继善成性分属阴阳，乃《通书》首章之意。盖天地变化，不为无阴，然物之未形，则属乎阳。物正其性，不为无阳。然形器已定，则属乎阴。张忠定公语云公事未判时，属阳，以后属阴，似亦窥其意。"⑥

张咏学于陈抟，并把陈抟的理念进一步阐发。今人伍联群一方面认为张咏在修心养性、阴阳之论、治心之论等方面"发端于陈抟之学"，一方面认为他有"自身之新创"，他的创新之处在于"施之于政事治国，颇能杂糅儒道二家而融为一体"。⑦ 笔者以为，此言夸大了张咏的自创能力，陈抟思想本在修道的高度上，将出世与入世合而为一，融儒道二家为一体，融治身与治国于一。张咏与陈抟相比，他的思想自有创新的成分，然并不突出，因他以入世活动更多，所以其儒家思想的一面受到更多的注意。

---

① （宋）张咏：《乖崖集》卷第十二，清文渊阁四库全书本。
② （宋）黎靖德：《朱子语类》卷第九十三，明成化九年陈炜刻本。
③ （宋）黎靖德：《朱子语类》卷第九十四，明成化九年陈炜刻本。
④ （宋）朱熹：《太极图通书后序》之《前人》南康本，《周元公集》卷之四，宋刻本。
⑤ （宋）周敦颐：《周元公集》卷之二，宋刻本，见甘节附评。
⑥ （明）蔡清：《易经蒙引》卷九下。
⑦ 伍联群：《论张咏与道教之关系》，《世界宗教研究》2014 年第 3 期。

3. 张咏的剑术。

张咏精通剑术的证据源自他的墓志铭和神道碑。钱易在张咏的墓志铭中说他：“自少学剑，颇得妙术，无敌于两河间。”韩琦在张咏的神道碑文中说他：“早学击剑，遂精其术，两河间人无敌者。”张咏曾凭一把短剑，杀死了开黑店的父子三人。①

有材料称张咏的剑术来自陈抟。南宋何薳《春渚纪闻》卷三“乖崖剑术”，“祝舜俞察院，言其伯祖隐居君与张乖崖公居处相近，交游最密，公集首编寄祝隐居止诗是也。隐居东垣有枣合拱矣，挺直可爱。张忽指枣谓隐居曰‘子匄我勿惜也’。隐居许之。徐探手袖间，飞一短剑，约平人肩，断枣为二。隐居惊愕，问之，曰：‘我往受此术于陈希夷，而未尝为人言也。’”《春渚纪闻》所记多属荒诞无稽之谈，枣木以硬密著称，合抱的大枣树飞一短剑即斩为两截过于夸张。然张咏与祝隐居确有交往，《乖崖集》收录有《送别祝隐士》《赠祝隐者》两首诗，因而此条并非完全虚妄。

没有材料显示陈抟会剑术，与陈抟密切往来的吕洞宾有剑术，然由此难以说明张咏的剑术与陈抟和吕洞宾有关。笔者以为，《宋史》记载张咏自幼学剑术，《湘山野录》记载张咏于太平兴国三年因科场失利拜见陈抟，时年张咏已 32 岁，推测张咏初见陈抟时应该不远于当年，因而其剑术当已练成，不一定出自陈抟。或许，丹道与剑术，本有相通之处，吕洞宾就是一个通丹道并精于剑术之人，陈抟学于吕洞宾，或曾指导张咏的剑术；或许，由于宋代陈抟享有盛名，张咏也是政绩显著、声名显赫的官员，基于张咏曾拜见过陈抟、欲学道于陈抟的事实，使得后世将陈抟与张咏的故事密切联系，将张咏的剑术亦联系到陈抟，和附于陈抟的其他故事一样，有夸张的因素，而失去了本来的面目。

小　结

有关陈抟与士大夫的交往故事很多，这些事迹不仅存在于官方编纂的正史中，也存在于各种文人笔记、地方志等文献中。考虑到宋代的招隐逸

---

① （宋）刘斧：《青琐高议》后集卷二，《宋朝事实类苑》卷九引《倦游录》。

政策及赋予官员访问、关照隐士的责任，这些留存于宋代文人中的隐士资料是较为可信的。

与陈抟交往的士大夫之中，多为宋初国家重臣，甚至官至将相。这些人在尚未发迹时就被陈抟预言日后非同凡响的命运趋势，虽不排除有后人附会的嫌疑，然总体上，陈抟善于相术应是可信的，他与很多士大夫有交往是可信的。这些预言从另一侧面说明了陈抟对士大夫阶层和民间百姓的巨大影响力。相术预测容易偏于虚妄玄幻，陈抟本人行事低调，称"奇说眩曜之事，则未尝为也"①，然关于陈抟的故事流传极广，越传越神奇。

可以发现，种放、钱若水、张咏三人的共同之处：他们三人都曾入华山拜见陈抟；都不具备神仙之才而没有留在华山修道；都是在陈抟的支持下在世俗社会中做官，济世安民；他们都是德行高尚、为官清正，文武之全才；他们都是一边为官，一边心生退意，向往隐居；他们都是喜欢在静室静坐，类似丹道打坐和禅修；世上都有他们为陈抟弟子的说法，他们都传承了陈抟的部分思想。

宋代士大夫们一方面心怀忠君报国为民志向，一方面又心存归隐之念，两者兼顾，就形成"吏隐"文化。宋代隐逸文化发达，"吏隐"指"不以利禄萦心，虽居官而与隐者同"②，受陈抟影响的陈抟后学及宋代士大夫正是"吏隐"文化的践行者。因为"'仕'的负面作用是士人个体人格的独立与自由，也就不得不屈从于个体对于国家和社会应尽的政治责任和道德义务。若想保持个体人格的独立与自由，则只能从'隐'中求得"。③以种放、张咏、钱若水等人为代表的宋代士大夫，他们既受儒家入世文化的影响，又受道家主张人格独立与精神自由的观念影响。他们一方面入朝为官，一方面希望过隐居的生活。以张咏为例，其诗如"堪愧崇阳九河客，明时不敢自归山"④，"方今圣明代，不敢话辞荣"⑤，"长忆乡园旧庐舍，会须抛印自锄瓜"⑥等体现仕与隐的矛盾心理，他们当官为吏，却不是为了功名利禄。

---

① （元）张辂：《太华希夷志》卷下，明正统道藏本。
② 辞海编辑委员会：《辞海》，上海辞书出版社，1979，第 123 页。
③ 张玉璞：《"吏隐"与宋代士大夫文人的隐逸文化精神》，《文史哲》2005 年第 3 期，第 48 页。
④ （宋）张咏：《县斋感怀》之一，张其凡整理《张乖崖集》卷五，中华书局，2000，第 40 页。
⑤ （宋）张咏：《县斋感怀》之一，张其凡整理《张乖崖集》卷五，第 22 页。
⑥ （宋）张咏：《县斋感怀》之一，张其凡整理《张乖崖集》卷五，第 40 页。

第九章　陈抟的道教后学

本章的研究对象是陈抟的道教后学。根据李简易《混元仙派之图》，所列陈抟弟子有鸿蒙君（张无梦）、张乖崖（张咏）、付林、李挺、张四郎、皇甫、涂定祥（应为涂定辞之误）、王衮、种放、贾德（得）升。根据蒙文通先生的考证，陈抟的直传后学为刘海蟾、张无梦、贾德升、杨尽、穆修和种放。其中，种放、张咏与穆修主要传承的不是陈抟的道教学术，故不列为本章内容。限于篇幅，本书主要考证师从于陈抟的道教直传弟子：刘海蟾、张无梦、付林、李挺、张四郎、皇甫、涂定辞、王衮、贾德升。此外，还包括对陈抟学术传承产生重要影响的再传弟子，丹道后学张无梦的弟子陈景元，及隐仙派重要传人张三丰。

刘海蟾、张伯端亦是陈抟的重要后学之一，白玉蟾及其弟子认为刘海蟾、张伯端而开启全真南宗道脉，刘海蟾、张伯端与全真南宗的关系更为密切。① 学界关于张伯端的研究成果很多。

第一节　刘海蟾

刘海蟾，名操，字昭远，号海蟾子，一说为燕地广陵（今河南息县）人也，一说为大辽（今北京市）人。入道后改名刘玄英，生卒年不详，为全真道南北二宗共尊的五祖之一。《历世真仙体道通鉴》有传，刘海蟾初名刘操，字昭远，刘海蟾早年通过科举考试入仕，官至燕国宰相，"素喜性命之说，钦崇黄老之教。"现存有丘处机撰写的《海蟾公入道歌》，此碑文以

---

① 张广保：《唐宋内丹道教》，第 194 页。

刘海蟾的第一人称叙述，记述他的生平和入道过程。刘海蟾生于燕地，十六岁时登科甲。家境优渥，位高权重，位极人臣。有一天深夜家宴后，他装醉打碎了一件珊瑚玉器，试探亲人的反应，被妻子儿女厌弃，他因而顿悟："前有轮回谁救度，退官纳印弃荣华，慷慨身心求出路。"① 由此看破了红尘而出家入道。文中称"仕燕主刘守光为相"，考燕主刘守光仅911年8月至913年12月在位，在位两年四个月，刘海蟾仕燕主刘守光为相时间不会长，他出家入道当在此期间。

一 师承

关于刘海蟾的师承存在争议，即刘海蟾是否为陈抟的弟子。

1. 记述刘海蟾最早的资料，称刘海蟾师陈抟

白玉蟾的弟子彭耜《道德真经集注》引《高道传》关于张无梦的记载中涉及刘海蟾，称张无梦"入华山与刘海蟾、种放结方外友，事陈希夷先生"。《高道传》成书于北宋初期，作者贾善翔，曾任道官左街都监同签书教门公事，赐号"崇德悟真大师"，其所言必有依据。② 而且，彭耜是全真教南宗五祖白玉蟾的亲传弟子，其所著《道德真经集注杂说》具有较高学术价值，与其他道教重仙话的作品不同，可信度亦较高。

南宋陈耆卿所著《（嘉定）赤城志》为最早记载刘海蟾、张无梦事迹的典籍之一，曰："本朝张无梦……与种放、刘海蟾为方外友，师陈抟。"③ 南宋道士吕太古所著《道门通教必用集》云："张无梦……入华山与种放、刘海蟾结交，事希夷先生。"④ 两处史料明确使用"师陈抟""事希夷先生"之词，刘海蟾师从陈抟的关系明确无疑。这两种资料一个出自地方志，一个自出道门记载，反映了地方志与道门观点的一致。其次，张无梦、种放为陈抟的弟子无疑，此资料将刘海蟾与张无梦、种放相提并论，也暗示刘

① 陈垣编纂《道家金石略》，文物出版社，1988，第449页。
② （宋）胡仔：《苕溪渔隐丛话前后集》卷三十七，清乾隆刻本。见"苏东坡尝过之"，贾善翔对苏称"老道士"，其年龄当高于苏东坡。
③ （宋）陈耆卿：《（嘉定）赤城志》卷三十五，"人物门"四，清文渊阁四库全书本。
④ （南宋）吕太古：《道门通教必用集》卷一，"矜式篇"，明正统道藏本。

海蟾与陈抟的师徒关系。

南宋李石《续博物志》称刘海蟾为"华山陈抟馆之道院，与种放往来"①。此语中，刘海蟾有从属于陈抟的意思，与陈抟弟子种放也有交往。

以上资料均比较可信，刘海蟾曾师从陈抟当没有疑问。

2. 刘海蟾师从钟吕

另有资料认为，刘海蟾的老师为吕洞宾。最早提到此观点的是北宋秦观的《淮海集》卷二十五《魏景传》，其中言魏景"遇华山元翁，从授炼丹铸剑长生之术。元翁名碧天，其师曰刘海蟾，海蟾之师曰吕洞宾，洞宾之师曰钟离权。自权至景凡五世矣"②。此材料重要，这是声称刘海蟾师从吕洞宾最早的资料，秦观在世时间为 1049～1100 年，此时尚没有出现全真道，没有受到全真道兴盛之后的影响。

其次，南宋李简易《混元仙派图》显示刘海蟾师从吕洞宾。其列传承关系如下：正阳真人钟离权→纯阳真人吕洞宾→刘海蟾、麻衣道者、王重阳→陈抟。李简易的图表显示，吕洞宾为刘海蟾和麻衣道者的老师，麻衣道者是陈抟的老师，刘海蟾与陈抟无师承关系，而且刘海蟾还是陈抟的师叔。吕洞宾活跃于五代宋初，王重阳生于 1112 年，吕氏对王重阳直接传授似不太可能，但是这一观点得到后世全真道的认可。按这个谱系，王重阳和刘海蟾是吕氏的直传弟子，陈抟则是再传弟子，陈抟死于 989 年，王重阳在理论上成为陈抟的师叔，这一点也不太合理。这个传承谱系中已经出现全真七真，可能已受全真道兴起的影响。

事实上，金元之后的全真道弟子强化了刘海蟾师从钟吕的观点。王重阳有词云："正阳的祖，又纯阳师父，修持深奥。更有真尊唯是叔，海蟾同居三岛。弟子重阳，侍尊玄妙，手内擎芝草。"③ 又云："汉正阳兮为的祖，唐纯阳兮做师父。燕国海蟾兮是师叔，终南重阳兮弟子聚。"④ 王重阳明确视钟离权为师祖，视吕洞宾为师父，视刘海蟾为师叔。《历世真仙体道通

---

① （宋）李石：《续博物志》卷二，明古今逸史本。
② （宋）秦观：《淮海集》卷之一，四部丛刊景明嘉靖小字本。
③ （金）王嚞：《重阳全真集》卷三，明正统道藏本。
④ （金）王嚞：《重阳全真集》卷九。

鉴》认为是正阳子钟离权度化刘海蟾，钟离权为刘海蟾的第一位老师，又言"后遇吕洞宾，得金丹之秘旨。自此往来终南泰华间。复结张无梦、种放，访陈希夷先生，为方外友"①。《历世真仙体道通鉴》圆融所有的观点，钟离权、吕洞宾、陈抟先后都是刘海蟾的老师。元代苗善时其《纯阳帝君神化妙通纪》载："海蟾帝君始遇正阳帝君示累卵之危，顿悟入道，后隐华山修证。"②"正阳帝君"即是钟离权，隐华山修证可以为之后师事陈抟做了铺垫，此说与《历世真仙体道通鉴》所言一致。全真南宗的实际创始者是白玉蟾，其弟子陈守默、詹继瑞为与北宗争先，在《海琼传道集序》中根据传说提出一个南宗的传授系统："昔者钟离云房（钟离权）以此传之吕洞宾，吕传之刘海蟾，刘传之张平叔（张伯端），张传之石泰，石传之道光和尚，道光传之陈泥丸，陈传之白玉蟾，则吾师也。"但此传承中，钟、吕、刘和张伯端之间的传授关系，张伯端本人和石泰到陈泥丸都没有明文记载。

卿希泰认为，宋元时，有关钟吕和刘海蟾的神话传说很多，金丹派多尊他们为祖师，这类神话传说大多出于后人的附会，缺乏充分的史实根据。③ 当代学者潘雨廷认为，李简易《玉溪子丹经指要》的传承谱系与传说基本相同，但是，此图关于纯阳真人吕洞宾下一传"以王重阳为主，包括麻衣道者传陈希夷，则时代倒置问题明显。更下则七派，以王重阳始，以丘长春终，其重视北宗可见"④。即此传承谱系至王重阳时，出现了时代倒置的问题，显然不合理，并指出是此谱系重视北宗。蒙文通认为刘海蟾实际上是南宗祖师，而刘氏之学来自陈抟，并言："刘海蟾出于希夷，殆所谓南宗之祖，后乃易之以钟吕传道无稽之说。而五祖葛长庚、彭鹤林辈，若皆无系于希夷，且又并希夷而系之于钟吕。全真即盛之后，而重阳北七真出于钟吕之说又兴。陈抟之事若存若亡，而钟吕传道之说大盛。钟吕之事倘犹释氏之有惠能，为唐宋新旧道教之一大限，而前茅实为希夷，安有所谓钟吕哉？"蒙文通认为将刘海蟾和南宗系于钟吕之后的做法是"无稽之

① （元）赵道一：《历世真仙体道通鉴》卷四十九。
② （元）苗善时：《纯阳帝君神化妙通纪》卷三，明正统道藏本。
③ 盖建民：《道教金丹派南宗考论》（上）序言，社会科学文献出版社，2013，第1页。
④ 潘雨廷：《道藏书目提要》，上海古籍出版社，2003，第205页。

说"，是没有根据的。然全真道兴盛后，钟吕传道之说盛行，成为南、北二宗的祖师，陈抟的影响被忽视了。

综上，笔者认为刘海蟾师事陈抟当无疑问。白玉蟾的弟子彭耜《道德真经集注》引《高道传》为道教官方人士记载，南宋陈耆卿所著《（嘉定）赤城志》成书于南宋，价值较高，南宋道士吕太古所著《道门通教必用集》、宋代李石《续博物志》等材料可信度较高。秦观《淮海集》之《魏景传》属北宋时的文献，认为刘海蟾师从吕洞宾，并没有受后来全真道的影响，然宋代文献支持此观点的文献较少，也没有宋代道教界人士的认可，此观点可信度较差，却因后来全真道的兴起而成为主流观点。

王重阳直接师从吕洞宾则不太可能。吕洞宾生卒年不详，据张广保考证，生于唐末无疑，全真道创教者王重阳生于 1112 年，不太可能师从吕洞宾，但道教界认为吕洞宾已修炼成仙，得长寿传道是可能的事情，或许更为可能的是，王重阳因得吕洞宾所传丹法的启示，而追认吕洞宾为师父，从而导致全真道认钟吕为祖师，把刘海蟾视为师叔，并大力宣扬钟吕传道，而陈抟为刘海蟾之师的事反而得不到彰显。

刘海蟾在民间得到神化，被演化为神仙，民间有"刘海戏金蟾、刘海撒钱"等传说，刘海成为民间传说中的财神和送子神。据说刘海能为人们带来财运、子嗣，不少家庭把刘海作为"活财神"，顶礼膜拜。湖南花鼓戏《刘海戏金蟾》《刘海砍樵》即取材于这一典故。

二　刘海蟾的弟子

关于刘海蟾的弟子，张广保《唐宋内丹道教》有考，主要有马自然、王笙、王冲熙、王庭扬、张梦乾、李练、张虚靖、张仲范、晁迥、董凝阳、张紫阳（即张伯端）。其中董凝阳失考。[①]

张广保的《唐宋内丹道教》与李显光的《混元仙派研究》对刘海蟾的弟子都有考证，本书不再赘述。此处简要说明马自然、晁迥、王笙、张伯端等人（见表 9 - 1）。

---

① 张广保：《唐宋内丹道教》，第 203～214 页。

表 9 - 1

姓名	依据来源		备注
蓝养素	《佛祖统纪》卷第四十六	有弟子陈通叟、刘昉、李观、崔昉	"吾师刘道君海蟾子行雨过此耳。"
马自然	《历世真仙体道通鉴》卷四十九		"独刘海蟾留，乃为自然演金丹之秘。""自然闻其言则师之，遂得道。"
晁迥	《石林燕语》卷十①《鹤林玉露》卷十②《蒙斋笔谈》卷下		"（晁迥）初学道于刘海蟾，得炼气服开之法，后学释氏。""晁文元尝问隐者刘海蟾以不死之道，海蟾笑曰……""早从刘海蟾学道，自言得长生之术。"
王笙	翁葆光《悟真篇注疏》卷上③薛道光《悟真篇记》陈致虚《上阳子参同契分章注》卷上		"冲熙王君遇仙人　刘海蟾得金丹术""王冲熙学道遇刘海蟾，得金丹之术。""昔王冲熙得刘海蟾金丹之旨而成道。"
李练、张虚靖、张仲范	李简易《混元仙派图》		
张伯端			

注：刘海蟾的弟子蓝养素"居衡山修道"④。

① （宋）叶梦得：《石林燕语》卷第十，明正德杨武刻本。
② （宋）罗大经：《鹤林玉露》卷十，明刻本。
③ （宋）翁葆光：《悟真篇注疏》卷一，明正统道藏本。
④ 张广保：《唐宋内丹道教》，第 211 页。

马自然

　　道教史上有两个马自然，一是南唐沈汾《续仙传》卷上所载马湘字自然，《历世真仙体道通鉴》卷三十六也有传；一为元代《历世真仙体道通鉴》卷四十九姓马名自然。刘海蟾的弟子为《历世真仙体道通鉴》卷四十九的姓马名自然者，马自然"后游庐山，入阁皂山"①。

王笙

　　王笙为道教人士，是陈抟的学生刘海蟾的弟子。王笙，字子真，北宋

―――――――――

① （元）赵道一：《历世真仙体道通鉴》卷四十九，"马自然"条。

时凤翔阳平人，元丰年中，宋神宗赐号冲熙处士，元符三年（1100 年）在茅山受上清箓。① 李显光认为《刘海蟾堂移石刻记》所言的王庭直和《道枢》之《修真要诀篇》中的王庭扬可能就是王笙。② 笔者考查，王庭扬与王笙并非为同一人。据《刘海蟾堂移石刻记》记载，文末留有"皇统八年……王庭直记"③。皇统八年为 1148 年，说明王庭直那时还在世。而《夷坚志》称王笙"预言八月十七日当解化，及期具衣冠端坐而卒，时建中靖国岁（1101 年），春秋助六十一"④。说明此王笙 1101 年已去世，因而王庭直与王笙不是同一人。

程颐为理学大家，蒙文通的《陈抟学术传承表》列其为陈抟的学术传人。《程氏遗书》有诗《寄谢王子真》为程颐写给王笙的诗，诗云"至诚通化药通神，远寄衰翁济病身，我亦有丹君信否，用时还解寿斯民。子真所学，只是独善，虽至诚洁行，然大抵只是为长生久视之术，正济一身，因有是句"⑤。此诗说明王笙与程氏在儒学与道家长生之学方面有交流。王笙为陈抟的道教后学，而程氏可谓陈抟的易学后学，二人之学实出于同一来源。虽双方分属儒、道文化，各有坚持，然亦可见二人在学术上相互交流，私交甚厚。

晁迥

晁迥（948～1031 年），字明远，太平兴国时举进士，为大理评事。累官工部尚书，集贤院学士，国家诏令多出其手，善吐纳养生之术。晁迥初学道于刘海蟾，《石林燕语》卷十⑥、《鹤林玉露》卷十⑦、《蒙斋笔谈》卷下都对他学于刘海蟾有相关记载。他之后也学习佛法，晚年喜读《周易》《庄子》。

值得注意的是晁迥的玄孙晁说之，他是邵雍的私淑弟子。本书第六章

---

① 《夷坚志》丁卷第四；《历世真仙体道通鉴》卷五二《王笙传》。
② 李显光：《混元仙派研究》，第 203 页。
③ 陈垣编纂《道家金石略》，第 1010 页。
④ （宋）洪迈：《夷坚志》夷坚丁志卷四，清十万卷楼丛书本。
⑤ （宋）程颢、程颐：《二程遗书》卷十八，清文渊阁四库全书本。
⑥ （宋）叶梦得：《石林燕语》卷第十，明正德杨武刻本。
⑦ （宋）罗大经：《鹤林玉露》卷十，明刻本。

第一节之二列有晁说之《传易堂记》所记载的陈抟易学传承关系，说明他的观点一方面与邵雍有关，一方面或与其祖晁迥为陈抟的再传弟子有关，因而他所列的陈抟易学传承关系具有重要参与价值。

张伯端

刘海蟾最重要的弟子是张伯端（984～1082 年）。[①] 张伯端，字平叔，一名用成，号紫阳，道教称其为"紫阳真人"，为临海县人。张伯端被奉为金丹派南宗的南五祖之一。学界关于张伯端的研究成果很多，此处不再赘言，现仅关注他的师承与陈抟、刘海蟾的关系。

关于张伯端的师承，其《悟真篇》自序中说，他自幼涉猎三教经书及刑法、医卜、天文、地理等书，然关于金丹，张伯端穷究典籍，不得其要，因为道教传统，必须有遇师才可以明丹经，他遍求师父，因"至人未遇，口诀难逢"而精神疲顿。至熙宁己酉年，他在成都"遂感真人，授金丹药物火候之诀"[②]。张伯端没有说明授予其丹诀者之名，只是以"至人""真人"指代。《悟真篇》有"梦谒西华到九天，真人授我《指玄篇》"之语。陈抟与吕洞宾都在华山，且二人都著有《指玄篇》。《宋史·艺文志》《通志·艺文略》都记录陈抟著有《指玄篇》，《宋史·陈抟传》称其书"言导养及还丹之事"，而吕洞宾所作《指玄篇》也是关于丹道修炼之事。因而陈抟和吕洞宾都有可能是张伯端所言的真人。

潘雨廷认为张伯端师自陈抟。他考证宋代《三极至命筌蹄》所列南宗传承关系：西华夫人→张紫阳→石杏林→薛紫贤→陈泥丸→白玉蟾。潘雨廷认为"此以张伯端得自西华夫人，实即陈抟之传"，并认为此说可与张紫阳得自刘海蟾一说并存。也就是说，潘雨廷认为，张伯端的师父是陈抟，与张伯端的师父是刘海蟾，本是并列的两种观点，但自"元起，北宗与南宗合，乃以海蟾为主而不及陈抟一系"[③]。元代全真道兴起后，全真南、北宗汇合，就只有第二种观点得到宣扬，而第一种观点不再被提及。考世传陈抟于 989 年去世，张伯端生于 984 年，则不可能得到陈抟亲授，但有可能

---

① 盖建民：《道教金丹派南宗考论》（上），第 400 页。
② 张伯端：《修真十书悟真篇卷》，《道藏》第 4 册，第 712 页。
③ 潘雨廷：《道藏书目提要》，第 203 页。

得到陈抟在华山的弟子传授，因而笔者认为张伯端师从刘海蟾是很有可能的。

张伯端所著《悟真篇》是金丹派南宗形成的奠基性著作，在道教史上具有重要的地位和意义。张伯端经过五传至白玉蟾，白玉蟾则创立了南宗教团组织，形成与全真北宗相对应并独具特色的金丹派南宗内丹道派。

第二节　张无梦

张无梦，北宋初人，为陈抟最重要的弟子之一，生卒年不详。北宋贾善翔《高道传》载："鸿蒙子张无梦，字灵隐，好清虚，穷《老》《易》，入华山，与刘海蟾、种放结方外友，事陈希夷先生，无梦多得微旨。"[1] 由此可见，在陈抟最为重要的三个弟子之中，张无梦最得陈抟真传。《道门通教必用集·历代宗师略传》《历世真仙体道通鉴》《玄品录》等均设张无梦传记。

南宋陈耆卿所著《（嘉定）赤城志》为最早记载张无梦事迹的典籍之一，文中记载张无梦"幼入华山，与种放、刘海蟾为方外友师陈抟，得微旨"，以修炼之法作成诗歌《还元篇》。真宗召见张无梦，讲易和《还元篇》，真宗赐他作著作佐郎，"赐处士先生号"，他都不接受。[2]

南宋道士吕太古所著《道门通教必用集》记载更详，云："张无梦，字灵隐，笃孝闻于乡里，好清静，通易。及冠，委资产于其弟，入华山，与种放、刘海蟾结交，事希夷先生，多得微旨。久之游天台赤城，结庐十余载，修行精炼，以内事形于歌咏成百首，曰《还元篇》。夏英公入山见之，得其诗归辇下。王冀公执政，英公以《还元篇》献之，未几以闻。真宗问以长久之策，无梦曰，臣野人，但于山中诵《老子》《周易》而已，其他不知也。上令讲易，即讲谦卦。上曰：独说谦何也？无梦曰：方大有之时，宜守以谦。上喜其说，除著作佐，即不受。一日复召，讲《还元篇》，赐

---

① （宋）彭鹤林：《道德直经集注》引《高道传》，《道藏》13 册，第 255 页中栏。
② （宋）陈耆卿：《（嘉定）赤城志》卷三十五，"人物门"四，清文渊阁四库全书本。

饮，遣使送金帛，皆不受。复赐处士先生号，亦不受。上因以歌赐行曰：
混元为教含醇精，视之无迹听无声，唯有达人臻此理，逍遥物外事沉冥，
浮云舒卷绝常势，流水方圆靡定形，乘兴偶然辞涧户，谈真俄尔谒王庭，
顺风已得闻宗旨，枕石还期适性情，玉帛簪缨非所重，长歌聊复宠归程。
明日遂行，有旨令台州给著（作）佐（郎）俸。至山亦不请，其终始清节
如此。年九十九，终于金陵，经三日顶中白气出，高三尺。有《琼台诗集》
行于世，碧虚子陈景元盖其弟子，得老庄宗旨云。"①

由上可知，张无梦主修内丹，不事符箓，他最重视的经典为《老子》
《周易》，没有说及其所修的道法，只有"好清静""修行精炼"之语，符
合隐仙派的修行特征，其所奉经典与修行方式类似陈抟。

张无梦无心结交皇室，对于皇帝的赐官、赐金帛、赐先生处士号，张
无梦均"不受"，由他身上可看到陈抟的隐逸之风。张氏为凤翔人，地理位
置与陈抟所在的华山很近，与陈抟一样精于易学、老学。张无梦"行赤松
导引、安期还丹之法"②，与陈抟修炼服气辟谷一样，属于内丹道。他"幼
入华山"，说明张氏跟随陈抟学道的时间较早，与陈抟的弟子种放、刘海蟾
结为方外友，三人共同师事陈抟，而张无梦最得陈抟的真传。张氏著有
《还元篇》《琼台诗》。

张氏同陈抟一样，修道而不具有道士身份。他以修炼丹道闻名，以隐
士身份被宋真宗召见。张无梦面对宋真宗时自称"野人"。③ "道人张无梦，
在真宗朝以处士见"④，"处士"是隐士的一种别称，可知张无梦不是经过官
方正规程序审批的道士，也不在道观中修行，而是一位隐于山林的个人修
炼者。

张氏也是秉承身国同治及黄老清静无为的政治原则。张无梦的《还元
篇》是"以内事形于歌咏"的诗，是关于修炼的诗。官员将此诗献给真宗，
真宗召见张氏，问以"长久之策"，笔者认为，此处不一定仅指治国安邦的

---

① （南宋）吕太古：《道门通教必用集》卷一，"矜式篇"，明正统道藏本。
② （明）张联元：《天台山全志》卷八，清康熙刻本。
③ （南宋）吕太古：《道门通教必用集》卷一，"矜式篇"，明正统道藏本。
④ （宋）刘攽：《中山诗话》，明津逮秘书本。

计策，也含有长生之道的方法。张无梦的回答与陈抟类似，张氏答真宗"但于山中诵《老子》《周易》而已，其他不知也"，张氏以此婉辞关于长生之道的回答，联系其师陈抟曾回答"炼养之事，皆所不知，无可传授。然正使白日升天，何益于治？"之语，① 张氏之回答与陈抟如出一辙，表明陈抟学派不以修炼方术干涉社会政治的原则。真宗皇帝令张氏讲《易》，张氏讲谦卦："方大有之时，宜守之以谦。"真宗让张氏讲其歌咏修炼的《还元篇》，张氏曰"国犹身也，心无为则气和，气和则万宝结矣"等语，此言表达了清静无为的治身与治国之理，与道家的身国同治是一脉相承的。

真宗力求挽留张无梦做官，为张氏设宴，并令大臣赋诗，宋代李庚《天台集》记录了宋真宗、王钦若、陈尧叟、钱惟演、查道、初晒、丁谓、马知节、杨亿等君臣三十二人所作诗，其中有宋真宗所作《送张无梦归天台山》。② 可见宋真宗如厚待种放一样，礼待张无梦。张氏却没有被真宗的厚待打动，坚持要求归隐。

张无梦坚持不仕的做法与陈抟十分类似。《仙鉴·张无梦传》《道门通教必用集》记载真宗皇帝赐张无梦著作佐郎一职，张氏"不受"，真宗赐饮、赐金帛、赐处士先生号、赐俸禄，张氏均"不受"。这几个"不受"彰显张氏游心物外的道家特性。《仙鉴·张无梦传》记载张氏固辞官职时称："陛下德如尧舜，山林中岂不容一巢父、许由邪？"③《历世真仙体道通鉴·陈抟传》中陈抟辞宋太宗称："尧道昌而优容许由，汉世盛而善存四皓，嘉遁之士，何代无之。再念臣形如槁木，心若死灰，不晓仁义之浅深，安识礼仪之去就。败荷作服，脱捧为冠，体有青毛，足无草履。倘临轩陛，贻笑圣明。愿回天听，得隐此山。"④ 陈抟与张氏都以巢父、许由等隐士为榜样而不仕，通过颂扬皇帝德如尧舜的方式请求放其归隐山林。

张无梦的修道方式也同其师陈抟一样，具有鲜明的道家特征。宋代曾

---

① （宋）陈均：《宋九朝编年备要》卷第三，"凡九年"，宋绍定刻本；也见于《新雕皇朝类苑》《东都事略》《青琐高议》等。
② （宋）李庚：《天台集》续集卷上，清文渊阁四库全书补配清文津阁四库全书本。
③ （元）赵道一：《历世真仙体道通鉴》卷四十八，明正统道藏本。
④ （元）赵道一：《历世真仙体道通鉴》卷四十七，明正统道藏本。

憷《道枢》收有张氏《鸿蒙篇》，系摘录其《还元篇》之中的十二篇，其中云："国犹心也，心无为则气和，气和则万宝结矣，心有为则气乱，气乱则英华散矣，游玄牝之门，访赤水之珠者，必放旷天倪，囚千邪剪万异，归乎抱朴守静，静之复静，以至于一，一者，道之用也，道者，一之体也，一之与道，盖自然而然者焉，是以至神无方，至道无体，无为而无不为，斯合于理矣。"道家身国同治，治国之理与治身之理相同，张无梦治身、治国的原则归于"抱朴守静"，与道教"清净无为""道法自然""无为无不为"的政治原则相一致。张无梦显然认为《老子》一书就是丹道修炼方法，其四曰："老子明开众妙门，一开一阖应乾坤，只于罔象无形处，有个长生不死根。"寓意《老子》一书暗含了长生之法。其七曰："自家神气自家身，何必区区问外人，这个形骸俱是假，只因修炼得成真。"其十一："道在丹田达者知，分明悟了更何疑，乾男自逐龙潜坎，坤女须随虎隐离，但守清虚除嗜欲，自然恬淡合希夷，仙经不是闲言语，看取千年胎息龟。"[1] 张无梦的修炼之法属于内丹道，强调修炼应该清虚恬淡。其"处世言行及内丹炼养禀图南一派，为学界共识"[2]。

　　观陈抟、张无梦和张咏所讲的治国之道，可知主旨相同。陈抟与其弟子在治国方面认为治国如同治身，均遵循"清静无为"的宗旨。所不同之处，张无梦得陈抟之"微旨"，在修道的根基上比张咏、种放等人较高，思想中所受世俗的束缚与影响较小，《历世真仙体道通鉴》云张氏晚年"杜门不出，士人或有见而请问者，则对之以聋，而后人事几废"[3]。可见张氏比之张咏、种放等人，在离世弃俗的方面更为彻底，他了无尘世的牵挂羁绊，适合山林的修道生活方式。

第三节　陈景元

　　陈景元是张无梦的弟子，北宋著名道士，自号"碧虚子"，建昌南城

---

① （宋）曾慥：《道枢》卷十三，明正统道藏本。
② 孔又专：《陈抟道教思想研究》，第157页。
③ （元）赵道一：《历世真仙体道通鉴·张无梦传》卷四十八，明正统道藏本。

（今属江西）人。陈景元是经过官方正规程序入道的道士，于1042年拜高邮天庆观道士韩知止为本师，次年，通过试经录为道士。

张无梦是陈景元最重要的老师。陈景元游历天台山时，遇张无梦，成为他的弟子，"碧虚子陈景元，盖其弟子，得老庄宗旨"①，"游天台，遇张无梦，授秘术"②。张无梦传授陈氏老庄之学和内丹术。陈氏在其《道德经注》开题表明了其理论的主要渊源自其师张无梦，"辄依师授之旨"③，"今所解《道德》二经，皆是专辄依奉吾师鸿蒙张君真人传授之旨"④，陈景元的著作思想来自张无梦，而张无梦师从陈抟，陈景元为陈抟的再传弟子。

陈氏除修内丹之外，兼事符箓，曾为宋王朝举行斋醮，被赐号"真靖大师"。陈景元曾任右街道录职道官，熙宁五年（1072年），陈氏向宋神宗进献其所作《道德经注》。陈氏不愿担任官职，最终请求归隐庐山。

陈景元的修道思想也具有鲜明的身国同治合而为一的特点，与陈抟密切相关。当代学者卢国龙认为，陈景元将《庄子》主旨概括为"中正为宗"是切入时代思想之主题，意图使思想学术能够经世致用，"陈景元等人所关注的焦点，则在于通悟体用关系之精微。体是自然生成、大化流行之理本，用即治国修身之应用"⑤。陈景元的"体""用"是将修道与治国、经世致用相统一的理路。此理路与陈抟、张咏有关治身与治国的主张相一致。

陈景元是陈抟学派的重要分支，是陈抟丹道思想的道教传承者，其丹道思想贯通老庄与易学，融于丹道修炼的实践之中。陈景元"妙得老庄之旨"⑥，他的著述很多，影响较大的是关于《老子》《庄子》的注文。《正统道藏》收录有八篇署名陈景元的著作，其中关于老庄的注疏作品有四部，分别为《道德真经藏室纂微篇》《南华真经章句音义》《南华真经章句余事》《南华真经余事杂录》，陈氏重视老庄之学由此可见一斑，他认为诵读

① （宋）吕太古：《道门通教必用集》卷一，"矜式篇"，明正统道藏本。
② （明）张联元：《天台山全志》卷八，清康熙刻本。
③ （宋）陈景元：《道德真经藏室慕微篇开题》，《道藏》第13册，第654页中栏。
④ （元）薛致玄：《道德真经藏室慕微开题科文疏》，《道藏》第13册，第753页上栏。
⑤ 卢国龙：《论陈景元的道家学术》，《道家文化研究》第19辑，生活·读书·新知三联书店，第363页。
⑥ （宋）彭耜：《道德真经集注·宋解经姓氏》，《道藏》第5册，第382页。

《庄子》"斯乃道家之业，务在长生久视，毁誉两忘，而自信于道矣，岂与有待者同日而论哉"①。蒙文通将其有关《老》《庄》的注解加以校勘、整理，撰《陈景元〈老子〉〈庄子〉注校记》，并得出结论："碧虚之学，源于希夷。"② 李明杰在其博士学位论文中亦认为，陈景元注文中也体现了易理、老学乃至丹道的融合。③

正是通过研究陈景元，蒙文通发现"伊洛之所论者，碧虚书殆已有之"④，认为宋代理学的思想与陈景元类似，均有来自道家之言的痕迹，认为二程学术渊源与陈景元相同，均来自道士陈抟。蒙文通在《陈碧虚与陈抟学派》一文后，列出《陈图南学谱》图表（见图6-3），将种放、穆修、邵雍、周敦颐、程颢、程颐等54人列为陈抟的后学，指出他们的学术思想均源自陈抟。

因而，陈景元是陈抟学术在道教界的重要传承人之一。

第四节　贾德升、杨扆、张四郎、涂定辞

陈抟道教方面的后学尚有贾德升、杨扆、张四郎、涂定辞等人，与刘海蟾、张伯端、张无梦、陈景元相比，他们产生的影响较小，资料相对也较少。

一　贾德升

贾德升系陈抟的直传弟子无疑。《东都事略》《宋史·陈抟传》《隆平集》记载陈抟知道自己不久将逝，"谓其弟子贾德升曰，汝可于张超谷，凿石为室，吾将憩焉"⑤，可见贾德升在陈抟晚年是一直随侍左右的。陈抟临逝之前，曾给皇帝上了奏疏，《太华希夷志》记载："先生临卒，草奏疏，

---

① （宋）陈景元：《南华真经章句音义》，《道藏》第15册，第894页上栏。
② 蒙文通：《蒙文通文集》第六卷，第715页。
③ 李明杰：《陈景元道教哲学思想研究》，山东大学硕士学位论文，2012，第23页。
④ 蒙文通：《蒙文通文集》第六卷，第716页。
⑤ （宋）王称：《东都事略》卷一百十八，"隐逸传"一百一，清文渊阁四库全书本；（宋）曾巩：《隆平集》卷二亦有记载。

人莫见其言，遣弟子贾德升，持所赐龟鹤，并青鬃马，诣阙以进，上独览久之，以所献物复赐德升，仍加紫服，号曰悟真先生。"① 前文已讲，陈抟曾在984年得宋太宗赐"希夷先生"号和紫衣，"先生"也是道士的一种称谓，一般由帝王赐予杰出的高道，紫衣则表示拥有合法的道籍——度牒。根据宋代律法，僧、道去世或还俗，应将度牒交还祠部，陈抟的紫衣更不是一般意义的度牒，因而他安排将皇帝所赐之物在逝世后由弟子交回是有根据的。宋太宗将交回的紫衣等物赐给贾德升，说明认可贾德升是陈抟的重要弟子。萧天石《道海玄微》之《陈希夷先生新传及其道法》一文中，记载大量陈抟与贾德升的言论，说明道教文献认为贾德升为其弟子并得陈抟亲授。

贾德升应该是云台观的实际管理者。表面上看，陈抟德高望重，受到皇帝极高规格的礼遇和赏赐，有成为宗教领袖的资质，似乎应该成为云台观的管理者。但是，陈抟在宋太宗于984年赐予紫衣——度牒之前，没有正式的道士身份，不具备居住正规的道观的资格。他最初到华山云台观并非居住在观内，而是居住在荒凉的古观遗址和少华石室，是一个没有人居住的地方。但陈抟获赐紫衣之后，陈抟获得正式的身份，并享受官方对正式的道士所拨付的经济资助等。

关于贾德升的资料有限，贾德升在修道方面远不如陈抟的其他弟子（如张无梦、刘海蟾、种放等）有成就。贾德升从事斋醮科仪，曾为太宗第七女韩国长公主作祈福科仪，② 大中祥符己酉十月，贾德升为宋太祖的女儿晋国大长公主祈福。③ 从事符箓科仪是当时符箓派的主要特征，陈抟不从事符箓。贾德升能为皇家主持斋醮科仪，说明他在符箓道派中的法位较高，具有一定的地位和社会影响力。因而，贾德升并非陈抟所选择的弟子，而是经过官方道教考核、正规出家的符箓派道士，他实为云台观的管理者，并负责照顾陈抟的生活。他确实得到陈抟的教导，在修为上不及张无梦、刘海蟾、种放等人有成就。张无梦、刘海蟾、种放等人虽不具备道士身份，但却是陈抟所选择的弟子。

---

① （元）张辂：《太华希夷志》卷下，明正统道藏本。
② （清）毕沅：《关中金石记》卷五，清乾隆经训堂刻本。
③ （清）毕沅：《关中金石记》卷五，清乾隆经训堂刻本。

二　杨砺

南宋李简易《混元仙派图》列出陈抟的弟子中有王衮。关于王衮的资料很少，《青琐高议》有简要记载："江东逸人王衮之句云：'高空有月千门闭，大道无人独自行。'"① 这里的王衮是个隐士，也是个修道之人，但无此人的其他信息，也没有证据显示曾师从陈抟。

笔者与李显光先生看法相同，怀疑李简易误将杨砺作王衮。② 杨砺的资料不多，仅在《历世真仙体道通鉴》有传，称其为荣德人，即今四川荣县人，"隐居不仕，人谓之隐君。"杨砺"以孝闻"，他的父亲得了重病，胯上生疽，"隐君自吮疽"服侍父亲，把父亲的病治好。而且，杨砺很有才能，致富有方，"能殖其财至巨万"。但他把家产散尽"一以奉老佛，一以赈穷乏，一以赒吾宗"，"于是径去，谒希夷先生于华山。先生授以道要，临别，饵以丹，大如芥子。遂返其里中，因不复食"。③ 杨砺到华山拜见陈抟，资料没有显示陈抟收他为弟子，但是在丹道方面对他有所传授，由食丹之后不食的记叙，可推断陈抟传授其服气、辟谷之术。

三　张四郎

张四郎，原名张远霄，张四郎为陈抟弟子的依据是《混元仙派图》，但是从现有史料中看不出张四郎与陈抟有关联，更不能显示他们的师徒关系。史籍中记载张四郎有两个版本的名字，一为张远霄，一为张远霄。只有一种文献记载张四郎名为张远霄，明代《明一统志》记载："昔有仙人张远霄者，常往来于此，人呼为张四郎。"④《续文献通考》《蜀中广记》卷七十四等均称为"张远霄"，估计两字相似，张远霄应为张四郎的本名。

《宋会要辑稿》曰："白鹤山庐舍那院神仙张四郎，乾道元年（1165年）八月封灵应真人。"⑤ 说明张四郎在南宋时已经成为影响广泛的神仙，

---

① （宋）刘斧：《青琐高议》前集卷之九，清红药山房钞本。
② 李显光：《混元仙派研究》，第338页。
③ （元）赵道一：《历世真仙体道通鉴》卷五十，"杨砺传"，《道藏》第5册，第388页上栏。
④ （明）李贤：《明一统志》卷七十二，清文渊阁四库全书本。
⑤ （清）徐松辑《宋会要辑稿·蕃夷道释》，郭声波点校，第601页。

被官方封为真人。宋代《夷坚志》称："邛州南十里，白鹤山张四郎祠，盖神仙者流，山下碑甚古，字画不可识，郡人云，四郎所立，以御魑魅救疾疫，后人能辨其字者，则可学仙。"① 南宋陆游《剑南诗稿》云："登邛州谯门，门三重，其西偏有神仙张四郎画像，张盖隐白鹤山中。"② 说明宋代时，张四郎就已经被作为神仙祭祀了，张四郎的传说应该由来已久。明《蜀中广记》引《舆地纪胜》称，张远霄故宅在眉州，后到白鹤山修道，遇一老人，授竹弓铁弹，又引《临邛志》称张远霄生眉山，"自号四郎，以灵符神弹救世病苦，忽一日书符于壁，如四目老翁状，符就落壁隐身不见人，即其地立祠焉"③。由上可知，张四郎的老师应该是授以他竹弓铁弹的老人，而不是陈抟。

张四郎出现在八仙的神仙杂剧中，应该是与吕洞宾、陈抟同时之人，张四郎曾名列八仙之一。元代贾仲名《升仙梦》中，张四郎称"奉纯阳师父法旨"，说明在元代时，张四郎是作为道教纯阳真人吕洞宾的弟子被广大百姓接受的，明代《元曲选》中《吕洞宾度铁拐李》《度黄龙》《酹江集》等元杂剧中有张四郎与八仙在一起的故事。④ 明代《雍熙乐府》是广泛搜罗已刊、未刊的元明散曲、剧曲、诸宫调以及民间时调小曲增补而成的散曲、戏曲选集，其中八仙的名单与今天不同，"八仙在云端里现体，丹阳子钟离第一，吕洞宾渔鼓手内携，韩湘子蓝内仙花献，张四郎葫芦手中提，曹国舅肩担着笊篱滚绣球，张果老驴倒骑，铁拐李发至眉，蓝采和云阳板世间无对"⑤。此版本中的八仙与被后世公认的八仙区别在于，张四郎替代了何仙姑。

《雍熙乐府》卷九还有另一个版本的八仙："我则见披鹤氅挂金衣，神仙八个临凡世，韩湘子胜出枝锦牡丹，曹国舅肩担着竹笊篱，吕洞宾将着的是龙香墨感皇恩呀，李孔目他将那铁拐忙提，蓝采和檀板收拾，张四郎

---

① （宋）洪迈：《夷坚志》卷三，清十万卷楼丛书本。
② （宋）陆游：《剑南诗稿》卷八，清文渊阁四库全书补配清文津阁四库全书本。
③ （明）曹学佺：《蜀中广记》卷七十四，清文渊阁四库全书本。
④ （明）臧懋循：《元曲选》之《吕洞宾度铁拐李》，明万历刻本；（明）孟称舜：《酹江集》，明崇祯刻古今名剧合选本。
⑤ （明）郭勋：《雍熙乐府》卷之三，四部丛刊续编景明嘉靖刻本。

执着纶竿，陈七子将着梳篦，张果老蹇驴骑。"李孔目即是铁拐李，其中张四郎、陈七子分别取代何仙姑与钟离权出现在以吕洞宾为中心的八仙剧中。

笔者认为，张四郎可能是唐末宋初之人，与陈抟、吕洞宾为同一时代之人，同是修炼的隐士，民间将其逐渐神化，其真实面目已不可查，以现存文献看来，没有张四郎作为陈抟弟子的证据，大概他们都在以陈抟为中心的华山修道圈而闻名。南宋时，李简易因陈抟的影响将之归为陈抟的弟子，随着金元全真道兴起之后，以追溯钟吕为祖师的全真道成为主流，张四郎出现在以吕洞宾为中心的八仙剧中，而陈抟则相比之下不再彰显。

从中可以看到，宋代陈抟的影响较大，后人将之归为陈抟的弟子之列。元以后，全真道的影响席卷全国，神仙道化剧流行，后人又将他们列于全真祖师吕洞宾的周围，从中可以看出宗教与世俗的互动及影响。

四　涂定辞

李简易《混元仙派图》中的涂定祥应是涂定辞之误。宋王象之《舆地纪胜》记载："（涂氏）艮山人郡纲，宿华阴邸寓，陈抟出药饵之曰，当寿至百岁后，九十三岁而化，及就圹棺轻甚，疑蝉蜕云。"[1] 约成书于南宋初年的《三洞群仙录》[2] 记载："徐（涂）定辞，蓬州人，咸平中隶役于郡国，辇帛入关，宿华阴客邸，遇夜，有书生自称东专者，揖定辞而坐，相得甚欢，留饮浃日，及告行，书生曰，吾陈抟也，以君非凡骨，故得邂逅于此，定辞喜惧，因恳求异术，曰术不贵异，但啬精神，不以好恶内伤甚善，于是袖出药一刀圭，曰君饵此当寿百岁，翌日访之不复见，其后亦尸解矣。"[3] 元代《历世真仙体道通鉴》记载更详，称之为"蓬之良山龙谋里人也，涂氏之先，自孟知祥据蜀时，已数世居此躬耕植，产家累百金"[4]。

以上史料，以《舆地纪胜》记载最简，应为最早的记载，后两种记载随时代越远而越详细生动。宋代的蓬州是以今天四川仪陇县大寅镇为中心

① （宋）王象之：《舆地纪胜》卷第一百八十八，清影宋钞本。
② 任继愈：《宗教大辞典》，上海辞书出版社，1998，第651页。
③ （宋）陈葆光：《三洞群仙录》卷五，明正统道藏本。
④ （元）赵道一：《历世真仙体道通鉴》卷四十八，明正统道藏本。

的地区，而今天的艮山位于湖南省怀化市靖州苗族侗族自治县，涂定辞很可能是四川人。《舆地纪胜》并没有记载涂氏遇陈抟的时间，后两种文献则把他们相遇的时间记为"咸平"。咸平为998年至1003年，陈抟已于989年去世，不可能再见涂定辞。上述文献多有传说与不实之处，可大致推测涂定辞为四川人，他与陈抟或有交往。

陈抟对涂氏授道内容包括外丹、内丹两种。陈抟给涂氏"出药一刀圭"，称服之后当百岁，似乎是外丹一类的药物。《高道传》称涂氏"得道者也，居一石室"①。《历世真仙体道通鉴》云涂氏见陈抟之后，"既而西归，落魄不事生产，遂凿所居之南山为石室"②。其修道方式与陈抟在石室中修行的方式类似，他们同是不具备正规的道士身份，选择在山林石室中隐逸修道。

涂氏通医术，有异于常人的功能。《三洞群仙录》引北宋文献《高道传》，称"涂定辞每到中春，人服疎药时，渠即临流于小滩下裸露，使水自七窍入，谓之涮肠"③。《历世真仙体道通鉴》亦有相关记载，并记录涂氏以类似针灸的技法给人治病，"尝有二小商，于脱白溪一人中暑毒暴死，定辞持铁针于额上以一槌击之，入一寸许，须臾复活"④。说明涂氏的医术高超。

涂氏曾散尽万金，以寻找奖励廉洁之人。他身家巨富，"贮五十万钱，戒家人无妄取，去世数日前，乃归语家人曰：吾平生买物必过所售价，与之冀其间，以多为辞，即以所贮钱，赏其廉，今终吾身，竟无一人以多为辞者，信知廉于财者，世俗果无人也"⑤。涂氏故意多给出售价，期望卖东西的人退还多出的钱，可是终其一生，没有发现诚信廉洁之人。

由上可知，涂氏同为隐逸修炼丹道之人，兼有医术，可能与陈抟有交往，因而被列为陈抟的弟子，关于他的资料流传至今不多，在其故事流传过程之中，已有明显的错误，且有神化其人的迹象。

---

① （宋）李昌龄：《乐善录》卷二，续古逸书丛景宋刻本，书中引自《高道传》。
② （宋）李昌龄：《乐善录》卷二，续古逸书丛景宋刻本，书中引自《高道传》。
③ （宋）陈葆光：《三洞群仙录》卷十六，《道藏》第32册，第342页。
④ （元）赵道一：《历世真仙体道通鉴》卷四十八，《道藏》第5册，第376页。
⑤ （宋）李昌龄：《太上感应篇》卷之二十，明正统道藏本；李昌龄《乐善录》卷二，续古逸书丛景宋刻本。

第五节　后学张三丰

　　张三丰为陈抟最著名的后学之一，是明清时期影响最大的道教人物，《明史》有传，将张三丰视为元代至明初人。张三丰其名为全一，又名君宝，三丰是他的号，因其不修边幅，又号张邋遢。学界对张三丰的研究现状体现了对道家隐士研究的难点。朱越利在《张三丰其人的有无乃千古之谜》一文中，对确定张三丰身份的关键史料皆进行考证质疑，认为：①"《王征南墓志铭》之说不足信"；②"《蓬莱仙弈图题识》系伪作"；③"《云水后集》系伪作"；④"《明史·张三丰传》不是信史"；⑤"《大岳太和山志·张三丰传》的内容真伪难辨"；⑥"《张三丰遗迹》的内容真伪难辨"；⑦"明成祖诏书的内容十分空洞"。① 按历史学的角度，是无法证明历史上存在张三丰其人，但黄兆汉认为"我们实在很难正面肯定张三丰实际上存在过的，因为他没有留下一些东西足以具体地证明他曾经存在，连一般人认为是他的作品的《张三丰全集》也不是他作的，而是后人伪造的。他的存在只能靠着一些别人的文字来推论。纵使我们说可以找出一些证据，这些证据也是次等的、间接的。不过除了这样，也实在找不出更好的方法"②。道家重隐逸，隐士的刻意隐藏与历史学注重考据的研究方法相矛盾，尽管有关张三丰的资料存在可疑，但只能以现存的资料来研究。

　　张三丰是一位神化莫测的道教人士。《明史》称张三丰为辽东懿州人，尚有辽阳、宝鸡、朔方、闽县等地之说，究其原因，是由于他常年云游各地，遍访隐逸高人，居无定所，所以才有各种籍贯的说法。史籍中没有其具体生卒年的记录，根据"延祐初年，已六十七"推测张三丰生于1247年。③《明史·张三丰传》曰："尝游武当诸岩壑，语人曰，此山异日必大兴，时五龙南岩紫霄俱毁于兵，三丰与其徒去荆榛，辟瓦砾，创草庐居之，

---

① 朱越利：《回首集》之《张三丰其人的有无乃千古之谜》，四川大学出版社，2014，第283~300页。
② 黄兆汉：《明代道士张三丰考》，学生书局，1988，第2页。
③ （明）张三丰：《芦汀夜话》，《张三丰先生全集》卷二，清道光刻本。

已而舍去。"① 武当山为修道圣地之一，陈抟最初在武当山隐居，张三丰也曾到达武当山。笔者访问当地道士，其称现存武当山五龙宫遗址即是张三丰创建，张氏曾在此修道。

张三丰是一位比陈抟还要隐逸的隐仙，修道而不居住官方修建的道观，云游四海，回避帝王的召见。据《明史》记载："太祖故闻其名，洪武二十四年，遣使觅之，不得……永乐中，成祖遣侍事中胡濴偕内侍朱祥，赍玺书香币往访，遍历荒徼，积宫数年不遇，乃命工部侍郎郭璘隆、平侯张信等，督丁夫三十余万人，大营武当官观，费以百万计，既成，赐名太和太岳山，设官铸印以守……天顺三年，英宗赐诰赠为通微显化真人，终莫测其存亡也。"此事同样记载见于《太岳太和山志》《明史稿》《名山藏》等文献，从洪武二十四年（1391 年）到永乐十五年（1417 年），明太祖、成祖大规模寻访张三丰长达近 27 年，② 然"遍历荒徼，积宫数年不遇"③。明成祖甚至因此而修建武当宫观，以期遇到张三丰，并赐匾额"遇真宫"，英宗赐号"通微显化真人"，但"终莫测其存亡"，都不得一见。

一　张三丰与陈抟的师承关系

依据《张三丰先生全集》之中的《派考记·道派》记载，张三丰师事火龙真人，火龙真人师从陈抟，则张三丰是陈抟的再传弟子。

张三丰的著作多收录到《张三丰先生全集》之中，为清代李西月重编。此书除收录署名为张三丰的著作之外，又多收其弟子传记、道派承传、后世著作及灵异事迹等资料，因而并非张三丰著述，可视为后世张三丰学派或隐仙派著述集。李远国认为"其中比较可信为张三丰所著或所传的有《大道论》、《玄机直讲》、《玄要篇》、《云水集》，此外多为李西月一派所撰"④。此书虽非张三丰所撰，仍是研究张三丰与隐仙派的重要资料。

---

① （清）张廷玉：《明史》卷二百九十九，"列传"第一百八十七，清乾隆武英殿刻本；（明）毕恭《（嘉靖）辽东志》卷六人物志，明嘉靖刻本。

② 吕旭涛、梁宇坤：《张三丰史迹考》，《学术交流》2014 年第 5 期。

③ （清）张廷玉：《明史》卷二百九十九，"列传"第一百八十七，清乾隆武英殿刻本。

④ 李远国：《三元集》，四川大学出版社，2014，第 470～471 页。

陈抟与张三丰之间的火龙真人是重要的中间人，有关火龙真人的资料很少，李简易、蒙文通记录的陈抟弟子之中都没有火龙真人。张三丰《芦汀夜话》称："延祐初年……初入终南，即遇火龙先生，乃图南老祖高弟。物外风仪，予踞而问道，蒙师鉴我精诚，初指炼己功夫，次言得药口诀，再示火候细微，温养脱胎，了当空虚之旨，一一备悉。"① 《玄要篇自序》亦有相同记载。陈抟卒于989年，张三丰于延祐中（1341年）遇到火龙真人，如此算来火龙真人应该超过352岁，如此高寿令人难以相信，或许火龙真人不是陈抟的直传弟子，而是再传弟子。由于隐仙派皆是"高隐"，在道教徒看来，火龙真人成为一位深藏不露的长寿者也有可能。无论是否有火龙真人，张三丰视陈抟为老师是确定的，其在修道方面与陈抟有思想渊源是成立的。

张三丰的诗文中多次提到与陈抟的师承关系。张三丰有诗《陈希夷抟》曰："浩浩希夷，守正怀奇。不夸丹道，不露元机。不令人测，只求己知。华山高卧，吾师之师。"② 此处，张三丰明确华山的陈抟是"吾师之师"。他在《蛰龙吟》中吟道："五龙飞跃出深潭，天将此法传图南。图南一派俦能继，邈遇道人张丰仙。"③ 此诗显示，张三丰是陈抟的丹道传人。卿希泰先生指出："张三丰得陈抟一系或陈抟一系的火龙真人之传，非无可能。陈抟一派，以关中一带为活动中心，至明清时代犹传承不绝……从张三丰的隐逸之风看，其思想行径与陈抟确有渊源关系。"④ 不仅张三丰的诗文体现了其与陈抟的师承关系，张三丰的隐逸之风确实亦同陈抟一致。

二 张三丰修道思想与陈抟的联系

张三丰与陈抟都是著名的隐者，在治身与治国方面的观点是一致的。《张三丰先生全集·大道论》上篇云："仙道者，长生之道也。而世人多以异端目之。夫黄老所传，亦正心、修身、治国、平天下之理也。人能修正

---

① （清）李西月编《张三丰先生全集》卷二《芦汀夜话》，清道光刻本。
② （清）李西月：《张三丰先生全集》卷五，清道光刻本。
③ （清）李西月：《张三丰先生全集》卷四，清道光刻本。
④ 卿希泰：《中国道教史》第3卷，四川人民出版社，1996，第467~476页。

身心，则真精真神聚其中，大才大德出其中也。长春朝对，皆仁民爱物之言；希夷归山，怀耿介清高之致，何隐怪之有哉？"① 张三丰不仅认为修道是修身与治国的统一，而且，明确指出陈抟归山也是基于此理。张三丰其实说明，人道是仙道的基础，儒家注重人道，只局限在人道，道家由人道入手，最终归于仙道。张三丰曰："只要素行阴德，仁慈悲闵，忠孝信诚，全于人道，仙道自然不远也。"② "外尽伦常者其理，内尽慎独者其理。忠孝友恭，衷乎内也，然着其光辉则在外也；喜怒哀乐，见于外也，然守其未发则在内也。明朗朗天，活泼泼地，尽其性而内丹成矣。""修道以修身为大，然修身必先正心、诚意。意诚心正，则物欲皆除，然后讲立基之本"③。人道是仙道的基础，在人道的层面上，道家与儒家是没有抵触的。仙道是道家最终的目标，在仙道的层面上，儒家是有欠缺的。

虽然"人道不修，何言仙道"是道教的共识，然陈抟、张三丰一系与符箓道派和王重阳创立的全真少阳派还是有所不同的。符箓道派与全真道少阳派出家的门槛相对较低，入道相对容易，入道后居住官方管辖的道观。而陈抟与张三丰却很少收徒，陈抟不鼓励修道根基尚浅的学道者入山修道，这与将种放、钱若水、张咏推入人道的原则是一致的。并非他们没有度化世人学道的善心，而是张三丰与陈抟并非将世俗与神圣割裂开来，人道也是仙道的一部分，他们更加强调在人道中的修行，人道完善之人，其修道根器已经超出一般的出家道士，可以直接隐逸入山修道，而不用经历官方管辖之下的道教位阶制度等形式。

张三丰修道"以修身养性、涵养道德立基，又以道教传统命功炼命。他首重炼己"，"炼己又曰炼性、修心、存心"，④ "凝神调息"是下手功夫，张三丰在《道言浅近》中说："凝神调息，调息凝神，八个字就是下手工夫，须一片做去，分层次而不断乃可。"

《张三丰先生全集》并非全部由张三丰所作，其中部分文章用大周天、

---

① （清）李西月：《张三丰先生全集》卷三，清道光刻本。
② （清）李西月：《张三丰先生全集》卷三，清道光刻本。
③ （清）李西月：《张三丰先生全集》卷三，清道光刻本。
④ 李远国：《三元集》，第 474 页。

小周天、五行、水火、河车等丹道术语阐释丹道修炼过程，部分文章实则脱离了难懂的丹道术语，强调静功，以静功的不同功夫程度，指代炼精化气、炼气化神、炼神还虚。"夫静功在一刻，一刻之中亦有炼精化气、炼气化神、炼神还虚之功夫"，意即修道的功夫即在当下每一时刻，每一时刻之中的静功都有精、气、神的转化，这样日积月累，"闭目存神，使心静息调，即是炼精化气之功也"，做到心静息调，就有精化气的转化，继续静功，"回光返照，凝神丹穴，使真息往来，内中静极而动，动极而静，无限天机即是炼气化神之功也。"达到"炼气化神"之后，"将正念止于丹田"，继续静功，"或一二年至十年、百年，打破虚空，与太虚同体，此为炼神还虚之功也"①。笔者省去了其中年、月、日变化的描述，简化之后，由静功功夫的不断加深，其修道层次不断提高的过程就一目了然了。笔者认为，已不能证实哪些文献是属于张三丰之作，但以张三丰的隐逸风范而言，其修道理论必不至于复杂。

陈抟以睡功闻名，《张三丰先生文集》中《蛰龙吟》记载张三丰继承了陈抟的睡功之法，其诗曰："睡神仙，睡神仙，石根高卧忘其年，三光沉沦性自圆。气气归玄窍，息息任天然。莫散乱，须安恬，温养得汞性儿圆，等待他铅花儿现。无走失，有防闲，真火候运中间，七返不艰难，炼九还何嗟叹，静观龙虎，战场战暗，把阴阳颠倒颠，人言我是蒙眬汉，我却眠兮眠未眠，学就了真卧禅，养成了真胎元，卧龙一起便升天。五龙飞跃出深潭，天将此法传图南。图南一派俦能继，邈遏道人张丰仙。"②此诗的末尾，明确点明此睡功是源自陈抟，而且他自认为自己得陈抟睡功的真传。此诗文中，"凝神调息"虽未写出，但显然是入手方法，至"气归玄窍，息任天然"，则已神入气穴，"任天然"即强调自然无为，强调静，不可有妄念妄动，其《渔父词》曰："蛰龙无声且有声，声声说与内心听。神默默，气冥冥，蛰龙虽睡睡还醒。"此中是形虽睡，但神清醒，意在强调降心于静默，听任自然。此中意在让修道者"气归玄窍"之时，保持"息任天然"

①　（清）李西月：《张三丰先生全集》卷三，清道光刻本。
②　（清）李西月：《张三丰先生全集》卷四，清道光刻本。

的安恬无为的心性，如能做到"任天然"，则后面的七返、炼九、龙虎之战、养成真胎元都是自然成就。

睡功的关键在于是否能"神入气穴"，其在《蛰龙法跋》中说："《随》之《象词》曰：'君子以向晦入宴息'。夫不曰'向晦宴息'，而曰'入宴息'者，其妙处正在'入'字，'入'即睡法也。以神入气穴，坐卧皆有睡功，又何必高枕石头眠哉？"以张三丰看来，坐卧不拘形式，都可以修睡功，真正的睡功在于是否能"神入气穴"，"神入气穴"要求神不外驰，心息相依，如果神驰气乱，无论高枕石头而眠还是坐卧练功，都不是睡功。

由上，张三丰虽以丹家的铅汞龙虎等术语诠释睡功，实际上是将这些术语置身真正的修道之外。张三丰并没有详细指明铅汞所指与火候控制方法，而是将"任天然"置为修道的最高位置，将"凝神调息"作为初下手方法，"神入气穴"，心息相依才是真正的睡功。

有学者认为太极拳的来历与陈抟亦有渊源。孔又专认为张三丰是武当内家拳法的集大成者，太极拳的创始人，张三丰"把陈抟的内丹理论、气功功法推进一步，使之成为太极拳理论的基本内核"①。太极拳来自道家没有疑问，是否为张三丰所创学界尚有争议。

小　结

从某种意义上讲，所有从陈抟学习的弟子都可以说是其道门弟子。他们皆为求道而来，而陈抟也意在帮助他们悟道，在修道和学术上各有所传承。然从表现形式上，陈抟拒绝很多人入道，包括张咏、种放、钱若水等。一方面，丹道有"非其人不传"的传统，对弟子的修道根基要求很高，师徒之间单传秘授。流传民间的钟离权十试吕洞宾的故事即说明了此意。全真南宗祖师张伯端至白玉蟾，也都是单传。南宗像北宗一样广泛收徒是白玉蟾以后的事情。所以，无论陈抟属于混元派还是隐仙派，这一派类似禅宗，采用顿超直入的修炼方式，适合大根器之人。依

---

① 孔又专：《张三丰对陈抟内丹思想的继承和实践》，《宗教学研究》2011 年第 1 期。

陈抟看来，张咏、种放、钱若水等人的修道基础虽已远超普通人，但尚不足以在山中修道。另一方面，陈抟认为山中与世俗都是修道的道场，尘缘未净、心缘未了的人实际上是尚没有悟道的人，他们更适合在世俗社会中接受磨炼，同时承担社会责任、安邦济世也是一种修道的方式。陈抟说张咏"性度明躁"不适合在山中学道，而让张咏断续做官，张咏也明白"推吾入闹中"的意义并非不让他学道。陈抟说种放"心源未了"而由其入仕。钱若水虽具有神仙之才，但仍不足以修道，还需要在世俗的社会中经受磨砺。

在陈抟的道教后学之中，张无梦、刘海蟾、种放是陈抟最为重要的学生。宋代文献《高道传》《（嘉定）赤城志》《道门通教必用集》等都记载张无梦、刘海蟾、种放他们三人结为方外之友，共同师事陈抟，三人均得陈抟亲传，张无梦"多得微旨"①。只是由于种放后来出仕，此处不将他列为道教后学的名单。

首先，张无梦最得陈抟真传，也是陈抟最重要的学术传承者。张无梦与其弟子陈景元皆重视《老子》、《庄子》和《周易》，《高道传》称张无梦"穷《老》《易》"，"且于山中尝诵《老子》《周易》而已，不知其他也"。②而其弟子陈景元则注解《老子》《庄子》。由张、陈一系，可以看出他们对陈抟之学旨的继承。张无梦在当时影响很大，曾被真宗皇帝召见，并为其讲《易》和《还元篇》。

其次，刘海蟾学于陈抟，是南宗的重要开创者。正如蒙文通所言，刘海蟾"出于希夷，殆所谓南宗之祖"③。从学于刘海蟾的弟子很多，其中最为著名者当属张伯端。张伯端被认为是南宗祖师，其《悟真篇》《青华秘文》是南宗主要的丹道经典。刘海蟾在宋代亦有较大影响，可能由于刘海蟾并不属于正规道士，而是隐士，其本人可能不想被诏见，亦没有皇帝要求诏见他的相关资料，关于他的史料也较少。但刘海蟾在修道者中影响较

---

① （宋）彭鹤林：《道德真经集注》引《高道传》，《道藏》第 13 册，第 255 页中栏。
② （宋）彭鹤林：《道德真经集注》引《高道传》，《道藏》第 13 册，第 255 页中栏；也见于（南宋）吕太古《道门通教必用集》卷一，"矜式篇"，明正统道藏本。
③ 蒙文通：《蒙文通文集》第六卷，第 717 页。

大，宋代官方扶植的道士张守真造神"翊圣真君"，而当时流传"翊圣敬刘海蟾"的故事，[①] 说明刘海蟾享有较高的声望。道教方面则更列其为南宗祖师之一。

种放则是将陈抟之学传向道教之外的最重要的传承者。陈抟之学，主要是易学，经种放传入儒家，成为宋代图书易学和理学兴起不可或缺的一环。

陈抟的后学有共同的特点，表现在：①重视《老子》《庄子》《周易》；②后学中倾向隐逸者众多。刘海蟾、张无梦、杨宸、张四郎、涂定辞等人多是隐逸修道者。陈抟的后学种放、钱若水、张咏等人则有一个明显由仕到隐的过程。穆修、邵雍、周敦颐等人也具有隐逸者的生活情趣（此部分见第十章"陈抟的易学后学"）。

---

① （宋）何薳：《春渚纪闻》卷三，"杂记"，明津逮秘书本。

第十章 陈抟的易学后学

陈抟的易学后学，以蒙文通考证的陈抟学术传承表为基准。在此表中，陈抟的直传弟子有张无梦、杨戢、贾德升、刘海蟾、穆修、种放，此表缺少钱若水、张咏、张四郎、涂定辞。虽然，陈抟对自己的弟子或多或少地传授了易学，但相对来说，陈抟的易学是经由种放和穆修传入儒家，并影响社会的。种放虽对陈抟的易学传承居功至伟，但其相关著述极少，更多表现在由隐入仕治理国家，因而将其与钱若水、张咏列为陈抟治国理念的体现者。蒙文通所列传承陈抟易学的后学很多，其中产生重大影响的主要有穆修、邵雍、周敦颐和二程，陈抟对前三者的影响较为明显，由于本主题不宜涉及人物太多以至过于庞杂，本节侧重分析陈抟对穆修、邵雍和周敦颐的影响及他们学术上的联系。

第一节 穆修

穆修（979～1032 年），字伯长，郓州汶阳（今属山东汶上）人，《宋史》有传。大中祥符二年（1009 年）考中进士，后任泰州司理参军（也有说海州）。大约在宋仁宗天圣三、四年（1025 年、1026 年）间，补颍州文学参军，后又迁徙到蔡州，不久之后因病而亡，世称"穆参军"。

穆修不喜佛学。这点同种放类似，《宋史》记载穆修之母死后，他"自负榇以葬，日诵《孝经》《丧记》，不用浮屠为佛事"。但穆修没有明显的排佛行为，他写有《蔡州开元寺佛塔记》，其中曰："今佛氏之法，后三代而作，极其说于圣人之外，因斯民所恶欲而谕以死生祸福之事"，"福祸之报不移也，世闻其说甚惧"，穆修认为世人是害怕佛教的祸福因果报应才信佛教的，但同时承认佛氏"亦善导于人者"①。穆修有诗《送灵师归吴》，其中写道："灵师殊可尚，颇不类浮屠。托迹虽依佛，留心独喜儒。"很明显，穆修以儒家为本位，灵师"喜儒""不类浮屠"而得到穆修的敬重。

一 穆修易学源自陈抟

穆修的易学源自陈抟，此观点基本得到学界认同，存在分歧的是穆修如何得到陈抟的传授，现基本有两种观点：第一，陈抟亲授穆修；第二，陈抟的易学经种放传于穆修。

第一，认为陈抟亲授穆修的材料如下。

较早的宋代文献，认为穆修传承了陈抟的"伏羲四图"。朱长文《易经解》之《伏羲六十四卦方位》称："伏羲四图，其说皆出于邵氏，盖邵氏得之李之才挺之，挺之得之穆修伯长，伯长得之华山希夷先生陈抟图南者，所谓先天之学也。"② 朱熹《周易本义》卷首"图说"也同样引用此说。③ 朱长文和朱熹都认为穆修从陈抟处得到"伏羲四图"。

宋代文献也有认为穆修传承了陈抟的数学。宋冯椅《厚斋易学》附录二《中兴书目》引邵博说："抟好读《易》，以数学授穆修伯长。"④ 黄震《古今纪要》⑤、宋人林骃《源流至论》⑥、《东都事略·儒学传》⑦ 都持此说。邵伯温《易学辨惑》曰："伯长，国史有传，其师即陈抟也。"⑧ 邵伯温为邵雍之子，邵雍是穆修的再传弟子，因而邵伯温所言可信度较高。

道教内的文献《华山搜隐记》也印证了这一点，记载："穆修少时，尝随种放来山谒先生，侍立极恭。先生曾语之曰：'大抵有心求富贵，到头无

---

① （宋）穆修：《蔡州开元寺佛塔记》，《穆参军集》卷第三，四部丛刊景述古堂景宋钞本。
② （宋）朱长文：《伏羲六十四卦方位》，《易经解》，明崇祯四年刻本。
③ （宋）朱熹：《周易本义》，"周易下经"第二，宋咸淳刻本。
④ （宋）冯椅：《厚斋易学》附录二，清文渊阁四库全书本。
⑤ （宋）黄震：《古今纪要》卷十七，清文渊阁四库全书本。
⑥ （宋）林骃：《源流至论》卷之一，清文渊阁四库全书本。
⑦ （宋）王称：《东都事略》卷一百一十三"儒学传"九十六，清文渊阁四库全书本。
⑧ （宋）邵伯温：《易学辨惑》，清文渊阁四库全书本。

份作神仙。'又顾种放曰：'龙潜海底宁忧钓，鹤上九天岂患罗。'视穆修久之，曰：'他日器也，当可闻道。'后穆修卒得放之所授。"① 此资料说明，穆修年少时曾面见过陈抟，得陈抟亲授也有部分道理。

以上说法，均是主张穆修得到陈抟亲传。但是近年以来，认为陈抟经种放传于穆修的观点成为主流。

第二，陈抟经种放传于穆修。

杨甲《古今易学传授图》将穆修列到种放的弟子之列。晁说之《传易堂记》说："至有宋，华山希夷先生陈抟图南，以《易》授终南种征君放明逸，明逸授汶阳穆参军修伯长。"② 《宋史·朱震传》说："陈抟以《先天图》传种放，放传穆修。"考穆修约生于太平兴国三年（即 978 年）前后，陈抟于 989 年逝世，陈抟逝世时穆修年仅 11 岁左右，《穆参军集》收有穆修作《上监判郎中书》自言："为儿童岁，多依外门祖氏家。逮十岁许，从先君官南北，则不常其居。"以如此小的年纪，自幼到处迁徙，似乎很难从陈抟处学得高深的易学。种放生卒年为 955 年至 1015 年，由种放传穆修则比较合理。因而，晁说之、朱震与杨甲的说法较为合理。

宋人不记载种放为穆修易学之师，大概也是源于种放晚年失节。王梓材等认为："邵伯温，亲康节子，其为《易学辨惑》第言李氏师事伯长、伯长师事图南，而不言种、穆之相传，岂以种氏晚年易节而讳之耶。"③ 当代钱穆亦称："考穆修成进士在大中祥符二年，种放以是年四月归终南，明年正月复召赴阙，四年又来朝，并从祠汾阴，则穆之得传于种，事亦可有。似诸家言穆修得易学于陈抟者，乃略去种放言之。或由放在当时颇滋诽议，故谈者不欲称引。"④ 据《宋史·穆修传》记载，"修性刚介，好论斥时病，诋诮权贵。"以穆修耿介清高的秉性，他本人也会对种放的为人不满，自然耻为其徒。

---

① 萧天石：《道海玄微》，第 482 页。
② （宋）晁说之：《传易堂记》，《嵩山文集》卷十六，四部丛刊续编景旧钞本。
③ （清）王梓材、冯云濠：《宋元学案补遗》卷九，《百源学案补遗》上。
④ 钱穆：《论太极图与先天图之传授》，《中国学术思想史论丛》卷 5，安徽教育出版社，2004。

由上，陈抟和种放都曾亲自教诲过穆修。陈振孙《直斋书录解题》曰："东平穆修伯长撰修，祥符二年，经明行修进士，仕不遇困穷以死，师事陈抟，传其易学，以授李之才，之才传邵雍，而尹洙兄弟亦从之学古文，且传其春秋学，或曰太极图亦修所传于陈抟种放者，今其遗文传世者仅如此，门人祖无择为之序。"① 一方面，陈振孙认为穆修"师事陈抟，传其易学"；另一方面，陈氏提出《太极图》是穆修由陈抟、种放处得来，穆修可能既得陈抟亲授，也得到种放亲授。

陈抟与种放本身是师徒关系，种放的易学也来自陈抟，他们对穆修均有传授是自然的事情，他们对穆修的影响表现在不同方面。从知识的角度，穆修的易学应该主要来自种放传授。陈抟去世时穆修尚年幼，穆修不太可能从陈抟处学习全面的易学知识，因而种放是其易学知识的主要老师。从治学态度与方法的角度，陈抟的影响是深远的，陈抟不迷信周孔权威，其"当知活法""辞外见意"等治学主张对研究易学是十分重要的见解，穆修年幼亦能记住这些主张，并伴随其成长。

穆修秉性耿直，不奉迎世俗。据《宋史·穆修传》记载，穆修早年心高气盛，"不能与俗相俯仰"，招致通判的忌恨，指使他人诬告，使穆修被贬到池州（今安徽省贵池区）任参军。另，当张知白在亳州（今安徽省亳县）任职期间，当地一个土豪出资造佛庙，张知白请穆修撰写寺庙记文，穆修故意不书写那位土豪的名字，土豪以重金贿赂他以求载名于记文，穆修坚持不为所动，说："吾宁糊口为旅人，终不以匪人污吾文也。"当时宰相听闻穆修大名，想结识他，聘请他为学官，"修终不往见"。可见穆修与张咏性格类似，疾恶如仇，个性张扬，不趋权贵，不追名利。

古人注重言传身教，认为为学之道与为人之道相互关联，陈抟超心物外、不落窠臼的精神气质也会潜移默化中影响穆修的治学态度。陈抟易学的价值不仅在于具体的理论知识，更在于其治学的态度与方法，后学称陈抟"以无字教人"，陈抟的方法比具体知识更加重要，以这个角度来看，年幼的穆修相对更容易受陈抟的精神气质影响，其影响也越深远，穆修"不

① （宋）陈振孙：《直斋书录解题》卷十七，清武英殿聚珍版丛书本。

能与俗相俯仰”和其从事古文运动可能都与陈抟息息相关。

二　穆修与古文运动

穆修的贡献还在于其对古文运动的倡导。穆修长于《春秋》之学，是宋代古文运动的倡导者，推崇韩愈、柳宗元，曾亲自校正、刻印韩愈和柳宗元文集。他说：“夫学乎古者，所以为道。”又说：“道者，仁义之谓也。”（《答乔适书》）古文运动是唐代中期以来，提倡古文、反对骈文的文化运动。韩愈和柳宗元是唐代古文运动的代表，欧阳修、曾巩、王安石、苏洵、苏轼、苏辙为宋代古文运动的代表，反对华丽浮靡文风，强调文道统一、道先于文的观点。

穆修是陈抟与种放的弟子，陈抟、种放皆有文采，陈抟之文皆朴素大方，陈抟、种放应该是古文的重要推动者。文同《丹渊集》说：“先生（陈抟）本儒人。既系虚无，凡作歌诗，皆摆落世故，披聋䁵盲，蹊穴易知。每一篇坠尘中，虽市人亦诵诵不休，谓真关秘区，若可自到。”① 穆修、种放都推崇孟子与韩愈，其《退士传》曰：“尤好孟轲书，著有《述孟志》，《蒙书》十二篇，大抵务黜邪反正，义磔奸蠹，又条自古之文精粹者……唐则韩退之。”② 尤其是种放，应该是宋代古文运动的始倡者之一。然种放晚年名声不好，陈抟又是儒家所不屑的方外之士，因而陈抟与种放的作用被忽视。

穆修同种放一样推崇孟子和韩愈，并刊刻韩愈文集到处推销。据《宋史·穆修传》记载：“杨亿、刘筠尚声偶之辞，天下学者靡然从之，修于时独以古文称，苏舜钦兄弟多从之游。修虽穷死，然一时士大夫称能文者必曰穆参军。”③ 穆修在创作方面没有显著成就，但他对于“古文”的推动却十分尽力。《东轩笔录》记载穆修晚年贫病交加，“得柳宗元集，募工镂板，印数百部，携入京相国寺，设肆鬻之。有儒生数辈，至其肆，未许值，先展揭披阅，修就手夺取，瞋目谓曰：‘汝辈能读一篇，不失句读，当以一部赠汝。’其忤物如此，自是经年不售一部”④。

---

① （宋）文同：《丹渊集》卷拾遗下，四部丛刊景明汲古阁刊本。
② 《全宋文》第 10 册，第 221 页。
③ （元）脱脱：《宋史》卷四百四十二，“列传”第二百〇一，清乾隆武英殿刻本。
④ （宋）魏泰：《东轩笔录》卷三，明刻本。

正是由于穆修的身体力行，不遗余力地推行古文，才使其再传弟子欧阳修成为古文运动的著名领导者："宋之古文，实柳开与修为倡，然开之学及身而止，修则一传为尹洙，再传为欧阳修，而宋之文章于斯极盛，则其功亦不鲜矣。"① 邵伯温《闻见前录》称："本朝古文，柳开仲涂、穆修伯长首为之倡。"《新雕皇朝类苑》曰："本朝穆修，首倡古道。"② 穆修的弟子尹洙，同样尊崇孟子、韩愈，他的弟子为宋代古文大家欧阳修。韩愈、柳宗元和欧阳修、曾巩、王安石、苏洵、苏轼、苏辙共称为"唐宋八大家"，人们称唐代和宋代的两次古文运动为"唐宋古文运动"。

三 穆修的弟子

表 10 - 1 穆修弟子列表

名称	学术传承	出处	备注
祖无择	古文	《宋史·祖无择传》："无择为人好义，笃于师友，少从孙明复学经术，又从穆修为文章。"	收集穆修诗文，编成《穆参军集》
尹洙	古文	范仲淹《尹师鲁文集序》："与穆伯长游，力为古文。"	尹洙弟子为欧阳修
李之才	易学	《易学辨惑》："挺之之师即穆修也"；晁说之《嵩山文集·李挺之传》卷十九："师河南穆伯长"；《宋史》卷431："师河南穆修，时苏舜钦辈亦从修学《易》。"	李之才的弟子为邵雍
苏舜钦	古文、易学	《宋史·穆修传》："修于是时独以古文称，苏舜钦兄弟多从之游。"晁说之《嵩山文集·李挺之传》："时苏舜钦辈亦从修学《易》"	
苏舜元	古文、易学		
周敦颐	易学	杨甲《古今易学传授图》	

如表 10 - 1 所示，穆修主要的弟子为祖无择、尹洙、李之才、苏舜钦、苏舜元、周敦颐，其中祖无择、尹洙主要传承的是古文，祖无择的重要贡

---

① （清）永瑢：《四库全书总目》卷一百五十二，"集部"五，清乾隆武英殿刻本。
② （宋）江少虞：《新雕皇朝类苑》卷第七十四，日本元和七年活字印本。

献是收集穆修所作诗文，编纂了《穆参军集》。

古文方面，尹洙（1001～1047 年）为穆修的学生，是陈抟的三传弟子。尹洙继柳开、穆修之后，提倡古文，反对浮靡的文风。欧阳修在古文方面深受尹洙的影响，"在古文创作上对欧阳修产生重要影响的，当首推尹洙"①。尹洙的弟子欧阳修则成为唐宋八大家之一。苏舜钦兄弟也从穆修从事古文运动，《宋史·穆修传》载："修于是时独以古文称，苏舜钦兄弟多从之游。"同时，苏舜钦也学习易学。古文非本书主旨，因而对穆修在古文方面的弟子不再赘述。

穆修的主要成就在于易学，在这方面，穆修最重要的弟子有两个，一个是李之才，一个是周敦颐，前者的弟子邵雍成为理学的先驱人物，后者周敦颐亦把易学援入理学，成为理学先驱者。

四　穆修的易学弟子李之才

李之才（980～1045 年），字挺之，青州（今山东青州市）人，一说青社（今属河南）人。李之才与尹渐、尹洙兄弟交好，"能为古文章"，"安于卑位，无仕进意"，"其才又达世务"。②"达世务"即是李之才的特点，也是大多数受陈抟影响的知识分子的特点，他们不热衷仕进，却具有超越一般人的才干。

李之才的易学老师为穆修，其师承可上溯至陈抟。《经义考》云："华山陈抟读易，以数学授穆修，修授之才，之才授邵雍。晁说之曰：挺之师河南穆伯长，时苏子美亦从伯长学易，其专授受者惟挺之，伯长之易受之种征君明逸，征君受之希夷先生陈图南。"③《经义考》显示李之才传承了陈抟的数学。晁说之没有具体说明李之才所学的内容，他的《嵩山文集》设有李之才传，有类似论述。④

李之才的易学书籍已佚，朱震《汉上易传》、黄宗羲《易学象数论》、

---

① 周建军：《从师友交游看欧阳修的文学成长道路》，《长江学术》2008 年第 2 期。
② （元）脱脱：《宋史·李之才传》卷四百三十一，"列传"第一百九十，清乾隆武英殿刻本。
③ （清）朱彝尊：《经义考》卷十七。
④ （宋）晁说之：《嵩山文集·李挺之传》卷十九，四部丛刊续编景旧钞本。

胡渭《易图明辨》等收有李氏的卦变图，李之才的卦变图包括两个图：一是卦变反对图，一是六十四卦相生图，李氏卦变图被称为"象学"。李之才开创宋代卦变说研究的先河，由于他的倡导，卦变说被时人接受，受其影响，苏轼、朱熹、林至等大易学家皆言及卦变。

李之才的学生为邵雍。依据《宋史·李之才传》，李之才弟子众多，以邵雍最为著名。李之才传授邵雍《春秋》和《易》，"其后，雍卒以《易》名世"。

第二节　邵雍学术与陈抟之关系

邵雍为"北宋五子"之一，是宋代理学史上的重要人物。《宋史·道学列传》有传，邵雍（1011～1077 年），字尧夫，谥号康节。他早年贫苦，三十岁以后，游河南时，"葬其亲伊水上，遂为河南人"，宋王朝曾"诏求遗逸"，邵雍被举荐作监主簿，后被"举逸士，补颍州团练推官，皆固辞"。邵氏终生不曾出仕，他本可能是一个无名的隐士，由于司马光、张载、二程对他的敬重与推崇，邵雍得以闻名于世，成为北宋五子之一，著有《皇极经世》《击壤集》《观物篇》《渔樵问答》等书。

邵雍的先天图及先天易学，朱熹对之评价甚高，但黄宗羲、黄宗炎、毛奇龄、胡渭等人以邵雍先天学源自陈抟、源自道教，而否认其在易学史上的价值。①

一　邵雍师承可上溯至陈抟

邵雍的师承问题较有争议。金生杨在《邵雍学术渊源略论》② 中，概括邵雍的师承关系，主要讨论了两个观点：其一，程颢、张岷认为邵雍之学源自穆修。其依据的材料为程颐的《邵尧夫先生墓志铭》和张岷的《（邵雍）行状略》，其传授次第为：穆修→李之才→邵雍，但是穆修师从何人却

---

① 章伟文：《先天图、先天学与道教丹道之关系考察》，《周易研究》2014 年第 2 期。
② 金生杨：《邵雍学术渊源略论》，《中华文化论坛》2007 年第 1 期。

均未提及。其二，邵伯温、郭雍、王称、朱震、赵秉文、朱熹认为邵雍之
学源自陈抟。其依据材料为邵伯温《易学辨惑》、朱震《汉上易传》、王称
《东都事略》[①]、金代赵秉文《希夷先生祠堂记》[②]。第一种与第二种观点的
区别在于，他们都承认邵雍之师源自穆修，但由穆修之后又上溯至陈抟这
点存在分歧。

笔者认为，邵雍之学源自陈抟之说是可信的。邵雍之子邵伯温称："其
传授次第，前后数贤者，本末在昔过庭则尝闻其略矣，惧世之士大夫但见
存中所记有所惑也，乃作辨惑。"[③] 邵伯温应该常遇到别人问其父的传授问
题，特地郑重地做《辨惑》就其父之学的传授次第加以说明，可见邵伯温
的说法是明确的、认真的。另外，宋代著名隐士郭雍之言也是佐证。郭雍
精于易学，他的父亲是程颐的学生，《宋史·隐逸传》有其传记。"长杨郭
氏（郭雍）序李氏（李之才）象学先天卦变曰：陈图南以授穆伯长，伯长
以授李挺之，挺之以授邵尧夫、陈安民，安民以授兼山（郭雍父号兼山先
生）。"[④] 郭雍亦认为陈抟的图书经几传后至邵雍，也传至其父亲。史称"雍
传其父学"[⑤]，郭氏本人之学或与陈抟亦有渊源，且精于易，亦为隐士，因
而其言论当有依据。朱熹谈及"邵子易"时，认为"康节易数出于希夷。
他在静中推见得天地万物之理如此，又与他数合，所以自乐。"[⑥] 劳思光言：
"邵氏之学，实出于陈希夷，而以《先天图》为主。"[⑦] 因此，笔者认为，
第二种观点可视为对第一种的补充，邵雍之学出于陈抟已成共识。

邵雍得李之才直接传授。《宋史》记载，他从李之才处"受河图、洛
书、伏羲八卦六十四卦图像"[⑧]。李之才还传授邵雍《大学》《春秋》之学。
邵雍以易学成就最大。

---

① （宋）王称：《东都事略》卷一百一十三，"李之才传"，文渊阁四库全书本。
② （金）赵秉文：《希夷先生祠堂记》，《滏水集》卷13，文渊阁四库全书本。
③ （宋）邵伯温：《易学辨惑》，清文渊阁四库全书本。
④ （宋）林至：《易裨传》外篇，清通志堂经解本。
⑤ （元）脱脱：《宋史·郭雍传》"隐逸下"卷四百五十九，"列传"第二百一十八，清乾隆
武英殿刻本。
⑥ （宋）黎靖德：《朱子语类》卷第六十七，明成化九年陈炜刻本。
⑦ 劳思光：《新编中国哲学史》卷三上，第115页。
⑧ （元）脱脱：《宋史》卷四百二十七，"列传"第一百八十六，清乾隆武英殿刻本。

邵雍弟子很多，有王豫、张崏、吕希哲、吕希绩、吕希纯、李端伯、周纯明、田述古、尹材、张云卿。私淑弟子有：晁说之、陈瓘、牛师德等人。①

二 陈抟对邵雍的影响——以邵雍诗文为中心

陈抟逝于 989 年，而邵雍生于 1011 年，二人并无交集，陈抟不可能对邵雍有亲传亲授。陈抟的思想通过穆修、李之才传授至邵雍，确实对邵雍产生重大影响，这点可以从邵雍的诗文和生活中印证。

邵雍写有的诗文中大量记载陈抟的言语及影响。邵雍应看到过陈抟的手迹，他有诗《观陈希夷先生真及墨迹》，曰："未见希夷真，未见希夷迹；止闻希夷名，希夷心未识。及见希夷迹，又见希夷真。始知今与古，天下长有人。希夷真可观，希夷墨可传。希夷心一片，不可得而言。"② 此诗九处提到"希夷"，邵氏未见陈抟真迹时，已听到陈抟其人，宋时官方与民间产生大量有关陈抟的故事，这些故事大多有夸张、神化的成分，邵雍是难以相信的。及邵雍得李之才传授，看到陈抟的真迹时，方识得陈抟之心。由"始知今与古，天下长有人"之语，邵雍对陈抟是极为崇敬的，并深得陈抟之学的旨趣。其诗《放言》曰："既得希夷乐，曾无宠辱惊。泥空终是着，齐物到头争。忽忽闲拈笔，时时自写名。谁能苦真性，情外更生情。"③此处"希夷"可能有两重意思，或指陈抟，或指虚寂玄妙。陈抟曾作《观空篇》，此文今已佚，《道藏》收录曾慥《道枢·观空》篇收录陈抟的关于"空"的论说。因而，邵雍应是崇敬陈抟的，读陈抟《观空》等著作，体悟陈抟修道的乐趣，写就此诗。其诗《六十三吟》曰："行年六十有三岁，齿发虽衰志未衰。耻把精神虚作弄，肯将才力妄施为。愁闻刮骨声音切，闷见吹毛智数卑。珍重至人尝有语，落便宜是得便宜（此处注：陈希夷先生尝有是言）。"④ 邵雍享年 67 岁。此文作于作者 63 岁时，可见其晚年视陈抟

① （清）黄宗羲：《百源学案表》，《宋元学案》卷九。
② （宋）邵雍：《击壤集》伊川击壤集卷十二，四部丛刊景明成化本。
③ （宋）邵雍：《击壤集》伊川击壤集卷三。
④ （宋）邵雍：《击壤集》伊川击壤集卷十。

为"至人"，此称谓表现了对陈抟极高的评价。"珍重"一词亦表现了他对陈抟之语的极为重视，并用以规范自己的身心。

邵雍生时，陈抟已逝，他对陈抟的追思亦表现在对陈抟所居的华山与云台观的向往。其诗《代书寄华山云台观武道士》云："太华中峰五千仞，下有大道人往还，当时马上一回首，十载梦魂犹过关，生平爱山山未足，由此看尽天下山，求如华山是难得，使人消得一生闲。"① 此诗中的武道士当是陈抟的门人武子华，陈抟逝世后，贾德升、武子华相继主持云台观。② 从学术传承上，邵雍与云台观的武子华同出一门，同样都是陈抟的后学弟子，正是源于这种认同，加之邵雍对陈抟的追慕，邵氏其诗表达了对华山的向往，并与陈抟的学生武子华保持着密切的往来。

邵雍景仰陈抟，他有意收集陈抟使用过的物品，效仿陈抟的生活方式，其思想领悟与陈抟"无字教人"启示有关。邵雍有诗《谢南寺丞惠希夷罇》，曰："仙掌峰峦峭不收，希夷（陈图南也）去后遂无俦。能斟时事高抬手，善酌人情略拨头。画虎不成心尚在，悲麟无应泪横流。悟来不必多言语，赢得清闲第一筹。"③ "罇"，同"樽"，古代盛酒器具，意为酒杯。诗中表现了邵雍对陈抟的追思与赞扬。他对陈抟的崇敬之情应该广为人知，因而会有人赠陈抟所用之酒杯给他。陈抟曾有语："当无之极，便自无中有物，无中有象矣。"邵雍"悟来不必多言语"，陈抟之学不可言传，也少用文字解释，只能用心领悟，这不是件容易的事，但显然邵氏领悟了陈抟之学的精髓。《宋史·陈抟传》曾记载陈抟服气、辟谷，"但日饮酒数杯"，而邵雍"旦则焚香燕坐，晡时酌酒三四瓯，微醺即止，常不及醉也"。④ 邵雍和陈抟一样终身不出仕，他用着陈抟的酒杯，细细体味着陈抟的言行，微酌浅饮，他模拟陈抟的生活方式，仿佛就是另外一个陈抟。邵雍之语与陈抟之意相通，萧天石由此称邵雍"全系老子希夷一脉"⑤。

---

① （宋）邵雍：《击壤集》伊川击壤集卷之七，四部丛刊景明成化本；（清）沈青峰：《（雍正）陕西通志》卷九十五，清文渊阁四库全书本，收此诗，名为"华山"。
② （宋）张方平：《乐全集》卷第三十三《华山重修云台观记》，宋刻本。
③ （宋）邵雍：《击壤集》卷九，四部丛刊景明成化本。
④ （元）脱脱：《宋史·邵雍传》卷四百二十七，"列传"第一百八十六，清乾隆武英殿刻本。
⑤ 萧天石：《道海玄微》，第 475 页。

邵雍不曾入道，却爱着道服，好静坐，其生活情趣与陈抟的道家隐士生活相近。劳思光认为邵氏"所致力者乃象数及术数而已，邵氏颇爱道教及道家之影响，故论圣人境界时极近道家，而其宇宙论又充满道教气息"①。而邵雍最崇敬的人就是陈抟。《自咏》："静坐多茶饮，闲行或道装，傍人休用笑，安乐是吾乡。"②《小车六言吟》："将出必用茶饮，欲登先须道装。……静处光阴最好，闲中气味偏长。所经莫不意得，所见无非情忘。"③可见他平日就喜着道装，喜爱静坐。邵雍有诗《道装吟》曰："道家仪用此衣巾，只拜星辰不拜人。何故尧夫须用拜，安知人不是星辰。道家仪用此巾衣，师外曾闻更拜谁。何故尧夫须用拜，安知人不是吾师。安车尘尾道衣装，里闬过从乃是常，闻说洞天多似此，吾乡殊不异仙乡。如知道只在人心，造化功夫自可寻，若说衣巾便为道，尧夫何者敢披襟。"④ 邵雍身着道装，礼拜星辰日月，向往洞天仙乡的仙境。最后两句"若说衣巾便为道，尧夫何者敢披襟"表明他看重道装。看重道装是道的象征，慎重对待道服及看重其内涵，诗中"星辰""洞天""仙乡"富有道教色彩，而静坐亦暗含道家静修的意味。

第三节　周敦颐学术与陈抟之关系

一　周敦颐生平

周敦颐，字茂叔，原名敦实，因避宋英宗旧讳，改名敦颐，又作惇颐，道州营道（今湖南道县）人。因他在晚年筑室于庐山莲花峰下小溪旁，以故居之名"濂溪"命名，后人称其为濂溪先生。依据潘兴嗣所著《周濂溪先生墓志铭》所言"熙宁六年六月七日，卒于九江郡之私第，享年五十七"⑤，推其生卒年代为 1017 年至 1073 年，《宋史·道学传》列其传记。周敦颐曾任

① 劳思光：《新编中国哲学史》卷三上，第 92～127 页。
② 劳思光：《新编中国哲学史》卷三上，第 92～127 页。
③ （宋）邵雍：《击壤集》伊川击壤集卷之十四，四部丛刊景明成化本。
④ （宋）邵雍：《击壤集》卷之十三，四部丛刊景明成化本。
⑤ （宋）潘兴嗣：《濂溪先生墓志铭》，吕祖谦《宋文鉴》卷第一百四十四，四部丛刊景宋刊本。

郴州桂阳令，知郴州，广东转运判官，知南康军，有治国之才，史称"治绩尤著"。

周敦颐是北宋著名理学家，是学术界公认的理学开山鼻祖。周敦颐仅著有二百多字的《太极图说》和不到三千字的《通书》。《宋史·道学传》评价他"推明阴阳五行之理，明于天而性于人"。他对理学的贡献在于，"首次从宇宙论的角度论述人生社会道德心性"，"将宇宙界的本体意识下贯于社会人生界"，^① 因而被誉为理学开山之祖。

周敦颐治学有方。他有两个著名的学生程颢、程颐。二程的父亲程珦认为周敦颐神采不凡，"视其气貌非常人"，与之交谈，更为景仰，于是"因与为友，使二子颢、颐往受业焉。敦颐每令寻孔、颜乐处，所乐何事，二程之学源流乎此矣"^②。周氏的私淑弟子尚有苏轼、黄庭坚等。^③

二　周敦颐《太极图》的渊源争议

有关周敦颐《太极图》的渊源之争，是中国学术史上罕见的学术公案。学界有关周氏《太极图》的来源最有影响的观点有两种，一者主张来自陈抟，一者主张来自周氏自创。

或许，此种争议的重要意义在于，作为理学重要的开创者，周敦颐的学术来源于儒家还是来源于道家，关系到儒家的道统合法性。正统儒家一向轻视方士之流，耻于释道二教，自然耻于承认其学术与道家有密切联系。

早期文献多主张周氏之图源自陈抟。最早显示周氏之图源自陈抟的记载来自朱震。朱震为宋代著名儒者，也是易学大家，他在南宋绍兴四年（1134 年）为宋高宗讲解经书，向高宗进呈了周敦颐的《太极图》，并说明其来源："陈抟以《先天图》传种放，放传穆修，穆修传李之才，之才传邵雍。放以《河图》《洛书》传李溉，溉传许坚，许坚传范谔昌，谔昌传刘牧。穆修以《太极图》传周敦颐，周敦颐传程颢、程颐。"^④ 由其文可以推

---

① 陈代湘主编《湖湘学案》，湖南人民出版社，2013，第 86 页。

② 《宋史·周敦颐传》。

③ （清）黄宗羲：《濂溪学案表》，《宋元学案》卷十一。

④ （宋）陈振孙：《直斋书录解题》卷一，清武英殿聚珍版丛书本。

测《先天图》《太极图》《河图》《洛书》皆是由陈抟所传出。其中《太极图》的传承过程为陈抟→种放→穆修→周敦颐→程颢、程颐。朱震自称从政和到绍兴甲寅，历时十八年，"顷者游宦西洛，获观遗书，问疑请益，遍访师门而后粗窥一二"①，因而朱震所言是有依据的，而且朱震向皇帝呈书，应该不敢作假。可以佐证朱震说法的，还有杨甲《六经图》中的《古今易学传授图》，时年金国赵炳文在《希夷先生祠堂记》中也有相同的观点："独易道出于天，至周河图洛书藏在王府，秦汉而下失其传者，千有余年，而先生得先天之学，以象授种征君，以数授李挺之，挺之传邵康节，康节著以为皇极书，周濂溪又以为太极图，而易道复兴。"②胡宏《通书序略》赞同此说："推其道学所自，或云传《太极图》于穆修，修传先天图于种放，放传于陈抟，此殆其学之一师也，非其至者也，希夷先生有天下愿……则周子岂特为种穆之学而止哉！"③胡氏承认周氏之学源于陈抟，但又认为周氏之学不止于种、穆之学。

认为《太极图》是周敦颐自作的观点始于朱熹，但朱熹对此问题之态度，前后有变化。朱熹初认为《太极图》为周敦颐自作，他依据潘兴嗣所作墓志铭中所言："（周敦颐）尤善谈名理，深于易学，作《太极图》《易说》《易通》数十篇，诗十卷。"④"及得《志》文考之，然后知其果先生之所自作而非有所受于人者，公盖皆未见此《志》而云云尔。"⑤但朱熹晚年读陈抟另一弟子张咏的言论后，有几分相信周氏之学源于陈抟，云："又读张忠定公语，而知所论希夷、种、穆之传，亦有未尽其曲折者。按：张忠定公尝从希夷学。而其论公事之有阴阳，颇与图说意合。窃疑是说之传，固有端绪。"⑥晚年的朱熹不再坚持周氏之学与陈抟无关，而是认为周氏之学也具有源于陈抟的可能。但朱熹早年认为周氏自作的观点影响最广。例

① （宋）朱震：《汉上易传》，文渊阁四库全书本。
② （金）赵秉文：《滏水集》卷第十三，四部丛刊景明钞本。
③ （宋）胡宏：《通书序略》，《周元公集》卷四，宋刻本。
④ （宋）潘兴嗣：《濂溪先生墓志铭》，吕祖谦《宋文鉴》卷第一百四十四，四部丛刊景宋刊本。
⑤ （宋）朱熹：《太极图通书后序建安本》，《周元公集》卷四，宋刻本。
⑥ （宋）朱熹：《太极图通书后序》之"前人"，《周元公集》卷四，宋刻本。

如张栻认为："太极图乃濂溪自得之妙，盖以手授二程先生者。或曰濂溪传太极图于穆修，修之学出于陈抟，岂其然乎？"① 而陆九韶、陆九渊则坚持朱震的观点，明确认为周氏太极图出于陈抟，反对朱熹的说法。

明末清初，黄宗炎、毛奇龄、朱彝尊等认为太极图非为周敦颐自创，而是来源于陈抟或道教。黄宗炎《太极图说辨》认为周敦颐的《太极图》即为《无极图》，源自河上公。并说"其图自下而上以明逆则成丹之法"，"周子得此图而颠倒其序，更易其名，附于大易，以为儒者之秘，传盖方士之诀，在逆而成丹，故从下而上，周子之意，以顺而生人，故从上而下。"周氏只是把无极图"逆则成丹"改为"顺则生人"，并将自下而上改为自上而下的顺序。②

毛奇龄（1623~1716年）的《太极图说遗议》认为周敦颐的太极图出自汉代魏伯阳的《周易参同契》中的《水火匡廓图》和《三五至精图》，并称此二图"在隋唐之间有道士作《真元品》者，先窃其图入品中为太极先天之图，此即抟之窃之所自始，且其称名有无极二字，在唐玄宗序中"。首次提到隋唐道士将此图窃入由唐玄宗作《唐明皇御制序》的《真元品》即《上方大洞真元妙经品》中，陈抟之图即来自此。

清代儒者认为太极图来自道教。朱彝尊（1629~1709年）作《太极图授受考》也认为太极图来自道教典籍。他说："自汉以来，诸儒言易，莫有及于太极图者。惟道家者流，有《上方大洞真元妙经》，著太极三五之说。唐开元中明皇为制序，而东蜀卫琪注《玉清无极洞仙经》，衍有无极、太极诸图。"朱氏与毛奇龄均认为太极图出自《上方大洞真元妙经品》，而此经有唐明皇的序，所以当然至迟在唐开元间就有此图。清代胡渭（1633~1714年）在《易图明辨》中称："或曰陈抟传穆修，穆修传周子；或曰周子所自作，而道家窃之以入藏。疑不能明，存而弗论云。"胡渭提出两种观点，一种是图源自陈抟；一种是图为周氏自作，反过来传到道家，他将此两种意见并列，存而不论。

总的来讲，从清初到近代，周敦颐的太极图来源于陈抟的观点几乎无

---

① （宋）张栻：《太极图解序》，《周元公集》卷之一，宋刻本。
② （清）黄宗羲：《宋元学案》卷十二，清道光刻本。

人反驳，而当代学者对此产生了争议。冯友兰、朱伯崑等认为《太极图》与道教有一定的源流关系。邓广铭认为《太极图》和《通书》均为周敦颐自己的创作，而非受之于穆修，其依据为潘兴嗣《濂溪先生墓志铭》、蒲宗孟《濂溪先生墓碣铭》及黄庭坚《濂溪诗长序》。① 李申认为《唐明皇御制序》是伪作，《上方大洞真元妙经品》不是唐代作品，《太极图》为周氏自作，不是源于道教，道教反过来借用了周氏的《太极图》。②

目前，认为周氏《太极图》源于道教或陈抟的观点成为主流。徐兆仁认为，"周敦颐所传太极图，实源于希夷所传的无极图"③。林忠军认为《唐明皇御制序》不是后人伪作，"就其图式而言，周氏的确是抄袭了道家的修炼图"④。束景南论证了周氏的两位夫人与道教南宗著名道士张伯端（刘海蟾的弟子）、陈景元（张无梦的弟子）存在密切的关系，周氏从他们那里得到陈抟的图是可能的。⑤ 张其成认为，五代彭晓所作《周易参同契分章通真义》有多个版本流传，毛奇龄曾见过其中一版本有《三五至精图》《水火匡郭图》，并认为："以图解易，以图论丹，是从《参同契》以来道教丹鼎派的传统，到唐五代时尤甚，如五代彭晓作《周易参同契分章通真义》，就有'三五至精图'、'水火匡郭图'、'明镜图'等。虽然《正统道藏》本前两图未收录，但不能以此否认散佚的其他版本中可能收录。这些图北宋时保留了一些，周敦颐可能见过。"⑥

卢国龙认为："从考证的角度看，所谓《太极图》源自《真元妙经图》，已被证明不能成立；所谓传自陈抟，则是带有传说性质的历史记载，既不能证伪，又难以证实。"卢国龙认为周氏太极图与道教关系密切：第一，"周氏《太极图》用坎离而不用乾坤表示生成本元，不符合儒家易学之旧传

① 邓广铭：《关于周敦颐的师承和传授》，北京大学中国中古史研究中心编《纪念陈寅恪先生诞辰百年学术论文集》，北京大学出版社，1989，第53页。
② 李申：《太极图渊源辨》，《周易研究》1991年第1期。
③ 徐兆仁：《宋史·陈抟传》，《史学月刊》1999年第1期。
④ 林忠军：《周敦颐〈太极图〉易学发微》，《孔子研究》2000年第1期。
⑤ 束景南：《周敦颐〈太极图说〉新考》，黄寿祺、张善文主编《周易研究论文集》第三辑，北京师范大学出版社，1990，第230~236页。
⑥ 张其成：《易图探秘》，中国书店，1999，第184页。

统，却符合唐五代《参同契》流系的丹道用坎离表示生成本元"。第二，周氏的五行说若"脱离了唐五代丹道的'五行返生'理论及'五行颠倒'理论，则不可理解"①。赵洪联比较了周敦颐的《太极图说》与《钟吕传道集》，认为不仅内容十分相似，连语言几乎也是相同的。"可以说周敦颐的《太极图说》，来源于道书《钟吕传道集》。周敦颐正是在传统的儒学中，加入了道家之说，才形成了他的《太极图说》。"② 因此，周氏《太极图》的思想理论与唐五代道教有渊源是不可否认的事实。

笔者认同劳思光的观点，应将周氏之《太极图》与"图说"分而观之，"周氏之图应出自道教丹诀，且极可能出自希夷"③。但他"变逆则成丹之法为顺则生人的图式，阐发了《系辞》'太极'生'两仪'、生'四象'、生'八卦'之大义，这又是他的创造和心得"④。从来源上，学界大体承认周氏《太极图》有源自陈抟的可能性。从义理的角度，周氏《图说》为其自创，但也受道家（或道教）的影响。

三　周敦颐学术与陈抟的联系

关于周敦颐的师承，自朱熹时即称"莫知其师传之所自"。有周敦颐师从僧寿涯、穆修、东林总之说。钱穆先生研究认为，周敦颐到汴京遇到穆修时只有15岁，第二年穆修去世，"说不上学问之传授"，见僧寿涯时已46岁，学问上应已成就，遇东林总时已56岁，第二年即逝世，著作已成，也谈不上师从东林总。周敦颐的《太极图说》"融合老子与《易》作宇宙论者，比之佛教之宇宙开辟说全不相似，禅学亦未立如是说。因此《太极图说》可断言为非东林旨诀"⑤。钱穆先生从周氏的诗《读英真君丹诀》，推测周氏年少时"无疑喜欢道家言，受宋初陈抟老祖的影响"⑥。钱穆的推论

---

① 卢国龙：《周敦颐〈太极图〉渊源辨》，朱伯崑主编《国际易学研究第二辑》，华夏出版社，1996，第160页。
② 赵洪联：《中国方技史》，上海人民出版社，2013，第511页。
③ 劳思光：《新编中国哲学史》卷三上，第106页。
④ 林忠军：《周敦颐〈太极图〉易学发微》，《孔子研究》2000年第1期。
⑤ 〔日〕忽滑谷快天：《中国禅学思想史》，朱谦之译，上海古籍出版社，1994，第558页。
⑥ 钱穆：《宋明理学概说》，九州出版社，2010，第30页。

是合理可信的。

　　周敦颐之易学，有自创的成分，也有受陈抟影响的成分。宋人谈及周氏师授问题时，即有称"濂溪始学陈希夷，后来自有所见"①。此言既承认周氏有从学于陈抟的事实，亦承认周氏"自见"的事实。孔令宏《周敦颐思想与张伯端的关系》，则认为周敦颐《太极图》来源于张伯端，他的思想与张伯端的有诸多相同之处，是受张伯端思想影响的结果。以儒为本，儒道融合，是周敦颐思想的特点。②且不论相似的细节之处，张伯端为刘海蟾的弟子，刘海蟾得陈抟亲授。从传承关系上，张伯端与周敦颐的学术均可上溯至陈抟。他们的思想有诸多相似之处原不奇怪。

　　周氏受陈抟影响最为明确的证据就是钱穆先生提到的《读英真君丹诀》诗。周氏诗曰："始观丹诀信希夷，盖得阴阳造化机。子自母生能致主，精神合后更知微。"③周氏所读的应该是陈抟的《阴真君还丹歌注》，《道藏》收录有此文。周氏称之为"丹诀"，即明确表明他看到的是丹道修炼的口诀。陈鼓应认为，"'阴阳造化机'事实上就是整个《太极图说》宇宙生成论的主旨"④。诗中"子母相生"和"精""神"合和都是道教内炼的核心词语。笔者认同陈先生的观点，道教素有"修金液还丹与造化同途"⑤之说，"阴阳造化机"兼指人的小宇宙与天地大宇宙的变化之机。丹道派既存在将《无极图》作"逆修"的诠释，也存在类似《太极图》作"顺生"的诠释，只是这种诠释主要侧重于逆修，更是作为丹诀之秘口口相传，因而不得落于文字公开传播。丹诀为道家之秘要，周氏得到丹诀说明他与修炼丹道之人有交往。束景南认为周氏的二位夫人与陈抟后学张伯端、陈景元有密切关系，周氏因而得陈抟之图是可能的，得陈抟之丹诀也是可能的。此诗显示了周氏对丹道典籍的了解，他对丹道应该有身心实践经历，因而有此领悟。

---

① （宋）周敦颐：《周元公集》元公周先生濂溪集卷之六，宋刻本。
② 孔令宏：《周敦颐思想与张伯端的关系》，《合肥联合大学学报》2000年第2期。
③ （宋）周敦颐：《周元公集》卷六，宋刻本。
④ 陈鼓应：《论周敦颐〈太极图说〉的道家学脉关系——兼论濂溪的道家生活情趣论》，《哲学研究》2012年第2期。
⑤ （五代后蜀）彭晓：《周易参同契通真义》乾坤者易之门户章第一，民国续金华丛书本。

　　朱熹多次提及陈抟对周敦颐的影响。朱熹认为周敦颐可能从陈抟那里接受了某些"阴阳"思想，"又读张忠定公语而知所论希夷、种、穆之传，亦有未尽其曲折者。按：张忠定公尝从希夷学。而其论公事之有阴阳，颇与图说意合。窃疑是说之传，固有端绪"①。朱熹对周氏其学源自陈抟之说，最初持完全否定态度，随着发现材料越来越多，朱熹的态度发生了改变。朱熹后期采纳了邵雍之说，在其著《周易本义》中，列《河图》、《洛书》和"伏羲四图"等图在前，将"伏羲四图"的来源由邵雍、李之才上溯至陈抟。② 他专程派人去西蜀寻找陈抟真传易图，又写诗赞颂曰："传得希夷九卦图，归来不复梦荣途。"③ 由朱熹晚年的言行来看，朱熹是认可周氏之图源自陈抟。

　　周氏之学本是贯通儒、道思想的理论系统。周氏之说，归于"人极"的建立，主体上属于儒学，然其中道家成分明显。劳思光分析周氏"无极""诚无为""主静"等观念，言周氏思想受道家影响。④ 陈鼓应则认为"无极是主静的形上依据"，《太极图说》"属道家之气化宇宙观，与程朱理学不相干涉"⑤。陈鼓应的观点可能有些过激，但朱熹将周氏立为理学的开创者，并回避其思想中的道家成分，其做法同样有失公允。

　　周敦颐的生活情趣近于道家。周氏喜欢"从隐者浮老游"，他多与隐士、僧人、道教人士交往，其《墓志铭》《年谱》记载，"周子尝以仙翁、隐者自许"，与高僧道人游历山水，"经月不反"，"孤风远操，寓怀于尘埃之外，常有高栖遐遁之意"。⑥ "仙翁、隐者"都是道家形象，朱熹亦记载时人认为他"有山林之志""有仙风道气"。⑦ 劳思光发现其诗文有"慕神仙高隐"之意，其生活态度或情调充满闲适之趣，近于道家甚至道教人士，

---

①　（宋）朱熹：《再定太极通书后序》，《晦庵集》卷第七十六，四部丛刊景明嘉靖本。

②　（宋）朱熹著《周易本义》，李一忻点校，九州出版社，2004，第6页。

③　（宋）朱熹：《晦庵集》卷第八，四部丛刊景明嘉靖本。

④　劳思光：《新编中国哲学史》卷三上，第107～109页。

⑤　陈鼓应：《论周敦颐〈太极图说〉的道家学脉关系——兼论濂溪的道家生活情趣论》，《哲学研究》2012年第2期。

⑥　（宋）蒲宗孟：《濂溪先生墓碣铭》，《周元公集》卷之八，宋刻本。

⑦　（宋）黎靖德：《朱子语类》卷第九十三，明成化九年陈炜刻本。

与孔孟生活充满庄严感、责任感不同。陈鼓应亦认为周氏在生活志趣与精神境界上，具有浓厚的道家色彩。

从证据的角度，除了周敦颐《太极图》的来源和其诗文存有《读英真君丹诀》外，难以再找到周敦颐受陈抟影响的其他直接证据。然这两个既存证据对周氏学说的创建具有极其重要的作用。现有证据能确定陈抟传出图书，不能确定其所传的图书是由陈抟本人所创，陈抟之图书亦是来自道家。从义理的角度，从生活态度、精神境界的角度，无论周氏是否受陈抟影响，周敦颐都因接近道家而与陈抟相似。

小　结

本章所研究的陈抟易学后学大多在朝为官，常被划为儒家知识分子，因为其易学在学术渊源上能向上追溯至陈抟，他们被视为陈抟的易学后学。陈抟的易学后学人数众多，种放、穆修、钱若水、张咏等人都曾得到陈抟的亲授，以种放、穆修为最为重要的易学传人，他们各自教授有大量学生，其下传至邵雍、周敦颐，周敦颐有两个著名的学生程颐、程颢。可见宋代易学与理学与陈抟有渊源关系。由于篇幅有限，涉及人物众多，不可能逐一细致分析。而且距陈抟离世越久，陈抟的影响相对变小。一些儒生虽与陈抟的学术有关联，但自认其学归于儒家，轻视道释，不欲承认理学部分思想源自道教的观点。因而本章只分析与陈抟之学关系密切并产生重要影响的穆修、邵雍、周敦颐三人。

陈抟传出的《无极图》《先天图》《河图》《洛书》等图，对于宋代易学中的图书易学有不可忽视的影响。宋代的理学也与陈抟有明显的渊源关系。

穆修既得陈抟亲授，也得种放亲授。陈抟逝世时穆修年仅 11 岁，他应该从学种放的时间更长，他与种放一样不喜佛学。可能由于种放晚年失节，而穆修又是耿介清高之人，而不愿以之为师，相关记载也略过种放而言其直接师承陈抟。穆修的弟子很多，主要为祖无择、尹洙、李之才、苏舜钦、周敦颐等人。

邵雍为"北宋五子"之一，是宋代理学的重要奠基者之一，著有《皇极经世》《击壤集》《观物篇》《渔樵问答》等文。曾被举荐做官，被"举逸士"，他无意入仕，"皆固辞"，终生不曾出仕。邵雍是一个真正的隐士，如果不是因为他得到很多重要文人和官员的推崇，他可能不为人知。邵雍的先天图及先天易学，受到朱熹的很高评价。邵雍的弟子很多，有王豫、张崏、吕希哲、吕希绩、吕希纯、李端伯、周纯明、田述古、尹材、张云卿。私淑弟子有晁说之、陈瓘、牛师德等人。邵雍之学出于陈抟得到广泛认同。邵雍的诗文中大量记载陈抟的言语，毫不掩饰他对陈抟的崇敬。他还收集陈抟使用过的物品，效仿陈抟的生活方式。日常喜着道服，喜静坐，其生活情趣与陈抟相近。

周敦颐也是理学的重要奠基者之一，著有《太极图说》《通书》。他有两个著名的学生程颐、程颢，私淑弟子有苏轼、黄庭坚等。周敦颐《太极图》的来源存在巨大争议，有主张其图来自陈抟，有主张其图来自周氏自创。前一种观点为主流观点，学界大多认可《太极图》与道教和陈抟存在一定的源流关系，《图说》当有他自创的成分。周敦颐的生活情趣也近于道家，喜欢与隐士交往，"以仙翁、隐者自许"。由周氏的《读英真君丹诀诗》来看，他读过陈抟的丹诀，朱熹认为周氏从陈抟那里接受了"阴阳"思想，晚年认可周氏之图源自陈抟。钱穆认为周氏年少时"无疑喜欢道家言，受宋初陈抟老祖的影响。"这个推论是合理可信的。

全书总结

1. 陈抟后学的一些普遍特点

陈抟后学的普遍特点，主要有三个：①道服；②静坐；③崇尚隐逸。陈抟的道家后学自然符合此三点特征，值得关注的是陈抟道教之外的后学，他们往往是儒生，往往是朝廷重臣，他们也具有这些特点。

道服本为道教徒的专用服饰，在宋代则成为道士、文人、隐士常使用的服饰。隋唐时期，"道服作为道徒身份外在特征之一，世俗人士极少穿着"，而至五代北宋之时，"世俗人士，尤其是文人士大夫穿着道服成为较为常见的社会文化现象"。① 褐衣是道服的一种，宋代文人与隐士都崇尚此衣，"褐衣为宽博之衣，又为道家所服用，当时的文人隐士亦着此以为隐者之服"②。褐衣即是道家之服饰，而文人、道士和隐士是主要的使用者，说明宋代文人对道家隐士文化是向往和推崇的。

陈抟的后学着道服的现象较为普遍。这其中包括陈抟的后学种放、张咏、钱若水、邵雍等人，还有与之关系密切的欧阳修。种放着道服的时间很是特殊，他在逝世的那一天，"忽取前后章疏稿悉焚之，服道士衣，召诸生会饮于次，酒数行而卒"③。种放一生五仕五隐，在其最后的时间，他焚烧了奏章公文，暗示与仕途的决裂，而着道士衣，则表明自己最终的精神归属。钱若水仕途顺利，能力超群，前途光明，却年仅30多岁就要求致仕。他服道士衣的时间也很特殊，他因为士大夫罢相的事件，伤心于皇帝视士

---

① 张振谦：《道教文化与宋代诗歌》，人民文学出版社，2015，第68页。
② 周锡保：《中国古代服饰史》"宋代服饰"，中国戏剧出版社，1984，第263页。
③ 《宋史·种放传》。

大夫为名利之徒，士大夫得不到应有的尊重与尊严，而"被道士服，佯狂归嵩山"①。钱若水此处服道士衣亦具有鲜明的立意，表明其同仕途决裂，归于道家的决心。还有些士人，他们在致仕后常服道衣。如欧阳修，"既致政，凡有宾客上谒，率以道服华阳巾便坐延见"②。"欧阳公在颍，惟衣道服，称六一居士。"③ "我怀汝阴六一老，眉宇秀发如春峦。羽衣鹤氅古仙伯，炭炭两柱扶霜纨。"④ 邵雍一生未仕，更是平素着道装，邵雍作有《道装吟》。

第二个特征是静坐。《宋史》记载种放"望云危坐"，"终身不娶，尤恶嚣杂"，每每回归山中，"私居终日，默坐一室。"钱若水亦然，《武夷新集》云："每燕居私第，角巾东道，叩虚课寂，味兹玄关，近年深信佛乘，雅习禅观，隐几终日，陶然自得。"⑤ 由此墓志铭，可知他常常独自静坐，"玄关"一词似乎与道家丹道修持有关。张咏"公退辟静室，焚香燕坐。聚书万卷，往往手自较正。旁无声色之好"⑥。张咏焚香，静坐，且无声色之好，亦像是一个修道之人。邵雍《自咏》诗曰"静坐多茶饮，闲行或道装"⑦，他常常衣着道装而静坐，表面上更像是一个不入道籍的道士。

陈抟后学普遍崇尚隐逸。种放、钱若水、张咏有明显的由仕到隐的过程；钱若水"画象服饰悉如隐者"⑧。张咏本不想做官，是因为陈抟劝"当拯民于水火，不宜辄自肥遁"而为官，所交往者多为方外之人。周敦颐"以仙翁隐者自许"。

2. 隐士陈抟与道家、道教的问题

陈抟作为隐士，修炼道教内修方术，而不事符箓，涉及把他归为道家

① （宋）韩淲：《涧泉日记》卷上，清武英殿聚珍版丛书本。
② （宋）彭乘著《侯鲭录·墨客挥犀·续墨客挥犀》，孔凡礼点校，中华书局，2002，第362页。
③ （宋）魏泰：《东轩笔录》卷4，中华书局，1983，第45页。
④ （宋）苏轼：《欧阳晦夫遗接羅琴枕戏作此诗谢之》，《苏文忠公全集》东坡后集卷七，明成化本。
⑤ （宋）杨亿：《武夷新集》卷九，"墓志"一，福建人民出版社，2007，第151页。
⑥ （宋）韩琦：《神道碑》，《全宋文》第40册，第125页。
⑦ （宋）邵雍：《击壤集》卷之十三，《四部丛刊》景明成化本。
⑧ （宋）李焘：《湖北漕司乖崖堂记》，《乖崖集》卷第十二，清文渊阁四库全书本。

还是道教的问题。何为道家、何为道教一直有争论。学界基本上分为两种意见：一种认为黄老、道家即道教，代表者是李申、萧登福等；① 第二派认为道家与道教是两回事，代表者有王沐等人。总体来讲，中国的学者把道家与道教区分得很清楚。

关于道家与道教的区别，许地山从思想与组织的角度出发，认为"名思想方面底道为道家，宗教方面底道为道教。宗教方面底道教包括方术符籙在里面，思想方面底道家，就包含易阴阳五行底玄理"②。他从刘勰"上标老子，次述神仙，下袭张陵"之言中归纳，道家说无为自然；神仙重养服食；张陵用符箓章醮而已。道家没有鬼神系统，没有祭祀鬼神的种种仪式。道教中，道教徒仿照人间的政治结构，构筑了一个庞大的鬼神系统。以此，陈抟精于易学，不事符箓，应当属于道家，又涉及服气辟谷的道术，此处又似归于道教。

萧登福从道术的角度，不考虑组织因素，认为道家即道教，《老子》一书被道教徒用来作为修仙术，在战国时已经存在。③ 以萧登福的角度，陈抟的思想与所修道术既是道家的，也是道教的。

近代学者分析道家、道教，无不重视组织因素。"人们把太平道和五斗米道作为道教的开端，因为他们创立了道教的组织。也就是说，人们实际上是把有无宗教组织做了判别道教是否成立的基本标志。"④ 因为宗教学起初是以西方基督教为参照标准建立的，西方基督教的教团组织教会在基督教历史上发挥了不可忽视的重要作用，而组织因素恰恰是道教区别于西方宗教的重要因素，也是陈抟及其后学区别于道观内道士的主要因素。

首先，隐修秘传是早期丹道修行的普遍方式。科恩的研究中提到道教三种类型的组织与实践：文士的、公共的和自我修炼。"文人的道士是受过教育的精英，他们关注古代思想家所表达的道家的思想，他们以这些理念

---

① 李申：《道教本论黄老、道家即道教论》，上海文化出版社，2001，第14页；萧登福：《道家道教与中土佛教初期经义发展》，上海古籍出版社，2003，第19页。
② 许地山：《道教史》，上海古籍出版社，1999，第2页。
③ 萧登福：《道家道教与中土佛教初期经义发展》，上海古籍出版社，2003，第19页。
④ 李申：《道教本论黄老、道家即道教论》，上海文化出版社，2001，第14~15页。

创立理想世界的意义，并希望对当代的政治与社会发挥一定的影响力，促进普遍的和谐，比如国家太平。公共的道士来自不同的职业和社会各阶层。他们是有组织的道教团体的成员，这个团体有宗教等级制度、入教仪式、定期宗教仪式和向神明祈祷等宗教行为。第三种道士成员致力于自我修炼，他们也来自各个行业各个阶层，但没有通过公共的仪式，他们主要关注的是实现个人健康，长寿，心态的宁和，和精神不朽。"① 科恩的分类打破了道家与道教的界限，文士的道士和自我修炼的道士都是没有组织形式的道士，只有公共的道士是有组织、有教阶层级的道士。李平《晚唐五代道教修道变迁研究》注意到科恩"公共的"与"自我修炼的"道教传统之间的差异，他认为，"隐修秘传是早期道家群体的生存和赓续方式，在汉末以前的很长一段时间内保持着良好的传续与自我更新。这种传承的方式所造成的影响是其核心知识与方法并不对整个社会公开而仅仅在一个小的圈子中流转。然而同时其神秘性的特质所造成的社会影响力则非常巨大。处于这个小圈子之外的一般人很难通过知识的摄取而获得修道的关键技法，也很难与这一群体发生实质性的交往和接触"②。并注意到道教隐修秘传的传统与度世救人的组织化发展的矛盾。李平所称"自我修炼"的道士就是隐修秘传的、没有形成教团组织、不从事公共服务而以个人为本位的丹道派道士。

其次，道教各派不相统属，唐代之前，没有形成一个统一的道教教团组织。汉末太平道和天师道等称为度世救人的公共性的道士，学者多称这些道派为符箓派。天师道（五斗米道）、太平道及其之后的道教发展，从宏观上看并没有出现真正的统一。如陈国符认为："道，道术也，道术即方术，方术士（方士）即道士。中国本有之道术，在汉、三国、晋，有金丹，仙药，黄白，房中，吐纳，导引，禁咒，符箓。其传布道术之组织亦称道，如太平道即于君道，帛家道，天师道即五斗米道，李氏道。此中太平道，帛家道，天师道，皆分布祭酒，统率黎民。另有道士，修治道术，各率弟

---

① Kohn Livia, *Daoism and Chinese Culture*, Cambridge, M. A. : Three Pines Press, 2001, pp. 5 – 6.
② 李平：《晚唐五代道教修道变迁研究》，清华大学博士学位论文，2010，第27页。

子若干，而不统率黎民。凡此种种，多不相统属。及南北朝佛教兴起，其时南朝有大道士陆修静等为众望所归，北朝则有寇谦之。于是南北二方道士始有领袖。道士复于各种方面，仿效佛教，而后道教始告成立。"① 道教是以术论道，虽然南北朝时，陆修静与寇谦之成为众望所归的领袖，他们清整的对象是符箓道派。由于各个道派互不统属，以师徒关系为核心而不统率黎民的修道团体，其中应包括仅修炼丹道而不从事符箓的丹道团体，不一定加入符箓派的教团组织。笔者认同李平的观点，"过去的隐修秘传的传统依旧以传统的方式延续着，并在整个道教的发展中扮演着重要的角色。所以汉末以度世救人为中心的组织化的道教发展是道教史上一次划时代的变革，但是它绝不是传统的断裂"②。南北朝至唐代之前，修行方式表现为集体化的宫观修持和隐修两种。

陈国符在《道藏源流考》中有一文对道馆的考证，引用《广弘明集》卷十二唐释明概决对傅奕《废佛僧事（并表）》："未若道家，都无承据，李老事周之日，未有玄坛。"意即道家最初没有宗教场所，自张陵建二十四治"方兴观舍"。《三洞珠囊》卷六《清戒品》引三洞科起靖观宫堂第十一法云："民家曰靖，师家曰治。""是时山居修道者皆居山洞，即于其旁筑有馆舍，此即后世道馆之始"，并注释道"张天师诸治，亦多在山中"，③ 说明道教修行者，包括有组织的（统率黎民的）天师道和无组织的个人修行者，最初皆刻意选择远离世俗的山林中。

最初的道观即是招隐士为道观的道士，但不具有法律强制性。《太霄经》曰：人行大道，谓之道士。又云：从道为事，故称也。周穆王因尹轨真人制楼观，遂召幽逸之人，置为道士。平王东迁洛邑，置道士七人。汉明帝永平年间，置二十一人。魏武帝为九州置坛，度三十五人。魏文帝幸雍，谒陈炽法师，置道士五十人。晋惠帝度四十九人，给户三百。④ 其中"幽逸之人"即是修道的隐士，此时隐逸的修道者可以自主选择是否入驻宫

---

① 陈国符：《道藏源流考》（下），中华书局，1963，第386页。
② 李平：《晚唐五代道教修道变迁研究》，清华大学，2010，第28页。
③ 陈国符：《道藏源流考》（下），第267页。
④ （唐）徐坚：《初学记》卷二十三，"道释部"，清光绪孔氏三十三万卷堂本。

方提供的道观，尽管官方的道观提供经济资料，但并没有以法律文书强制道士进入道观。

秩序化和制度化是唐代道教发展的一大特征，唐代开始宫观化的道教成为官方赞助和支持的宗教，宋代政府基本延续了唐代的宗教政策。唐代道教以宫观为中心，配属道士（女冠），宫观内的道士通过给田制享受国家提供的经济支持。据《唐六典》卷三《尚书户部·郎中员外郎》条载："凡道士给田三十亩，女冠二十亩，僧尼亦如之。"① 道士、女冠并享有减免徭役的特权。由唐代开始，政府建立统一的道籍制度，入道者需要得到政府的考核与批准，领取由尚书省祠部颁发的度牒才算成为合法的道士，象征合法道士身份的度牒由政府部门严格管理，严禁转让，道士还俗或死后则须将度牒归还官府。宋代寺观在前代遗留田产的基础上，通过皇室敕赐，信徒施舍、购买、开垦、租押得到田产。

唐代严格的道士入道管理制度使道观之外的修道者无法获得官方的认可，李平称之为"教外修道者"。相对而言，宫观内的道士就是"教内修道者"，以往的学术研究多集中在教内修道者，而坚持着隐修与秘传的教外修道者极少为学界所关注。如日本著名学者小林正美就认为"唐代的道教就是遵守法规的教团组织的宗教"，"唐代的道教是天师道的道教，唐代的道教教团仅由天师道的道观和天师道道士构成，唐代的道教也应该不存在天师道之外教派的道士"，"唐代应该不存在天师道以外的道士，即使存在，也是可以称之为例外的少数人"。② 小林正美此论的重要依据是天师道的位阶制度和唐代政府根据道士的位阶所施行的给田制，他认为无法接受给田的道士失去经济来源，弘道活动变得困难。小林正美的结论忽视了以下事实：第一，唐代王室对道教极为推崇，唐代好道者、修道者数量巨大；第二，道教的隐修方式不会在经济上依赖官方资助，他们来自各个行业，或行医卖药，或占卜乞讨，或草食野服，等等；第三，官方管辖的道士与教外的修道者相比，在宗教信仰方面区别不大，更多的是社会身份和政治身份的区别。

① （唐）李林甫等撰《唐六典》卷三，陈仲夫点校，中华书局，2005，第74页。
② 〔日〕小林正美：《唐代的道教与天师道》，王皓月、李之美译，第4页。

政权对宫观道教与民间修道团体的影响是不同的。曾维加在论文《从楼观道看道教在组织形态上的转型》以楼观道史料为基础，从经济、组织成员、管理制度等层面阐释了唐代道教组织、制度较之魏晋南北朝的变化，作者认为与早期在民间传播的道团相比，宫观制使道教得到了封建统治者的正式承认，从此道教分成两派，一派作为被统治阶级承认的正统道教为政治上层建筑服务，另一派则隐于民间，流行于下层民众中，大多数民间教团则湮没于历史。① 东汉时的太平道、五斗米道及以后的灵宝派、上清派、茅山派、龙虎宗、阁皂宗皆是从事符箓的正一道派，也是实行宫观化的道派。究其原因，斋醮符箓是面向社会性的宗教服务活动，正一派本身也是一社会团体，与社会各方面关系密切，受到政权的关注与控制亦在情理之中。而隐于民间的修道团体是以师徒传道为中心的小规模团体，以自我修炼为主，不提供符箓科仪等宗教服务，亦不依赖宫观经济而存在，他们对政权不产生威胁，政权也难以对其进行管理。

陈抟属于隐修秘传的传统修道团体，就组织因素，陈抟属于道家，不属于道教。正式的宫观道士有政府的经济与政策支持，需要走一系列手续，方能取得度牒。但仍然有不依赖政府经济与政策支持的隐修者，如陈抟及其隐逸的师友们，他们不具备律法意义上的"道士"身份，他们是宫观之外的修道者。史籍中称陈抟为"处士""先生""隐士""老氏之徒"等也说明这一点，可以视为对陈抟身份的看法，即认为陈抟属道家。但是，道教徒视《老子》《庄子》为修道的经典，从中总结了修炼的道术，陈抟就是尊崇老庄而修道的，陈抟一生致力于丹道实践，修道、证道，如何就不是一个道教徒呢？笔者认为，陈抟既是道家的，也是道教的。

道教重实践，轻理论，将宗教实践列为学术研究对象存在诸多困难，而且道教有"非其人不传"的传统。丹道修炼注重师徒传承，强调个人修炼，宗教组织不是必需因素，陈抟活动于宋代，元代之前，有存在于民间的师徒修道团体，有属于符箓派而兼修丹道的符箓派教团组织，却没有不事符箓只修丹道的丹鼎派教团组织，王重阳、丘处机建立丹道派大规模教团组织是在

① 曾维加：《从楼观道看道教在组织形态上的转型》，《云南社会科学》2006 年第 5 期，第 95 页。

金元以后的事情。这是因为，教团组织在符箓派与丹鼎派中的作用是不同的。

大陆学者将道家与道教区分得很清楚，认为《老子》是一部哲学著作，属于道家。但是，道教徒不是只在形式上借老子地位而尊其为道祖，事实上，道教徒以修道、证道为宗教实践的核心，以身心修炼为外在形式，而《老子》一书是其最重要的修炼实践经典之一。已经有许多学者指出道教以《老子》之书作为修炼之经典的观点，陈抟、张无梦也不是将丹道与老庄结合的第一人，东汉魏伯阳《周易参同契》即是内外丹兼修的黄老道家理论著作，并得到道教界的广泛认同，奉之为"万古丹经之王"。陈抟、张无梦的修道实践是将老庄道家、周易、丹道结合的修道方式。不受世俗束缚是此团体的特点，因而，此修道团体无宗教组织，不立教规教义。从实践上，他们体道、证道的身心实践也属于道教。

3. 教团组织在符箓派与丹鼎派中的不同作用。

学术界将道教分为符箓派和丹鼎派两大派别，从道术上讲，陈抟属于丹鼎派，教团组织在符箓派与丹鼎派中的作用是不同的。

符箓派与丹鼎派是后人研究分类所列的名称，符箓派的道术以禁咒和符箓为主，丹鼎派的道术以内丹、外丹和黄白术为主。道家著作如《庄子》中虽有某些"仙人""神人"的概念，但并不崇奉什么天神、地祇，也不把老子作为宗教首领看待。

刘仲宇研究道教授箓制度时发现，在金元全真道出现之前，丹鼎派没有明确的组织，"从组织形式上说，丹鼎派基本上是在一个狭小的圈子里师徒秘传，并没有很明确的宗教组织。他们严格说不是一个'派'，只是其修道的某种倾向。而后人所讲的符箓派，则是多个道派的总称。……（符箓派）都有相对独立的教团，相应的组织制度，具有号召力和实际控制力的领袖人物。从这些教派所建立的动物园看，都有明确的中心，严格的收徒、授职规范，也有相应的经典、科仪、规戒，还有某些特殊的修行方法，以及为社会提供宗教服务的方式"①。刘仲宇认为丹鼎派没有明确的宗教组织，甚至不是一个道派，这正是陈抟及其师徒的重要特征。与之区别，道教组

---

① 刘仲宇：《道教授箓制度研究》，绪论第 1 页。

织性强的道派全为符箓派，符箓派还有一重要的特征是为社会提供宗教服务，这一点也是陈抟师友及后学所不涉及的社会活动。

从道术的角度，丹鼎派可以追溯到先秦以前，但是从组织的角度，全真道与同时代的真大道教在金元时方出现。全真道成立大规模宗教组织有金元之时特殊的社会政治背景，非本书主题，在此不再赘述。真大道教则较早地退出了历史舞台，与丹鼎派传统的隐逸修道方式应有一定关系。

丹道派只重功夫，不重视仪式和组织形式。当代陈撄宁谈及自己的丹道派师承时称："北派二位，南派一位，隐仙派一位，儒家一位。若论龙门派，算十九代圆字派。都是在家之居士传授，只重工夫，不重仪式，故与出家人不同。"① 这种现状应该不是陈撄宁时期独有的，以师徒传授为核心的修道团体在民间是一直存在的，只是这样的修道团体规模较小，分布零散，丹道秘传，加上丹道崇尚隐逸和"真人不露相"的原则，难以留下文字资料。

正是由于丹鼎派没有明确的宗教组织，金元全真道之前的丹鼎派常被忽略。刘仲宇《道教符箓制度研究》对符箓派的界定也说明了这个问题，同样，小林正美《唐代道教与天师道》一书亦从教团组织的方面考察唐代的道教，"唐代应该不存在天师道以外的道士，即使存在，也是可以称之为例外的少数人"②。

张广保《唐宋内丹道教》从道术的角度，把部分道观内修炼内丹术的道士归为内丹道，依刘仲宇与小林正美的定义，唐宋所有道观均为符箓派，但其中道士从事符箓的同时兼修行内丹道法。《唐宋内丹道教》记载了道观之外的修道者，其中吕洞宾、钟离权等人是不隶属于宫观，他们是与陈抟一样的隐士，他们创立了钟吕内丹"道派"。这个道派实际上没有组织成员，以所修的内丹道法为标志，后人称其为内丹道派。张广保还谈道，有很多修内丹的师徒小团体是无法查到的。李平博士论文《宫观之外的长生与成仙》关注了唐代大量存在于宫观之外的修道者的事实。

以上研究，结合陈抟的个案，提出一个问题：方士或隐逸的修道者在

---

① 牟钟鉴：《当代中国宗教研究精选丛书·道教卷》，民族出版社，2008，第250页。
② 〔日〕小林正美：《唐代的道教与天师道》，王皓月、李之美译，第26页。

多大的程度上依赖国家提供的经济支持？笔者推测，金元之前，相当一部分仅从事内炼而不从事符箓的内丹修炼者不依赖国家提供经济支持，他们隐逸在山林或民间，教化、救济世人。他们无意成为正式的道士，无意承受国家与道教制度的制约与管理。正一派依赖国家的经济与政治支持是可以理解的，正一派从事符箓，不仅帮助政府禳灾求福，也服务民众，斋醮符箓是正一派谋生的方式。丹道派不事符箓，他们的谋生方式或草服野食，或卖药行医，或从事卜算，如金丹派南宗从张伯端到陈楠都不具有合法道士的身份，陈楠以箍桶为业，民间修士以行医和占卜为业的现象较为多见。

至于全真道在金元之时崛起，首次建立了大规模的教团组织，应考虑其特殊的时代背景与政治背景，此问题非本书主旨，不再赘言。

4. 隐逸之风对道教的影响

通过陈抟的个案研究，可以很好地理解道教的特点。牟钟鉴说："道教真正的力量不在政治，不在教团组织和信徒人数，而在思想文化，正式入教者极少，而受其熏染者极多。"[①] 索安说，道教是一种非官方的高级宗教。

道教注重师徒传授，往往以小规模修道团体的形式出现，而不重视教团组织的建设。陈垣先生认为全真道初期不过是"'苟全性命于乱世，不求闻达于诸侯'之一隐修会而已"。[②] 全真道前两任掌门王重阳和马丹阳的作品反映了这种早期传道的特点，其传教方式遵循隐逸无为的精神，亦即传承内丹道的隐修传统。此修道传统导致一个现象：道教入道人数相对佛教少。

以陈抟生活的宋代为例。宋代是道教发展的一个高峰时期，历代帝王对道教扶植超过佛教，然而道教徒的数量与佛教相比相差甚远。唐代剑《宋代道教管理制度研究》资料显示，北宋时，道冠数量为二万，南宋时为一万左右，而僧尼数量最少时也有二十万，真宗天禧五年接近四十万。[③] 天禧五年，全国道士数量最多时达到 19606 人，女冠 731 人，共计 20337 人，而以南方居多。[④] 佛教徒人数是道教徒的近 20 倍，至真宗晚期，全国僧尼

---

① 牟仲鉴：《中国宗教通史》，社会科学文献出版社，2000，第984页。
② 陈垣：《南宋初河北新道教考》，第2页。
③ 唐代剑：《宋代道教管理制度研究》，第447页。
④ （元）脱脱：《宋史》卷八，"真宗纪"。

增至 458000 余人，寺院共计 4 万余所。①

宋代的度牒制度主要控制对象为僧人。绍兴二十七年宋高宗问天下僧尼人数，礼部侍郎贺允中回答说："道士止有万人，僧有二十万。一夫当受田百亩，一夫为僧，即百亩之田不耕矣。"② 道士的数量仅为僧人的二十分之一，政府主要从经济层面考虑佛教的副作用。《宋会要》记载："国初，两京、诸州僧尼 67403 人……至天禧五年，道士 19606 人，女冠 731 人。……僧397615 人，尼 61239 人。……景祐元年，道士 19538 人，女冠 588 人，僧385520 人，尼 48742 人。……庆历二年，道士 19680 人，女冠 502 人，僧348108 人，尼 48417 人。熙宁元年，道士 18746 人，女冠 638 人，僧 220761人，尼 34037 人。十年，道士 18513 人，女冠 708 人，僧 202872 人，尼 29692人。"③ 僧尼的数量在天禧五年达到最高，此后逐渐下降，到熙宁十年，约减少一半，而反观道士、女冠的数量，则几乎没有改变。因而宋代的度牒制度主要控制对象为僧、尼，而不是道士、女冠。

整个宋代，官方对道教的扶持均胜于佛教，然从僧、尼与道士、女冠的数量对比发现，僧、尼的数量远高于道士、女冠。宋真宗崇道，大力发展道教，但是，道士的数量也仅有 2 万人而已。以天禧五年为例，道士、女冠的数量甚至不及僧尼的二十分之一，甚至仅为尼姑数量的三分之一。

在尊道、崇道的宋代，道士数量如此之少，道教并非不被广大民众认同，而是道教的隐逸传统决定了修道不以出家为必要途径。通过研究陈抟的师友与后学发现，他们之中真正的合法道士很少，大部分表现为山林隐士、普通百姓和儒生。他们接受道教（家）文化熏染，而没有师徒传承的形式。笔者认为，通过陈抟的个案，可以揭示一些问题。道教研究应该重视道教的隐逸因素，重视这种因素对道教传承方式、组织方式、理论建设等方面的影响，"有道无教"应该是它的基本特征吧。

---

① 《宋会要》"道释"一之"天禧五年"；《佛祖统纪》卷 45。
② （宋）佚名：《锦绣万花谷》卷二十九，清文渊阁四库全书本。
③ （清）徐松辑《宋会要辑稿·蕃夷道释》，郭声波点校，第 619 页。

附　录

附录一　混元仙派图〔（宋）李简易：《玉溪子丹经
指要·图序》，《道藏》第 4 册〕

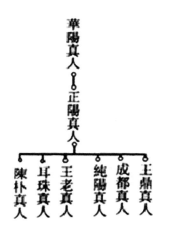

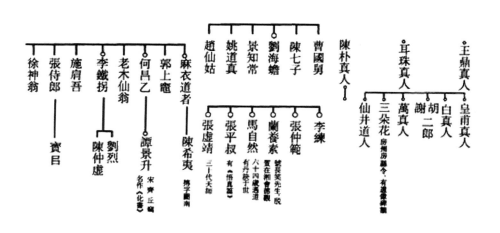

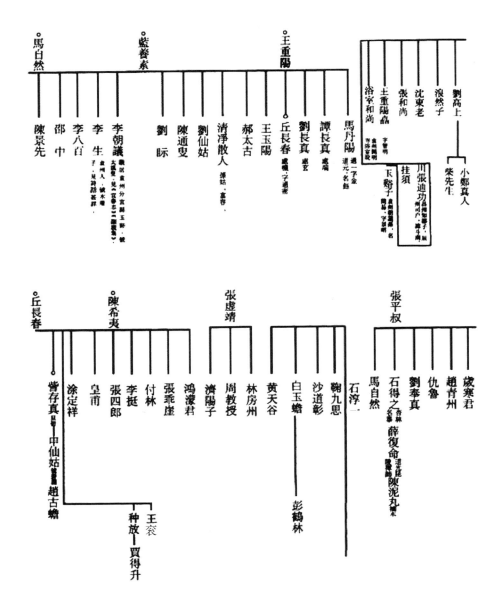

附录二　李显光《混元仙派图》（《混元仙派研究》，中国社会科学出版社，2007 年 10 月）

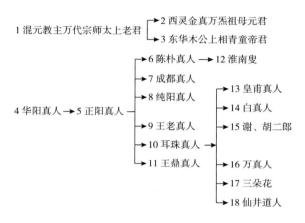

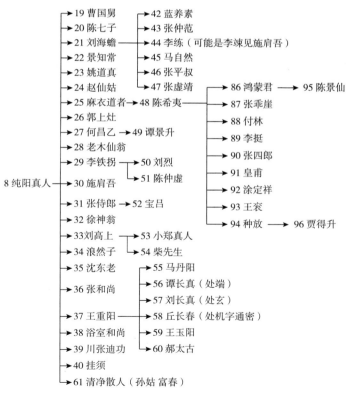

附录三 萧天石《陈希夷先生新传及其道法》
所引陈抟的语句分类整理

1. 没有说明出处的句子

"自足于内，则无求于外。自定于内，则无动于外。"

"自大其心，则天地为小。自寂其心，则万境自冥。"

"生死自我通，天地自我造，我命自我立，世间自我超。"

语贾德升曰："人生在世，尧舜禹汤有尧舜禹汤之天地，巢父许由有巢父许由之天地。秦皇汉武有秦皇汉武之天地，赤松王乔有赤松王乔之天地。唯在富贵功名中行，远不若在无声无臭中行之为上。且通其分为一，则万殊无不同，穷达显隐无不一，无成无败，无得无失，故去彼取此。"

"人不可为事功名利所缚，为生老病死所困！能透出天地外，与太虚合一，方是无极真境。"

"年高伏羲非为寿，悟彻南华亦是迷。"

"小得参同契，即在此山中。"

贾德升："先生平时教人，大抵以'因任自然，无修无为'为第一真诠，而彻根彻底以'做人做圣人'为入手方法，以'了心了性，无意无念'为不二法门。"

于天彭阙答洗心子问道曰："终日干干，只是收拾此心向里，不外放心。念不可起，欲不可生，气不可暴，神不可散；洗心退藏，静守其一，而冥入于无，则此心自是寂然不动。""寂然不动，则虚灵不昧；虚灵不昧，则神明自生；神明自生，则感而遂通；感而遂通，则神应无方，而应无不验。故事无不知，理无不明，几无不见，义无不彻，而妙用无穷也。"（按：天彭阙，一名天彭门，在灌县灌口山）

未知："坐中观日月，静里息乾坤。山中无所事，常伴白云眠。"

语种放："此去蓬莱无多路，华山岁月与人同。""家家明月中天照，处处春花遍地红。"

宋琪询"先知"，先生曰："无物心自空，无心境自寂，无知神自清，无念感自灵。如能超于象外，自能得其寰中也。"又曰："为学务求心活，为道务求心死，心死则神活，心活则神死。故曰起念宜截，生心宜杀！即此之谓也。"

告太宗问："圣人可学而至。""圣人之道无他，唯好学不倦，修德不辍而已矣！"

语舍道子曰："修道人，须力求多优游于山林之中。多一分山林气，即少一分尘俗气，尘俗气质脱尽，圣贤气质即油然而生。修道人，唯有优游于天地之中，方能与天地冥合！唯有优游于自然之中，方能与自然冥合。冥合无间，则自与天地为一，与自然为一矣！老子曰：'人法地，地法天，天法道，道法自然。'此亦即夫子'一以贯之'的功夫次第，不可轻易放过。"

"闲从麋鹿戏，倦拥白云眠，山中无甲子，高卧不知年。"

"雨过山添润，风摇斗柄移，岭梅香暗吐，无事写新诗。"

语种放曰："先天者，道之体，后天者，道之用。"

"天地万物未生未形前为先天，天地万物已生已形后为后天。"

"为学致用，贵乎立本，本者，先天也，本立而道生，道生而德备，德备而万物治矣。"

2. 有出处的引文

九室岩遗文："日月两炉火，天地一窟笼。""八卦炉中烹日月，阴阳鼎内煮山川。""丹存天地外，道在有无中。"

《玄门秘要》："吾此玄门，以无门为道门，以无玄为至道，以无修为大修，以不秘为至秘。大道之要，在清心寡欲，遵道贵德，以超凡入圣为始基。""仙道以人道为起点，以圣道为中程。大而化之之谓圣，圣而不可知之谓神，神而不可测之谓仙，仙而与日月同光，与天地同流之谓道。"答虚静道人云："道不可道，可道者非道，此为老子旨意。道不可传，可传者非道，此为庄子旨意。老子有曰：'人法地，地法天，天法道，道法自然。'此四句五层功夫，便是玄门无上秘要。"

《钓潭集》："武当山头红日近，乾坤鼎内九重天。"（《钓潭集》，始见《宋史·艺文志》七，后佚）

天师洞藏本之《青城秘录》："塞兑闭门，忘言绝虑，抱元守一，神气相和，为学道之最吃紧功夫。"又云："抱独无言，无思无虑，无意无欲，虚极静笃；心息相依，神气相注，金水相生，天地相和。为玄修大道之八条目，切不可轻易放过。"

《华山吹笛记》载玄真子诗：

> 动爱行云静爱山，风光懒困每忘餐。
> 行仙地上天留命，睡眼观花雾里看。
> 老子骑牛踪迹渺，庄生晓梦蝶痕残。
> 息心不语忘机久，中天明月自团团。

《华山吹笛记》语贾德升："心虚则意诚，意诚则念寂，念寂则气定，气定则神闲，神闲则慧生，慧生则知无不至，而料无不中，非另有神助也。""神人合一之学，只在一心。心无外道，道外无心。修道，只是修此一心，诚此一心，明此一心，尽此一心而已。""心诚而能虚灵无物，自能感格神天。天人合一，须自天人感通始；神人合一，须自神人感通始。无感则无应，无应则无通，无通则不能合一矣。"

《华山搜隐记》劝皇帝："多致力于文治与圣学。""取天下以武，守天下以文，制天下以法，安天下以礼，明天下以教，威天下以兵。"《华山搜隐记》载："先生一日语（种）明逸与（贾）得升有云：'老子曾谓圣人常无心，以百姓之心为心。'此乃就圣王之治天下而言也。就修道人而言，则应曰道人无常心，以天地之心为心。是故人心一动，人欲一起，即须截断。观天地无天地，观万物无万物，观人我无人我，观世间无世间，则此心自即寂然不动，虽有心而似无心矣！此为道门无心法要。"

苏澄隐《玄门杂拾》："先生系以造化为炉，以天地为鼎，以日月为药，以先天为归。复以无身为身，无生为生，无修为修，无心为心，无意为意，无极为极。非常人之所可得窥其径也。""先生直得老子神髓，居恒以无字教人。并曰：'我此门中，一字也无，道亦不立。当无之极，便自无中有物，无中有象矣。'"

参考文献

一　古代文献

《道藏》，文物出版社、上海书店、天津古籍出版社，1988。

（汉）班固著，（唐）颜师古注《汉书》卷一上，清乾隆武英殿刻本。

（汉）董仲舒：《春秋繁露》卷十六，清武英殿聚珍版丛书本。

（汉）刘熙：《释名》，上海古籍出版社，1984。

（汉）刘向：《列仙传》卷下，明正统道藏本。

（汉）刘向：《新序》卷七，四部丛刊景明翻宋本。

（汉）司马迁：《史记》，清乾隆武英殿刻本。

（汉）许慎：《说文解字》，上海古籍出版社，1989。

（晋）葛洪：《抱朴子内外篇》，四部丛刊景明本。

（晋）葛洪：《神仙传》卷三，清文渊阁四库全书本。

（唐）崔希范：《入药镜》，《修真十书》杂著卷之二十一。

（唐）李林甫等撰《唐六典》卷三，陈仲夫点校，中华书局，2005。

（唐）徐坚：《初学记》卷二十三道释部，清光绪孔氏三十三万卷堂本。

（五代）彭晓：《周易参同契通真义》，民国续金华丛书本。

（金）王喆：《重阳全真集》卷九，明正统道藏本。

（宋）白玉蟾：《华阳令》三十首之三、之五。

（宋）鲍云龙：《天原发微》天原发微卷之十三，明正统道藏本。

（宋）蔡正孙《诗林广记》后集卷九，清文渊阁四库全书本。

（宋）曾巩：《隆平集》卷四，清文渊阁四库全书本。

（宋）曾慥：《道枢》卷三十九，明正统道藏本。

（宋）曾慥：《道枢》卷十三，明正统道藏本。

（宋）曾慥：《类说》卷十八，清文渊阁四库全书本。

（宋）晁公武：《郡斋读书志》昭德先生郡斋读书志卷第一上，四部丛刊三编景宋淳祐本。

（宋）晁说之：《晁氏客语》，宋百川学海本。

（宋）晁说之：《嵩山文集》，四部丛刊续编景旧钞本。

（宋）陈均：《宋九朝编年备要》，宋绍定刻本。

（宋）陈耆卿：《（嘉定）赤城志》，清文渊阁四库全书本。

（宋）陈思：《宝刻丛编》卷十五，清文渊阁四库全书本。

（宋）陈抟注《正易心法注》。

（宋）陈振孙：《直斋书录解题》，清武英殿聚珍版丛书本。

（宋）程颢、程颐：《二程遗书》二，清文渊阁四库全书本。

（宋）程颢：《邵尧夫先生墓志铭》，《二程文集》卷四，清文渊阁四库全书本。

（宋）窦仪：《刑统》卷十二，民国嘉业堂刻本。

（宋）杜大珪：《名臣碑传琬琰集》中卷四十四，宋刻元明递修本。

（宋）范公偁：《过庭录》，明稗海本。

（宋）范仲淹：《范文正公别集》，四部丛刊景明翻元刊本。

（宋）冯椅：《厚斋易学》，清文渊阁四库全书本。

（宋）高晦叟：《珍席放谈》，清函海本。

（宋）高似孙：《子略》，明刻百川学海本。

（宋）高斯得：《耻堂存稿》，清武英殿聚珍版丛书本。

（宋）葛立方：《韵语阳秋》，宋刻本。

（宋）韩淲：《涧泉日记》，清武英殿聚珍版丛书本。

（宋）韩琦：《故枢密直学士礼部尚书赠左仆射张公神道碑铭》，曾枣庄主编《全宋文》第 40 册，上海辞书出版社出版，2006。

（宋）何薳：《春渚纪闻》，明津逮秘书本。

（宋）洪迈：《夷坚志》，清十万卷楼丛书本。

（宋）胡宏：《通书序略》，《周元公集》卷之四，宋刻本。

（宋）胡寅：《致堂读史管见》卷三十，宋嘉定十一年刻本。

（宋）胡仔：《苕溪渔隐丛话前后集》，清乾隆刻本。

（宋）黄震：《古今纪要》，清文渊阁四库全书本。

（宋）江少虞：《新雕皇朝类苑》，日本元和七年活字印本。

（宋）黎靖德：《朱子语类》，明成化九年陈炜刻本。

（宋）李昌龄：《乐善录》，续古逸书丛景宋刻本。

（宋）李昌龄：《太上感应篇》，明正统道藏本。

（宋）李庚：《天台集》，清文津阁四库全书本。

（宋）李石：《续博物志》卷七，明古今逸史本。

（宋）李焘：《湖北漕司乖崖堂记》，《乖崖集》卷第十二，清文渊阁四库全书本。

（宋）李焘：《续资治通鉴长编》，清文渊阁四库全书本。

（宋）李心传：《旧闻证误》，清文渊阁四库全书本。

（宋）李攸：《宋朝事实》，清武英殿聚珍版丛书本。

（宋）李埴：《宋十朝纲要》，清钞本。

（宋）林駧：《源流至论》新笺决科古今源流至论卷之一《后集》，清文渊阁四库全书本。

（宋）刘攽：《中山诗话》，明津逮秘书本。

（宋）刘斧：《青琐高议》，清红药山房钞本。

（宋）刘克庄：《后村集》，四部丛刊景旧钞本。

（宋）陆游：《剑南诗稿》卷八，清文渊阁四库全书补配清文津阁四库全书本。

（宋）陆游：《老学庵笔记》，明津逮秘书本。

（宋）罗大经：《鹤林玉露》卷十，明刻本。

（宋）吕太古：《道门通教必用集》卷一秒式篇，明正统道藏本。

（宋）吕中：《宋大事记讲义》，清文渊阁四库全书本。

（宋）吕祖谦：《宋文鉴》，四部丛刊景宋刊本。

（宋）穆修：《蔡州开元寺佛塔记》，《穆参军集》河南穆公集卷第三，四部丛刊景述古堂景宋钞本。

（宋）欧阳修：《欧阳文忠公集》，四部丛刊景元本。

（宋）欧阳修：《五代史记注》卷十二上，清道光八年刻本。

（宋）欧阳修：《新唐书》，清乾隆武英殿刻本。

（宋）潘兴嗣：《周茂叔墓志铭》，吕祖谦《宋文鉴》皇朝文鉴卷第一百四十四，四部丛刊景宋刊本。

（宋）庞觉：《希夷先生传》，《藏外道书》第18册。

（宋）彭乘著《侯鲭录．墨客挥犀．续墨客挥犀》，孔凡礼点校，中华书局，2002。

（宋）钱若水：《太宗皇帝实录》，四部丛刊三编景宋钞本旧钞本。

（宋）钱易：《宋故枢密直学十礼部尚弓赠左仆射张公墓志铭》，曾枣庄主编《全宋文》第10册，上海辞书出版社出版，2006。

（宋）秦观：《淮海集》，四部丛刊景明嘉靖小字本。

（宋）阮阅：《诗话总龟》，四部丛刊景明嘉靖本。

（宋）邵伯温：《闻见前录》，清文渊阁四库全书本。

（宋）邵伯温：《易学辨惑》，清文渊阁四库全书本。

（宋）邵博：《闻见后录》，明津逮秘书本。

（宋）邵雍：《击壤集》，四部丛刊景明成化本。

（宋）沈括：《梦溪笔谈》梦溪笔谈卷二十五，四部丛刊续编景明本。

（宋）释文莹：《湘山野录》，明津逮秘书本。

（宋）释文莹：《玉壶清话》，清知不足斋丛书本。

（宋）释志磐：《佛祖统纪》，《大正藏》第49册。

（宋）司马光：《涑水记闻》。

（宋）司马光：《资治通鉴》资治通鉴卷第二百九十三后周纪四，四部丛刊景宋刻本

（宋）宋太宗：《陈抟赐号希夷先生诏》，《全宋文》第四册。

（宋）苏轼：《苏文忠公全集》，明成化本。

（宋）苏辙：《龙川别志》，中华书局，1982。

（宋）陶毂：《赐华山处士陈抟敕》，曾枣庄刘琳主编《全宋文》第2册，上海辞书出版社，2006。

（宋）陶穀：《清异录》卷二，民国景明宝颜堂秘籍本。

（宋）陶岳：《五代史补》卷五周，明虞山毛氏汲古阁刻。

（宋）王称：《东都事略》，清文渊阁四库全书本。

（宋）王明清：《玉照新志》，明沈士龙等刻本。

（宋）王辟之：《渑水燕谈录》，清知不足斋丛书本。

（宋）王十朋集注，（宋）苏轼撰《东坡诗集注》卷十七，四部丛刊景宋本。

（宋）王象之：《舆地纪胜》卷第一百八十八，清影宋钞本。

（宋）王尧臣《崇文总目》，清文渊阁四库全书本。

（宋）王栐：《燕翼贻谋录》卷一，明历代小史本。

（宋）王禹偁：《小畜集》卷第二十六，四部丛刊景宋本配吕无党钞本。

（宋）王铚：《默记》卷上，清知不足斋丛书本。

（宋）魏泰：《东轩笔录》，明刻本。

（宋）文同：《丹渊集》，四部丛刊景明汲古阁刊本。

（宋）翁葆光：《悟真篇注疏》卷一，明正统道藏本。

（宋）吴曾：《能改斋漫录》卷十八神仙鬼怪，清文渊阁四库全书本。

（宋）吴处厚：《青箱杂记》卷十，明稗海本。

（宋）薛居正：《旧五代史》卷一百一十九周书十，百衲本景印吴兴刘氏嘉业堂刻本。

（宋）杨亿：《武夷新集》，福建人民出版社，2007。

（宋）杨仲良：《宋通鉴长编纪事本末》卷百二十七徽宗皇帝，清嘉庆宛委别藏本。

（宋）叶梦得：《石林燕语》第十，明正德杨武刻本。

（宋）佚名、司马祖整理：《宋大诏令集》，中华书局，1962。

（宋）佚名：《古今类事》，清文渊阁四库全书本。

（宋）佚名：《锦绣万花谷》锦绣万花谷卷二十九，清文渊阁四库全书本。

（宋）佚名：《宋朝大诏令集》卷一百五十八政事十一，清钞本。

（宋）佚名：《宣和书谱》卷十九，清文渊阁四库全书本。

（宋）佚名：《宣和遗事》前集，士礼居丛书景宋刊本。

（宋）张端义：《贵耳集》，清文渊阁四库全书本。

（宋）张方平：《华山重修云台观记》，《乐全集》卷第三十三，宋刻本。

（宋）张君房：《云笈七签》，四部丛刊景明正统道藏本。

（宋）张耒：《张右史文集》卷四十八，四部丛刊景旧钞本。

（宋）张齐贤：《洛阳搢绅旧闻记》卷三，清知不足斋丛书本。

（宋）张齐贤：《请举种放闲良方正奏》，曾枣庄、刘琳主编《全宋文》第5册，上海辞书出版社，2006。

（宋）张师正撰《括异志倦游杂录》，傅成，李裕民校点，上海古籍出版社，2012。

（宋）张舜民：《画墁录》，明稗海本。

（宋）张咏：《乖崖集》，清文渊阁四库全书本。

（宋）章炳文：《搜神秘览》，续古逸丛书景宋刻本。

（宋）赵与时：《宾退录》卷五，宋刻本。

（宋）郑樵：《通志》卷六十三艺文略第一，清文渊阁四库全书本。

（宋）种放：《端居赋》，吕祖谦主编《宋文鉴》卷第一，四部丛刊景宋刊本。

（宋）种放：《退士传》，吕祖谦主编《宋文鉴》卷第一百四十九，四部丛刊景宋刊本。

（宋）周敦颐：《周元公集》元公周先生濂溪集卷之六，宋刻本。

（宋）朱熹：《太极图通书后序》，《周元公集》卷之四，宋刻本。

（宋）朱熹：《五朝名臣言行录》，四部丛刊景宋本。

（宋）朱熹：《周易本义》，宋咸淳刻本。

（宋）朱长文：《易经解》，明崇祯四年刻本。

（金）赵秉文：《滏水集》卷第十三，四部丛刊景明钞本。

（元）陈世隆：《北轩笔记》，清知不足斋丛书本。

（元）脱脱：《宋史》，清乾隆武英殿刻本。

（元）辛文房：《唐才子传》卷十，清佚存丛书本。

（元）佚名：《氏族大全》，清文渊阁四库全书本。

（明）曹学佺：《蜀中广记》卷七十四，清文渊阁四库全书本。

（明）郭勋：《雍熙乐府》卷之三，四部丛刊续编景明嘉靖刻本。

（明）黄元吉：《净明忠孝全书》卷三，明正统道藏本。

（明）敬虚子：《小隐书》。

（明）李时珍：《本草纲目》卷十五，清文渊阁四库全书本。

（明）李贤：《明一统志》卷七十二，清文渊阁四库全书本。

（明）孟称舜：《酹江集》，明崇祯刻古今名剧合选本。

（明）于慎行：《谷山笔麈》卷之五《臣品》。

（明）臧懋循：《元曲选》之《吕洞宾度铁拐李》，岳杂剧，明万历刻本。

（明）张三丰：《芦汀夜话》，《张三丰先生全集》卷二，清道光刻本。

（明）赵㧑谦：《六书本义》六书今义图考，清文渊阁四库全书本。

（明）朱明镐：《史纠》卷五。

（清）毕沅：《关中金石记》卷五，清乾隆经训堂刻本。

（清）毕沅：《续资治通鉴》卷八，清嘉庆六年递刻本。

（清）陈铭珪：《长春道教源流》，民国东莞陈氏刻聚德堂丛书本。

（清）杜文澜：《古谣谚》卷七十三，清咸丰刻本。

（清）胡渭：《易图明辨》，清守山阁丛书本。

（清）黄宗羲：《宋元学案》卷十二，清道光刻本。

（清）李西月编：《张三丰先生全集》，清道光刻本。

（清）李西月原著《圆峤内篇道教西派李涵虚内丹修炼秘籍》，盛克琦点校，宗教文化出版社，2009。

（清）陆心源：《宋史翼》，清光绪刻潜园总集本。

（清）王昶：《金石萃编》卷一百三十四"传应法师行状"，清嘉庆十年刻同治钱宝传等补修本。

（清）王梓材、冯云濠：《宋元学案补遗》，卷九《百源学案补遗》上，《丛书集成续编》。

（清）徐松辑《宋会要辑稿．蕃夷道释》，郭声波点校，四川大学出版社，2010。

（清）永瑢：《四库全书总目》卷一百五十二集部五，清乾隆武英殿刻本。

（清）朱彝尊：《经义考》，清文渊阁四库全书本。

二　近现代以来论著

陈垣：《南宋初河北新道教考》，中华书局，1962。

陈国符：《道藏源流考》，中华书局，1963。

张舜徽：《周秦道论发微》，中华书局，1982。

冯友兰：《先秦诸子之起源》，载《三松堂学术文集》，北京大学出版社，1984。

嵇文甫：《先秦诸子与古代社会（讲义）》，《嵇文甫文集》上，河南人民出版社，1985。

卿希泰：《中国道教思想史纲》第二卷，四川人民出版社，1985。

蒙文通：《古学甄微》，巴蜀书社，1987。

王家佑：《道教论稿》，巴蜀书社，1987。

陈垣编纂《道家金石略》，文物出版社，1988。

冯友兰：《中国哲学史新编》，人民出版社，1988。

黄兆汉：《明代道士张三丰考》，台湾学生书局，1988。

黄敏枝：《宋代佛教社会经济史论集》，台湾学生书局，1989。

王沐：《内丹养生功法指要》，东方出版社，1990。

吕锡琛：《道家方士与王朝政治》，湖南出版社，1991。

洪建林编《道家养生秘库》，大连出版社，1991。

任继愈主编《道藏提要》，中国社会科学出版社，1991。

徐兆仁：《道教与超越》，中国华侨出版公司，1991。

马西沙、韩秉方：《中国民间宗教史》，上海人民出版社，1992。

汪毅、周维祥：《高道陈抟》，四川大学出版社，1993。

邓广铭：《邓广铭学术论著自选集》，首都师范大学出版社，1994。

高敏：《历代隐士》，河南人民出版社，1994。

胡孚琛主编《中华道教大辞典》，中国社会科学出版社，1995。

韩兆琦：《中国古代的隐士》，商务印书馆，1996。

朱伯崑主编《国际易学研究第二辑》，华夏出版社，1996。

卿希泰：《中国道教史》第3卷，四川人民出版社，1996。

何建明：《道家思想的历史转折》，华中师范大学出版社，1997。

王国维：《王国维文集》，中国文史出版社，1997。

林忠军：《象数易学发展史》第二卷，齐鲁书社，1998。

唐明邦：《邵雍评传》，南京大学出版社，1998。

余英时：《中国思想传统的现代诠释》，江苏人民出版社，1998。

冷德熙：《河洛之学源头略记》，《中国文化》第5册，1999。

许地山：《道教史》，上海古籍出版社，1999。

张其成：《易图探秘》，中国书店，1999。

李申：《道教本论黄老、道家即道教论》，上海文化出版社，2001。

蒙文通：《蒙文通文集》（第六卷），巴蜀书社，2001。

詹石窗：《易学与道教思想关系研究》，厦门大学出版社，2001。

张广保：《唐宋内丹道教》，上海文化出版社，2001。

李大华、李刚、何建明：《隋唐道家与道教》，广东人民出版社，2003。

潘雨廷：《道藏书目提要》，上海古籍出版社，2003。

唐代剑：《宋代道教管理制度研究》，线装书局，2003。

萧登福：《道家道教与中土佛教初期经义发展》，上海古籍出版社，2003。

周永慎：《历代真仙高道传》，中国社会科学出版社，2003。

钱穆：《中国学术思想史论丛·卷5》，安徽教育出版社，2004。

劳思光：《新编中国哲学史》，广西师范大学出版社，2005。

李中华：《中国人学思想史》，北京出版社，2005。

王铁：《宋代易学》，上海古籍出版社，2005。

章伟文：《宋元道教易学初探》，巴蜀书社，2005。

朱伯崑：《易学哲学史》，昆仑出版社，2005。

何鸣：《遁世与逍遥：中国隐逸简史》，敦煌文艺出版社，2006。

李显光：《混元仙派研究》，中国社会科学出版社，2007。

萧天石：《道海玄微》，华夏出版社，2007。

萧天石：《道家养生学》，华夏出版社，2007。

胡锐：《道教宫观文化研究》，巴蜀书社，2008。

牟钟鉴主编《当代中国宗教研究精选丛书·道教卷》，民族出版社，2008。

胡孚琛著《道学通论》，社会科学文献出版社，2009。

孔又专：《陈抟道教思想研究》，巴蜀书社，2009。

张其成：《张其成讲读〈周易〉象数易学》，广西科学技术出版社，2009。

张岱年主编《中国哲学大辞典》，上海辞书出版社，2010。

《宋会要辑稿·蕃夷道释》，郭声波点校，四川大学出版社，2010。

赖锡三：《丹道与易道——内丹的性命修炼与先天易学》，台北：新文丰出版公司，2010。

汪圣铎：《宋代政教关系研究》，人民出版社，2010。

易心莹：《道教三字经》，上海古籍出版社，2010。

董佩文主编《天乐丹诀道家大江西派内丹文献汇编及阐秘》中卷，江西人民出版社，2011。

宋书功：《中国古代房室养生集要》，海南出版社，2011。

向仲敏：《两宋道教与政治关系研究》，人民出版社，2011。

张剑峰，《寻访终南隐士》，南海出版公司，2011。

盖建民：《道教金丹派南宗考论》，社会科学文献出版社，2013。

鲁迅：《且介亭杂文》，译林出版社，2013。

赵洪联：《中国方技史》，上海人民出版社，2013。

李远国：《三元集》，四川大学出版社，2014。

刘仲宇：《道教授箓制度研究》，中国社会科学出版社，2014。

朱越利：《回首集》，四川大学出版社，2014。

张振谦：《道教文化与宋代诗歌》，人民文学出版社，2015。

三　中文论文

李远国：《〈正易心法〉考辨》，《社会科学研究》1984年第6期。

程民生：《略论宋代的僧侣与佛教政策》，《世界宗教研究》1986年第

4 期。

蔡方鹿、黄海德：《道教与宋代理学》，《学术月刊》1988 年第 7 期。

卢国龙：《陈抟的〈易〉〈老〉之学及〈无极图〉思想探源》，《江西社会科学》1989 年第 10 期。

束景南：《周敦颐〈太极图说〉新考》，黄寿祺、张善文主编《周易研究论文集第三辑》，北京师范大学出版社，1990。

曹旅宁：《试论宋代的度牒制度》，《青海师范大学学报》1990 年第 1 期。

游彪：《宋代僧尼试经制度研究》，《世界宗教研究》1990 年第 4 期。

李申：《太极图渊源辨》，《周易研究》1991 年第 1 期。

赵泽光：《北宋道教发展概论》，《贵州师范大学学报》1992 年第 4 期。

史艺：《〈道家、方士与王朝政治〉一书读后》，《湘潭大学学报》1993 年第 4 期。

束景南：《太易图与太极图——周敦颐太极图渊源论》，《东南文化》1994 年第 2 期。

游彪：《论宋代中央和地方僧官体系及其特征》，《河北大学学报》1994 年第 4 期。

朱越利：《原始道教寺院种类考》，《江西社会科学》1995 年第 12 期。

冯千山：《宋代祠禄与宫观（上）》，《宗教学研究》1995 年第 3 期。

张泽洪：《宋代道教斋醮》，《宗教学研究》1996 年第 3 期。

石涛：《宋代的御用道教》，《山西大学学报》（哲学社会科学版）1998 年第 11 期。

孔令宏：《试论宋代禅宗与〈庄子〉思想的关系》，《河北学刊》1999 年第 3 期。

曹在松：《内丹学在宋代思想史上之意义》，《宗教学研究》1999 年第 6 期。

孔令宏：《周敦颐思想与张伯端的关系》，《合肥联合大学学报》2000 年第 2 期。

石涛：《宋代对道教的管》，《山西大学学报》（哲学社会科学版）2000

年第 2 期。

张泽洪：《论宋朝道教斋醮科仪的时代特点》，《社会科学研究》2001年第 11 期。

姜生：《道教治观考》，《中国道教》2001 年第 3 期。

王永平：《论唐代道教的管理措施》，《山西师大学报》（社会科学版）2002 年第 1 期。

丁原明：《朱熹理学对道家、道教思想的援用》，《孔子研究》2002 年第 3 期。

刘文刚：《苏轼的养生》，《宗教学研究》2002 年第 9 期。

郭学勤：《北宋宗教政策研究》，河南大学硕士学位论文，2003。

萧汉明：《论庄子的内圣外王之道》，《武汉大学学报》2003 年第 1 期。

胡锐：《论南北朝时期道教宫观之发展与特点》，《宗教学研究》2003年第 2 期。

刘浦江：《宋代宗教的世俗化与平民化》，《中国史研究》2003 年第 5 期。

吕有云：《从黄老传统看道教的政治情结》，《求索》2003 年第 6 期。

王美华：《唐宋礼制研究》，东北师范大学博士学位论文，2004。

王树人：《中国象思维与西方概念思维之比较》，《学术研究》2004 年第 10 期。

范立舟：《两宋道教内丹学的发展与成熟》，《中国道教》2004 年第 12 期。

李知恕：《陈抟美学思想初探》，《四川大学学报》（哲学社会科学版）2004 年第 4 期。

刘固盛：《论陈抟学派与重玄余绪》，《宗教学研究》2004 年第 9 期。

鲍新山：《北宋士大夫与道家道教》，暨南大学博士学位论文，2005。

林西朗：《唐代道教管理制度研究》，四川大学博士学位论文，2005。

张玉璞：《"吏隐"与宋代士大夫文人的隐逸文化精神》，《文史哲》2005 年第 3 期。

丁强：《早期道教教职研究》，四川大学博士学位论文，2006。

游彪:《传说与事实之间：道教与宋代社会的融和》,《清华大学学报》（哲学社会科学版）2006 年第 3 期。

曾维加:《从楼观道看道教在组织形态上的转型》,《云南社会科学》2006 年第 5 期。

章伟文:《河图洛书的道教文化内涵》,《中国宗教》2007 年第 11 期。

孔又专:《论陈抟易学思想的影响》,《四川大学学报》2008 年第 11 期。

孔令宏:《宋明理学的纳道入儒与儒学的新发展》,《河北学刊》2008 年第 1 期。

李平:《晚唐五代道教修道变迁研究》,清华大学博士学位论文,2010。

霍建波:《论隐士的四大文化原型》,《求索》2010 年第 12 期。

胡晓明:《真隐士的看不见与道家是一个零？——略说客观的了解与文学史的编写》,《北京大学学报》（哲学社会科学版）2010 年第 5 期。

崔延平:《北宋士大夫交游研究》,山东大学博士学位论文,2011。

杨秀礼:《走向边缘》,华东师范大学,2011。

孔又专:《张三丰对陈抟内丹思想的继承和实践》,《宗教学研究》2011 年第 1 期。

张振谦:《宋代文人"谪仙"称谓及其内涵论析》,《宁夏社会科学》2011 年第 1 期。

王志跃:《宋代国家、礼制与道教的互动考论》,《西南大学学报》2012 年第 7 期。

邢春华:《关中易学源流考》,《周易研究》2013 年第 7 期。

伍联群:《论张咏与道教之关系》,《世界宗教研究》2014 年第 3 期。

吕旭涛、梁宇坤:《张三丰史迹考》,《学术交流》2014 年第 5 期。

四　国外文献

〔意〕克罗齐:《历史学的理论和实际》,商务印书馆,1982。

〔日〕福井康顺:《道教》,朱越利译,上海古籍出版社,1990。

〔日〕小林正美:《六朝道教史研究》,李庆译,四川人民出版社,2001。

〔法〕贺碧来（Robinet）:《佛道基本矛盾初探》，万毅译，《法国汉学》（第七辑），中华书局，2002。

〔德〕德罗伊森:《历史知识理论》，胡昌智译，北京大学出版社，2006。

〔美〕比尔·波特:《空谷幽兰——寻访当代中国隐士》，明洁译，当代中国出版社，2006。

〔日〕小林正美:《唐代的道教与天师道》，王皓月、李之美译，齐鲁书社，2013。

Livia Kohn，"Mirror of Auras: Chen Tuan on Physiognomy"，*Asian Folklore Studies*，Vol. 47，No. 2，1988.

Livia Kohn，"The Life of Chen Tuan after the History of the Song（chap. 457），" *Taoist Resources* 2. 1（1990）.

Livia Kohn，"Chen Tuan in History and Legend，" *Taoist Resources* 2. 1（1990）.

Kohn Livia，"Daoism and Chinese Culture"，Cambridge，M. A.: Three Pines Pres，2001.

Kirkland，Russell，*Taoism: an enduring tradition*，New York: Routledge，2004.

后　记

　　此书还有很多不足，我才疏学浅，只能以此暂时告一段落。常怀愧疚，感觉对不住所研究的书中出现的各位大牛。我希望尽量还原他们本来的样子，然而资料太庞杂，涉及的领域太广泛，涉及的人太多。他们个个卓越超群，个性鲜明，思想高远而深邃，平凡如我只有欣赏，不敢说做到同情之理解。此文能够完成到这个程度，我必须感谢在学习上、生活上给予我帮助的老师们和同学们。

　　感谢我的博士导师何建明老师。尽管我知道自己的学术基础差，却不知道具体差在什么地方，怎样才能提高。记得我把第一篇小论文发给何老师后，何老师逐字逐句地做了批改，细致的点评看得我脊背冒汗。转变是一个痛苦的过程，我发现原来我根本就不知道如何写论文。何老师严谨的治学态度对我的影响很深，学生愚钝，水平有限，我所取得的进步源于何老师耐心的教导。

　　感谢张风雷老师、温金玉老师、张文良老师、张雪松老师，感谢惟善老师，我性格内向，不善与人交往，敬仰各位老师却不敢提问，感谢各位老师耐心地给予我帮助与指导。

　　感谢朱越利老师，在我丧失信心的日子里，给予我关照与鼓励。感谢黄海德老师和师母一直以来视学生如子女，把我们组织成一个温暖的大家庭。感谢各位同门，为我的书稿提出建议，特别是王佳师妹，给我帮了很多忙。感谢所有关心和帮助过我的师友同学和亲人。

2019 年 3 月 27 日

图书在版编目（CIP）数据

陈抟及其后学研究 / 栗艳著 . -- 北京：社会科学
文献出版社，2019.6
ISBN 978 - 7 - 5201 - 4561 - 9

Ⅰ.①陈…　Ⅱ.①栗…　Ⅲ.①陈抟（约 871 - 989）-
道教 - 思想评论　Ⅳ.①B959.92

中国版本图书馆 CIP 数据核字（2019）第 054668 号

陈抟及其后学研究

著　　者 / 栗　艳

出 版 人 / 谢寿光
责任编辑 / 赵怀英

出　　版 / 社会科学文献出版社·联合出版中心（010）59367202
　　　　　　地址：北京市北三环中路甲 29 号院华龙大厦　邮编：100029
　　　　　　网址：www. ssap. com. cn
发　　行 / 市场营销中心（010）59367081　59367083
印　　装 / 三河市尚艺印装有限公司

规　　格 / 开　本：787mm × 1092mm　1/16
　　　　　　印　张：17.75　字　数：271 千字
版　　次 / 2019 年 6 月第 1 版　2019 年 6 月第 1 次印刷
书　　号 / ISBN 978 - 7 - 5201 - 4561 - 9
定　　价 / 98.00 元

本书如有印装质量问题，请与读者服务中心（010 - 59367028）联系